双書 現代倫理学——5

道徳的な運

哲学論集 一九七三〜一九八〇

バーナード・ウィリアムズ

監訳——伊勢田哲治

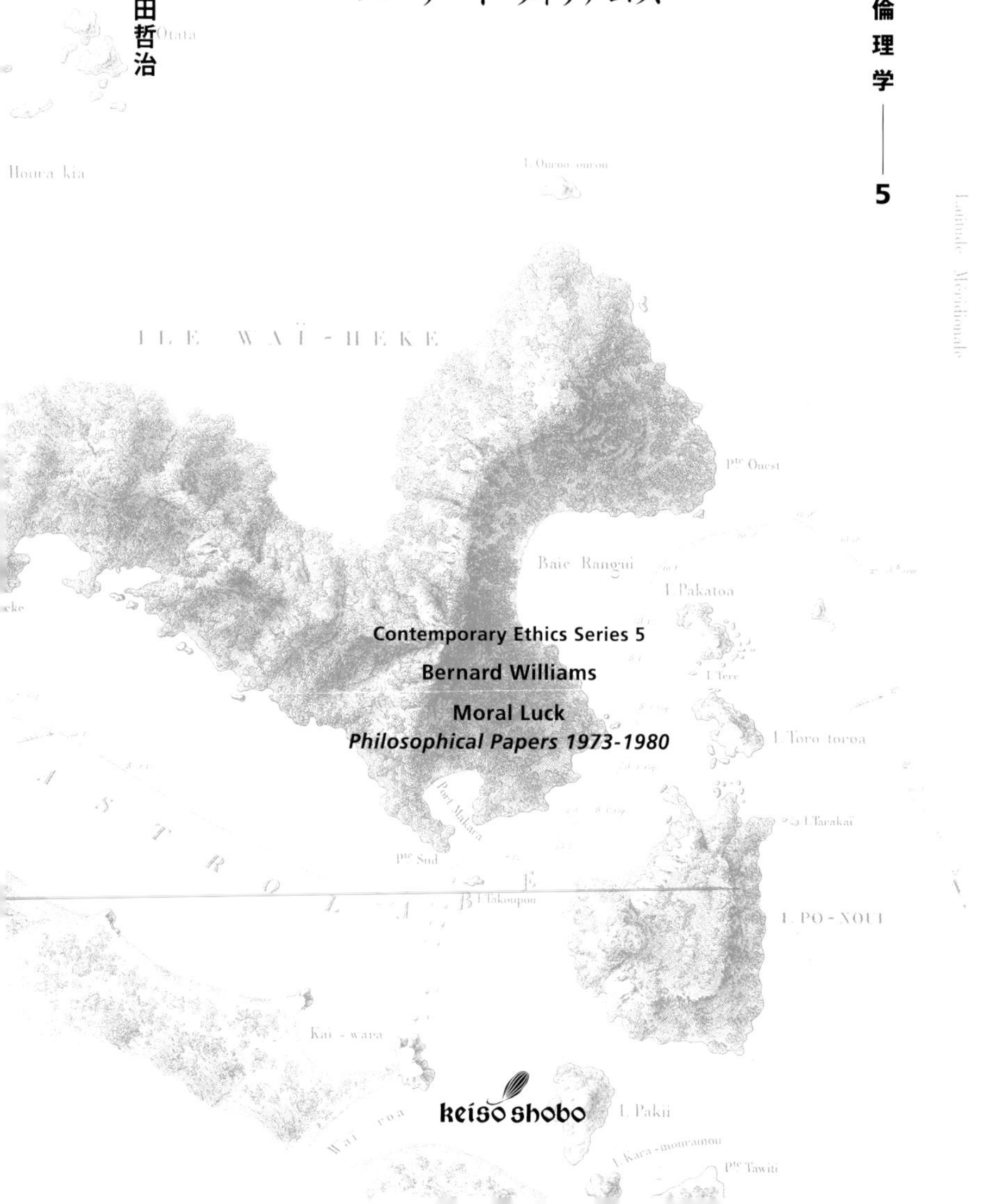

Contemporary Ethics Series 5

Bernard Williams

Moral Luck

Philosophical Papers 1973-1980

keiso shobo

Moral Luck

by Bernard Williams

Japanese translation published by arrangement with
Cambridge University Press through The English Agency (Japan) Ltd.

序

ここに集められた論文はすべて過去七年間の間に出版されたものである。大半は論文集に収録されたものであり、そのうち三本は退職記念論文集に寄せたものである。転載の許可をいただいた編者および出版社の方々には感謝したい。すべての論文に対して表現などの変更はあるが、論文のほとんどについては実質的には手を加えていない。三本については比較的大きな変更を加えた。「美徳としての正義」の場合は、アリストテレスの道徳哲学に関する本のために執筆されたものであったので、細かい文献解釈のいくつかを取り除くのが変更の目的だった。最も徹底的に改稿したのは「道徳的な運」自体であった。この論文については、主要なアイデアを、最初のバージョンよりもうまく制御しようと試みた。この試みは完全に成功したとは言えず、そのため、この論文集にこの論文の名前をつけることにした際にも、その理由は、この論文に特に注意を引きたかったからではなく、この論文が未完成にとどまってしまう理由のひとつになっているかもしれないこと――すなわち、このタイトルに反響する関心が本書のいくつかの箇所で異なる形で取り上げられているということ――を示唆するためであった。

本書の多くの論文を通じて、道徳哲学の中や周辺におけるある種の憂慮や、人間の行為や実践的思考についてのある種のイメージが存在していることはすぐ分かるだろう。また、これらの論文をひとまとめに見たとき、それらが、それ自身では答えにあまり貢献していない喫緊の問いを提起することもすぐ分かるだろう。ここに登場するアイデアは、どちらかといえばもう少し体系的な枠組みを必要としていることは確かであり、これからの数年でその方向の仕事を公表できればと望んでいる。しかし、そうした枠組みが、役に立つような形でそれらのアイデアより先行しえたとは思わない。もし、これらのアイデアのうちに何かがあるのなら、アイデアの側が枠組みを形作らなくてはならない。

道徳哲学はたしかに理論から得られる利益を必要としているが、その理論というのは哲学の別の部分の理論である。私はかつてないくらい、道徳哲学に必要ないのはそれ自身の理論だ、と確信している。道徳とは何かということについて非常に興味深い、きちんとした、あるいは自足的な理論などありえないし、現在の実践家の何人かが精力的な活動を行ってはいるが、倫理理論などというものが——ある程度の経験的な事実と組み合わせることで道徳的推論のための決定手順を与えてくれる哲学的構造という意味での倫理理論などというものが——ありうるとも思えない。この後者の企ては、何の権利があってその理論が道徳的感情に対して立法を行うのかという問いに答えることに決して成功したことがないし、成功することもありえなかった。この話題との関係で普通持ち出される、抽象的で図式的な「合理性」の捉え方はこの問いに関係があるようにすら見えない——少なくとも、道徳性というものの本当のありかが、命題の集合の内にではなく個人的経験と社会的制度の内でなくてはならないものだと考える限りにおいては。

さらに言えば、道徳性というものが持つかもしれない本当のありか、と言うべきだろう。こうした理論的な企てのさらなる難点は歴史的な真理であるような何か、そしてそれゆえに（今となっては）哲学的な問題であるような何かである。それは、道徳性自体が、単に内容においてのみならず、実践的思考や社会的評価のひとつの面としてそれがそもそも存在すると想定されることにおいて問題を含んでいるということである。「道徳」や「道徳性」という言葉がこの論文集の五つもの論文のタイトルに現れるという事実は、単に領域を示すという以上に、大きくなりつつある疑いの表れだと受け取ってほしい。まさにこの疑いのために——それに道徳ないし倫理理論の威力への懐疑論も加わって——私は、道徳的思考の洗練された生理学を設計しようと試みる前に、そのどの部分が私にとって実際に生きているように見えるのかを——しばしば「つっつく」という粗野な方法で——見出そうとしてきたのである。

最後の二本の論文は、仮に相対主義に関する論文を通したつながりがあるとしても、他の論文とは距離がある。これらの論文は独立の興味がもしあればということで再掲されたのだが、実際にはこれらの論文を他の論文と関係づけるような、こだわっている問題がある。これらの論文は、どちらも、われわれの特異性やわれわれの視点の特異性から独立だと思われるこの世界を、われわれが捉えることができる希望がどの程度あるのか——そのような世界を捉えることは多くの哲学者の目標であったし、ほとんどすべての科学者の目標であり続けているが——という問いを提起している。そのような世界の表象がどの程度可能でありうるのかという問いは、道徳哲学の諸問題と密接につながっている。これは科学的発見の定義において中心となる問いであるし、この概念は最近の哲学でのこの問題の懐疑主義的な扱いにおいては取り残されてしまっているように見えるが、なお道徳的理解と対比されるものの代表例であり続けている——「事実」と「価値」の空虚な対比に対する関心は歓迎すべきことに衰えてきてはいるものの。同時に、視点を持たない、あるいは「絶対的な」ものの見方というのは科学にとっての野心であり続けてきたが、これは行為と経験の外在的な見方においてある種の類比物を持つ。こうした外在的な見方は、この問題についての多くの見解によれば、道徳的公平性——シジウィックが記憶しておく価値のあるほど馬鹿げた一節で「宇宙の視点」(point of view of the universe)と呼んだもの——のために必要である。これら、科学的探究のモデルと道徳性のモデルは、客観性の概念を表現しているという似たような主張をする。これらの主張を評価し、それらを比較するというのは、哲学に課せられた中心的で喫緊の要請であり続けている。

B・W・

ケンブリッジにて、一九八一年三月

謝辞

本書の論文の初出は以下のリストにあるとおりである。再掲を許可された出版社に謝意を表したい。

"Persons, character and morality" in A. O. Rorty (ed.), *The Identities of Persons* (Berkeley: University of California Press, 1976)

"Moral luck" *Proceedings of the Aristotelian Society*, Supplementary Volume 1, (1976), 115–35

"Utilitarianism and moral self-indulgence" in H. D. Lewis (ed.), *Contemporary British Philosophy, personal statements*, fourth series (London: Allen and Unwin, 1976)

"Politics and moral character" in Stuart Hampshire (ed.), *Public and Private Morality* (Cambridge: Cambridge University Press, 1978)

"Conflicts of values" in Alan Ryan (ed.), *The Idea of Freedom: Essays in Honour of Isaiah Berlin* (Oxford: Oxford University Press, 1979)

"Justice as a virtue" in A. O. Rorty, *Essays on Aristotle's Ethics* (Berkeley: University of California Press, 1981)

"Rawls and Pascal's wager" *Cambridge Review* (Feb. 1975)

"Internal and external reasons" in Ross Harrison (ed.), *Rational Action* (Cambridge: Cambridge University Press, 1980)

"*Ought* and moral obligation" 以下の論文を改稿したもの。"Moral obligation and the semantics of *ought*" in E. Morscher and R. Stranzinger (eds.), *Proceedings of the Fifth Kirchberg Wittgenstein Symposium 1980* (forthcoming)〔この論文集は *Ethics: Foundations, Problems, and Applications* というタイトルで一九八一年に出版されている〕

"Practical necessity" in Brian Hebblethwaite and Stewart Sutherland (eds.), *The Philosophical Frontiers of Christian Theology: Essays Presented to D. M. MacKinnon* (Cambridge: Cambridge University Press, 1982)

"The truth in relativism" *Proceedings of the Aristotelian Society*, volume LXXV (1974-75) 215-28

"Wittgenstein and idealism" in Godfrey Vesey (ed.), *Understanding Wittgenstein*, Royal Institute of Philosophy Lectures, volume seven 1972-1973 (London: Macmillan, 1974)

"Another time, another place, another person" in G. F. Macdonald (ed.), *Perception and Identity: Essays Presented to A. J. Ayer with His Replies to Them* (London: Macmillan, 1979)

道徳的な運　哲学論集一九七三〜一九八〇

目次

凡例

・本書は、Bernard Williams（1981）*Moral Luck: Philosophical Papers 1973-1980*, Cambridge University Press の全訳である。

・原注は＊1、訳注は★1のように表記し、それぞれ章ごとの通し番号で示す。注は巻末にまとめた。

・訳者による補足は〔 〕を用い、引用文へのウィリアムズ自身による補足には［ ］を用いる。また、補うことで意味のまとまりが分かりやすくなるような場合に、原文にない〈 〉を用いた箇所もある。

・注における文献は各章の初出のみ英語表記で書誌情報を併記し、あとは日本語訳のみを示す。書誌情報の表記法は基本的に原著を踏襲しているが、あまりに断片的なものについては訳補足や訳注で補ったほか、一部表記スタイルを改めた。本文中での文献情報は日本語訳のみとした。

・日本語としての読みやすさを優先して、原文にないダッシュ（――）を補ったほか、逆に、原文のダッシュを省略するなどの工夫を行った。

第一章　人物・性格・道徳性

《1》

近年の道徳哲学の最も興味深い論文の多くは、基本的にカント的なインスピレーションにもとづくものである。ロールズ自身の著作や、[*1] 程度の差はあれロールズから影響を受けたリチャーズ[*2]やネーゲル[*3]の著作が、カントに多くを負っていることはまったく明らかである。興味深いことに、フリード[*4]のように、一見して道徳性についてのカント的な見方から離れようとしている研究者も、後で論じるように、カント的な見方に引き戻される傾向がある。こうしたカント的な見方はもちろんそれほど純粋なカント主義ではないし、ましてやカントを説明するものでもなければカントに盲従するものでもない。とりわけ、こうした見方は、本体論的自由（noumenal freedom）の理論といったものを要求しない点でカント自身のものとは異なっている。また重要なことに、こうした見方は、根本的な道徳的要求を決定する際に、おおむね経験的な性質を持つ事項を考慮に入れることを認めているが、少なくともカント自身は自分はこういうことは行っていないと考えていた。しかしこうした違いや他のさまざまな重要な違いを認めても、彼らがカントから着想を得ていることははっきりしているし、カントとの類似性は顕著であり本人たちも認めている。その類似性は、功利主義に反対する程度と性質がカントの立場と類似しているというはっきりした点にとどまらない。こうした立場が、一見明白に、しかし実は表面的にのみカント主義に形式的に類似している哲学、すなわちヘアの哲学と比べて、反功利主義という点でよりカント的であることは興味深いところである。実際、ヘアは、今のところは、自分の哲学的諸前提から実質的な道徳理論を導き出すとそれはある種の功利主義になると想定している。この導出は単に、道徳的判断の普遍的かつ指令的な性質は——ヘアによれば——ある決定によって影響を受ける人々と仮想的に自分を同一視するという要求を行為者に課すことになる——ここまではたしかに純粋にカント的要素である——という理由だけで行われているのではない。自分を相手と同一視することとそれぞれが、何らかの指令の「受容」や「拒否」を生み出すものとして取り扱われており、さらにそうした「受容」や「拒否」が次には満足（satisfactions）に関連してのみ解釈されて、その結果さまざまな同一視は、功利主義によくある想定のもとで、加算的なものとみなされる。むしろそうしたところから、功利主義の導出が行われるのである。

これらの立場のカント的要素のなかには、特に、次のようなものがある。道徳的観点は基本的には非道徳的観点、特に自己利益にもとづいた観点とは異なっており、この差は種類の違いである。道徳的観点は不偏性や、特定の人々との特定の関係には無関心なものとして特徴づけられており、また道徳的思考は特定の状況や、行為者も含め当事者たちの特定の性質を捨象する必要がある。ただしこうした性質が道徳的に類似する状況の普遍的な性質として扱うことができる場合は別である。さらにこれに対応して、道徳的行為者の動機は、不偏的な原則の合理的な適用を含んでおり、それゆえ、特定の人に対してたまたま特別な関心を持っているために特別なしかたで扱う〔たとえば、自分自身を特別に扱う場合がこれにあたるが、自分自身だけに限られるわけではない〕場合に持つ動機とは種類が異なっている。もちろん、こうした要求は、他のもっと親密な関係を排除しなければならないということを意味してはいないし、ある人が親密な関係によって要求されるように、そしてその関係にふさわしいように行為することを妨げるものではない。これは道徳的な視点と他の視点との関係の問題である。しかし私が思うところでは、こうした〔カント的な立場の〕見解とカント〔自身〕の見解の類似性のなかには、〈カントの理論と同様に、こうした見解はこうした複数の視点の間の関係の問題をまったくのところ答えやすくしてはくれない〉という点がある。道徳的動機と非道徳的動機がまったく異種の動機とされ、しかも道徳的動機には尊厳や優位性が付随するとされたことにより、こうした他の関係や動機に人生における意義や構造的な重要性を付与することを――そうした関係や動機もそういうものを持ちうるにも関わらず――難しくしている。

次のことは注意しておく価値がある。このようにして道徳的動機と道徳的観点（moral point of view）を、特定の人物[★1]への特定の関係というレベルから切り離すことは――もっと一般的には、不偏的な性格の動機とものの見方（perceptions）以外のあらゆる動機とものの見方から切り離すことは――道徳的観点が、それ自体としては、抽象的に考えられた契約する参加者についての無知という条件のもとでの自己利益という点から説明されるとしても可能である。これはロールズの考え方であるし、リチャーズの考え方でもある――リチャーズの場合は、ロールズが社会正義を特徴付けるために主に使った構造を、道徳的関心の特徴付けに直接に適用することに特に関心を抱いていたわけであるが。なぜなら、契約の参加者は、何らかの種類の自己利益あるいは自愛の思慮に従って、一群のルールを選択すると想像されているが、そうした参加者は、自分自身の特定の性質や好み等々について無知のまま選択を行うまったく抽象的な人物であるからである。そして、抽象的な行為者の自己利益にかなった選択は、具体的な行為者の道徳的選択をモデル化したものであることが意図されている。それは具体的な行為者が、道徳的経験のカント的図式が要求するような、その現実のパーソナリティや状況や諸関係からの抽象を行った場合にその人が行う選択を反映する、ということによってである。

　こうしたごく一般的な図式に見られるいくつかの要素が、こうした立場を功利主義から区別するものであることはすぐに分かる。実際に存在している経験的情報を、意図的に捨象してしまった上で選択を行うなどということは、功利主義的観点からすれば不合理であり、その限りにおいて、この立場の形式的構造は、一般的経験的情報は取り入れているとしても、反功利主義的なのである。功利主義との違いはまだある。これは、功利主義自体が道徳的思考において注目すべき抽象を——この点ではカント主義者たちよりも徹底した抽象を——要求するという事実を出発点とすることで見えてくる。すなわち、カント主義が道徳的思考において〔誰がどの人かという〕人物の同一性（identity of persons）を捨象する一方で、功利主義は、人物の別個性（their separateness）を著しく捨象してしまうのである。これは少なくともふたつの意味で真である。第一に、カント主義的な理論家たち自身が強調するように、功利主義の配分方法（provisions）の受益者として、人物はその別個性を失う。なぜなら、全体の功利性を最大化するという形では、またあるいは平均的功利性を最大化するという形でさえも、〔求められる〕満足の集積は、基本的にはその満足を持つ人の別個性には無関心だからである。こうしたことは、全体として最大化を行うシステムでは明らかにそうであるし、平均を最大化するシステムにおいても――分割の前に集計が行われるために――表面的にはそう見えないというにすぎない。リチャーズは、ロールズに従って、理想的観察者という装置は、こうした満足の集計をモデル化する上で役立つと示唆している。[*5]すなわち、幸福と苦痛を味わう無限の能力を持ったひとりの人物〔つまり理想的観察者〕が世界全体の相当物でありうることになる。カント的な見方はこうしたものに反対する。契約説的要素というアイデアを持ち出す眼目の一部は、契約がこうした影法師のような抽象的な参加者の間でなされるものであろうと、諸個人の満足の間で許されるトレードオフに、根底的なところで一定の制限を課すことにある。

別個性からの功利主義的抽象のふたつ目の側面は、行為者性（agency）に関わる。[*6]功利主義にとって、価値の基本的な担い手は事態（state of affairs）であり、それゆえ、適切な因果的な違いが考慮に入れられているならば、もはや誰がある事態を産出したのかということは何の違いももたらさない。以下のように想定しよう。S_1は私があることをするという事態であり、それには一定の帰結が伴う。S_2は誰か別の人があることをするという事態であり、それにも一定の帰結が伴う。S_2はS_1が生じないときにのみ生じ、S_1はS_2よりましである。以上のように想定するならば、S_1が一見したところどんなに不愉快（nasty）なことであろうが、私はS_1を実現すべきである。こうしたことから、消極的責任というドクトリンがその根っこを功利主義の基礎の部分においていることは驚きではない。私が特定の個人として持っているプロジェクト、欲求、理想などがどんなものであれ、功利主義的行為者としては私の行為はその状況において関連する因果的要因すべてからのアウトプットでなくてはならず、それには、因果的に関係する範囲にあるすべてのプロジェクトや欲求——私のものも、他の人のものも——が含まれる。功利主義的行為者としての私は、ある一定の時点にある因果を発動するレバーのそばにいただけの、満足のシステムの代表者にすぎない。このレベルにおいては、誰が行為者かという同一性からの抽象だけでなく、またしても、行為者の別個性からの抽象が行われている。というのは、考えられうるある行為者の因果的効力の拡大や縮小は、常に他の行為者の活動の替わりになると考えられ、現状でふたりの行為者に分配されている結果は、因果的効力の再分配を考えうるかぎりにおいて、ひとりの行為者の生産物にも、あるいは三人の行為者の生産物にもなりうるからである。

この点についても、カント主義的立場は意見を異にすると思われる。というのは、我々は単に結果だけに関心を持っているのではなく、基本的なレベルで行為と行動方針（policies）にも関心を抱いているのだから、ある状況で行為するのは誰であるのかということは重要な違いを生む。特に、私は私の行為に特定の責任を負うのである。こうして、カント主義的立場は行為者の別個性のようなものを複数の道筋で強調するのであり、その意味で、功利主義者ほどには抽象を行うことはない（もっとも、すでに見たように、他の側面、すなわち因果的に関連する経験的事実については、抽象度は功利主義よりも大きくなる）。しかし、ここで疑問が生じる。それは、カント主義的見解が道徳的行為者としての人物に貧弱で抽象的な性格しか与えないように見えることからすると、功利主義の総和主義的無差別主義に抗して個人の個人性を守ろうとするあっぱれなカント主義的本能は本当に有効なのだろうか、という疑問である。フィンドレイが言うには「人物の個別性は……道徳の基本的事実……である」[*7]のであり、リチャーズはその事実を尊重してきたつもりだと主張している。[*8] 同じように、ロールズは不偏性（impartiality）は非人物性（impersonality）を意味しないと主張している。[*9] しかし、カント主義的な理論によって提出されている個人という概念がここで必要とされているものを——カント主義者たち自身が必要としているものでさえ——生み出すに十分であるかということは本物の問題である。同じように功利主義を拒否しつつも、カント主義よりもさらに道徳経験における個人の性格や対人関係の重要性を認めようとする人々にとって必要なものが生み出せるかどうかが問題になるのは言うまでもない。

《2》

私は、この大きな主題のふたつの側面を取り上げたいと思う。どちらの側面も、個人は一組の欲求や関心や、私が以下でしばしばプロジェクトと呼ぶものを持っており、それらが人の性格を構成するに寄与しているという発想を含んでいる。第一の論点は、こうした事実と、人がそもそも生きる理由を持つということの関係に関わる。私はデレク・パーフィットの論文の議論を通してこの論点にアプローチする。私はこの問題のさまざまなポイントに触れるが、最大の目標は、自己（self）あるいは人物（person）は性格の変化を経るものだという日常的な発想が、我々の思考に対して持つ基本的な重要性を強調することである。こうした発想は、性格の変化を経験するひとりの人物を、単に比喩的であるにせよ、一連の「複数の自己」（selves）に解消してしまうようなアプローチに対立するものである。

本節で私が興味を持っているのは、どんな人物も性格を持っているという点であって、それぞれの人が違う性格を持つという点ではない。後者のポイントは、第3節で取り上げる、人間関係に関わる第二の論点でもっと前面に現われる。どちらの論点からしても、カント主義的な見方は深刻な歪曲（misrepresentation）を含んでいるということが示唆される。

さて第一に、道徳的諸問題と、人物の同一性についてのある見解との間の関係を探究したパーフィットの議論にコメントしたい。彼の考えでは、このある見解は、とりわけ、功利主義が人の別個性を無視してしまうことについて「何らかの弁護」[*10]を行ってくれるかもしれないものである。この見解をパーフィットは「複合説」（Complex View）と呼ぶ。人物の同一性との関係で議論されている問いのほとんどで本当に重要なものは、心理的連結性（記憶や性格と動機の持続など）という関係なのだ、という発想をこの見方は真剣に受け止める。そしてそこから示唆されるのは、道徳性もこの関係を真剣に受け止めるべきであるということ、そしてそれを真剣に受け止めるには複数の方法がありうるということである。心理的連結性は（人物の同一性についての表面的な論理とは異なり）程度の差を許す。ここで、程度の差がありうる属性や関係を、スカラ項目（*scalar* items）と呼ぶことにしよう。[★2] パーフィットの目標のひとつは、道徳的思考に、人物の同一性の基盤にある現象のスカラ的性格をもっと直接的に反映させることである。特に、スカラ的関係の程度が少なくなっているケースにおいては、この事実は道徳的思考において配慮されるべきだとされる。

パーフィットが言うには、複合説を採用した場合の帰結のもうひとつはもっと一般的なもので、対案として「単純説」（Simple View）と彼が呼ぶ立場——人物の同一性については「すべてか無か」という論理に基本的な意義があるとする立場――を採用した場合よりも、人物の同一性の問題がはるかに重要でないもののように思われるようになることである。もし人物の同一性の問題がさほど重要ではないということになれば、人物の別個性もまた、道徳性にとって究極的かつ特別な意義のある考慮点ではなくなる。このふたつの思考の結びつきは直接的なものではないが、間接的にはいくつか結びつきがある。*11

行為者性（agency）の諸問題が関わっているかぎりでは、パーフィットの処置は功利主義の味方になるようなものではない。パーフィットが同一性を緩く解釈するのは通時的なものに関してであって、それは時間の経過を通して心理的な連結性が弱まることを指摘することによってなされている。そうした連結性が十分に弱まっている場合に、パーフィットは、単なる言葉だけの言い回しにすぎないにせよ、「後続する複数の自己」（successive selves）といったものを口にする。*12 しかし、功利主義が直面している行為者性についての問題とは、当人のプロジェクトが時間的な広がりを持っていてかつ十分に性格に根差したものであり、実質的な意味でそれが彼のプロジェクトだと言えるような行為者にはみな生じる問題である。そして、こうした条件は、パーフィットにとって、自己のうちのひとつであるような何かによってすら満たされてしまう。ゆえに、伝統的な自己をこの程度解体してみせても、行為者性の問題については何も助けにならないのである。

人物の同一性の基盤にあるスカラ的性質をもっと直接的に道徳的思考に反映させるための諸問題を議論する際に意識しておかねばならないのは、「過去の複数の自己」（past selves）、「未来の複数の自己」（future selves）、そして一般に「いくつかの複数の自己」（several selves）といったものは、便宜的な虚構にすぎないことである。これを忘れてしまうと、複合説によって要求される道徳的思考の転換が、実際よりも単純で魅力的なものに見えてしまうかもしれない。というのは、そうした道徳的思考の置き換えは、こうした新しい「複数の自己」によって、すでにおなじみの対人関係の数が単に増えただけのように思えてしまうからだ。我々はスカラ的事実に集中しなければならない。しかし、道徳的観念の多くは、見るからに、スカラ的なものを反映させにくい。もっと正確に言えば、スカラ的なものを正しく反映させにくいのである。パーフィットが論じている約束の例を取り上げてみよう。[*13] 私がAに、三年後にある仕方でAの手助けをすると約束したとしよう。三年後、ある人物が現われた。それをA★としよう。A★の記憶や性格などとある程度連結しているが、その連結の程度は低いとしよう。こうしたスカラ的事実を、昔の約束を実行するべきかどうか、またどのように実行するべきかという問題についての私の思考にどう反映させるべきだろうか?

第一に、なされた約束そのものについて言っておくべきことがある。その約束――「僕は君を手助けするよ I will help *you*」――では、「君」(you) という表現が用いられた。そしてこの約束は、その表現を、この言葉の受け手と、手助けの潜在的な受け手の両者をカバーするような仕方で使っている。この約束は、別の誰かを手助けしたとしても実行されたことにはならない(より一般的には、約束を尊重したことにならない)。また、私が「君」と言ったときに話しかけていた人を手助けする以外には、他の何をしても実行されたことにはならない。したがって、問題の状況は、死者と交した約束とは違ったものなのである(その人との約束について今でも何かをすることができる場合の話だが)。[*14] もし、この約束を尊重することになる私の行為があるとすれば、それは今A★を手助けすることからなる行為のはずである。私の行為とそれについての私の思考に、私はA★のAに対するスカラ的関係をどう反映させるべきだろうか？

スカラ的関係を反映させる方法は三通りしかないように思われるが、どれも満足いくものには思えない。まず第一に示唆されるのは、約束された行為それ自体にスカラ的次元があって、これが、A★のAに対する近さや遠さについての私の感覚に対応して変化するべきだ、というものだろう。しかしこれはうまくいかない。もし私がAにある額のお金を払うと約束したのならば、私の責務は、A★に一定量のお金を払うことであるが、ただしその額は小さくなる、などというのは馬鹿げた考えだからである。もっとまともな提案としては、A★のAに対する連結性の程度に応じて変化するべきなのは、約束されたことをする責務の厳格さ（stringency）の程度である、というものがある。こちらは見かけはそれほどおかしなものではないが、よく考えてみるとやはりおかしい。例としてフェアでないかもしれないが、もしある人がAと結婚すると約束したとしたら、その人はA★と結婚する責務があるが、その責務の優先順位は下がっている、などということは信じがたい。

最後に、対照的に、まったくなじみ深い考え方として、ある責務が（厳格さはそのままに）当てはまるかどうかということについての疑いや曖昧さの程度を組み込む考え方がある。秘密エージェントが、目の前の男がマルティン・ボルマン★3であるならば、そしてそのときのみ、男を殺す責務があると考えているとする。そして秘密エージェントは、その男がボルマンかどうか迷っているので、殺すべきかどうかも迷っている、とする。（この例と、上にあげたものと似たようなふたつのあやしげな解決法を比較せよ。つまり、ともかくも、その男を殺さないまでも傷つける責務は負っている、ということになるか、あるいは、その男を殺す義務はあるが、その優先順位は他の場合より低くなる、となるかである。）しかし、このタイプの考え方はなじみ深いものにせよ、それは実際にはスカラ的事実なるものを何も取り入れていないというコストを払ってのことなのである。こうした考え方は、白か黒かのことがらについての不確実さを扱うのに適した思考法であって、したがってパーフィットが単純説と呼ぶ、複合説が取り組もうとしているスカラ的事実を真剣に受け止めない考え方を具現しているのである。

このような考察は、もちろん、道徳的思考の領域において複合説を反映する方法はないということを示しているわけではない。しかし、〔複合説によって〕要求されている〔道徳的思考の〕配置転換（displacement）なるものがかなり抜本的なものであることを示している。重要なのは、スカラ的考察の影響が最も簡単に見出せる場所は、ある種の感情（sentiments）である――感情そのものもスカラ的次元を持つので――ということである――ここに、複合説と功利主義がうまく噛み合う部分を見つけることができる。しかし、そうした感情は、道徳的思考全体の構造を生み出すには十分ではない。もし複合説に本当に影響力を持たせようとするならば、道徳的思考の残りの部分は、もっと根本的にそれに適応させるか、あるいは放棄されねばならないことになる。

一部（一部だけではあるが）スカラ的であるきわめて決定的な項目として、ある人が（常識的な言い方におけるところの）自分の将来に対して持つ関心（concern）がある。人は将来自分が行うことや経験することに対する利害（interest）を今現在持っているはずである、ということが要求するのは、人はのちの時点の行為や出来事に関する欲求やプロジェクトや関心を今現在持つはずだ、ということである。また、その特殊なケースとして、彼の現在の一般的な欲求やプロジェクトや関心が将来自分が持つことになる欲求やプロジェクトに関連している、ということが要求される。上の主張の――基本的な身体的レベルでの――最も極端な場合は、ある人が単に将来味わう苦痛にだけ関心を持っている場合であるが、そうした関心はどんな程度の心理的断絶があっても適切な形で〔将来の自分へと〕到達することができるかもしれない[*15]。しかし、もしそうしたことが言えるとしても、これは我々の現在の関心事ではない。というのは身体的苦痛を避けたいといった単なる欲求は、ひとつの性格を構成するには十分ではないからである。我々がここで関心を持っているのは、欲求とプロジェクトのもっと明確で構造的なパターンが存在している場合である。そして、ある人物について、こうしたパターンの心理的な変化が生じることが予測されるが、そうした変化をした未来の自分は、当人の現在の利害関心の範囲外に出てしまう、というような場合である。そうした未来は、いわば、彼の利害関心の地平線を越えている。ただしもちろん、もし将来の状況が、現在から将来にまでつらなる一連の変化として細部を埋めていくことができるなら、その人は帰結に対する利害関心を持ちなおすこともあるかもしれない。

　この点について、「将来の複数の自己」という語り口を文字通りに受け取ればひどく誤解を招くことになるだろう。これではひとつの事実を二重に考慮することになってしまうだろう。私が子孫や他の親類縁者に対して持つ関心は、パーフィットが言うように、私との距離にある程度比例するかもしれない。同じように、私の他人一般に対する関心は、彼らの性格が私の性格と同質のものか、その人々のプロジェクトが私の立場に共感的か、といった程度によって違うことがある。近接性（proximity）と同質性（congeniality）というふたつの考慮事項は、明らかに相互に影響している。近接性と同質性のふたつが、互いを強化しあったり、あるいは打ち消しあったりするさまざまなありかたは、たとえば歴史物語でよく見られるところである。しかし、パーフィット的な「のちの複数の自己」の、先祖である私への近接性は、その自己の性格や利害関心が、私の現在の性格や利害関心とどう関係しているかということのみによって成立している。まず先に、のちの自己を自分の「子孫」として同定して、その後でその自己の性格が私の性格とどう関係しているかを考えるといったことはできない。なぜなら、まさにそうした関係が存在するか欠如しているかということが、大部分、その人の私への近接性や、あるいはそれが別個の自己として存在しているかどうかということさえも決めることになってしまうからである。

したがって、パーフィットのロシア貴族青年の事例[*16]のように、もし、将来の私のプロジェクトになるような、そうなるだろうと予想できることがらを、今の私が妨害する手段を取るならば、これを、私が将来の自分を他人として扱っていると考えることは同じものを二重に見ている。というのは、もっと詳しく述べるならば、私は、将来の自分を、私が否定するプロジェクトを持っている他人として扱っているということになるからである。そしてここで同じものを二重に見ている。ここで、私がやっていることは私自身の未来のプロジェクトを妨害するということだ（そしてこれは必ずしも馬鹿げたことではないと理解されている）という言い方にこだわることで、多くの深い重要な事実を捉え続けることができる。第一に、自分自身の性格が変化することを予期し、予想し、ありそうなことだと考えることは、他の人の性格の変化に対してそうする場合とは違っている（さらに、もちろん、異なる性格を持つ誰かが単に登場する、などという状況への態度ともまったく違う）。私自身のケースでは、変化を予測することとそれを甘受することがどういう関係にあるのかという問題が生じるに違いないし、また、ある人が自分自身の性格において生じると予想される変化を防いだりその方向を変えたりすることが、適切・合理的である方法の範囲について、特殊で曖昧な問題が生じることになる。こうした問題群について考えるためには、こうした変化が彼の性格の変化であると言えるような彼を基本的なものとして捉えねばならない。

関連して、なぜ私は、現在持っているプロジェクトやものの見方を、将来のプロジェクトやものの見方よりも権威あるものとみなすべきなのかという問題がある。この問いによって、私は、なぜ私の人生全体を平等に考慮するべきではないのか、と問おうとしているのではない。後で、カント主義者たちが（そしておそらくある種の功利主義者たちも）、人は合理的にそうするべきだということをアプリオリに自明だと考えたのは間違いだという点に触れるつもりである。私が言いたいのはむしろ、ここで想定しているタイプの例において、私はふたつの時間的に前後するものの見方をどのように評価するかという問いである。なぜ私は、私の現在のプロジェクトを、私が将来持つと予測される価値観から阻止するのではなく、私の現在の価値観という観点から自分の将来のプロジェクトを妨害するべきなのか。現在の行為は現在の価値観から生じるのは自明だ、と言うのではこの問いに対する答えには十分ではない。もし仮に将来のものの見方が、啓蒙された上での成長の結果だと今の時点で言えるのであれば、現在の行為は将来のものの見方の利益のために現在のプロジェクトを阻害しようと試みるものになるはずである。そうなるためには自分の現在の価値観に現在何らかの不満足がなければならないことになるだろう。しかし、こうしたことを考えると、ロシアの青年貴族のケースで言えば、なぜあの青年は自分のその時点の価値観にあれほど疑問を持たずに満足しているのか、という関連する問いに導かれることになる。たとえば青年は、人間は中年になると堕落するという理論を持っていたのかもしれないが、そうであるならば、彼は、自分が中年になったときに、若者はお人好しだという理論を持つことになるだろうということを考えてみるべきであろう。

　私はこうした問いには答えがないと言っているのでもなければ、こうした通時的な相対主義から抜け出す道がないと言っているわけでもない。ポイントは、この若者がそんなふうに変わってしまうということが真であるとしたら、彼の現在のプロジェクトを、そのように変わってしまう人のプロジェクトだと理解することによってのみ、彼はそれを自分の現在のプロジェクトだと理解することができるということである。そしてもし彼が自分がそんなふうに変わってしまうということを知っているなら、彼が自分の現在の価値観に、将来の価値観を――彼が冷静にそれらがどういうものか考えてみた上で――上回るほどの権威を与えて正当だと言えるのは、そうした理解ができている場合のみである。もし彼が冷静に考えてみたとき、自分の現在のプロジェクトは自分が青年期のみに持っているプロジェクトだと知っているとしよう。すると、彼が、他のことはともかく、自分自身の将来について理解させてくれるような何らかの見解を持っていないのであれば、彼はそれが単なる青年期のプロジェクトにすぎないわけではないとどうやって知るのだろうか。彼がその価値観なしで生きることになるのは彼自身の将来であるという事実を基本的なものと考えるのでなければ、自分の現在の価値観を非常に大切にしているこの男性が、その価値観を持たない自分の将来とどういう関係を持つかという重要な問いを問うことさえはじめられない。

こうしたことからすれば、そもそも我々はなぜ生き続けるのかという問いが生じてくる。なぜ我々は死を悪と考えるべきなのか、と——自分に対しておそらく敵対的な死後の世界を信じているのでなければ、あるいはエピクロス主義者が暴露したと主張している思考の混乱のなかにいるのでなければ、なぜそう考えるべきなのか、と——疑問に思う人もいるかもしれない。[*17] これに対する答えのひとつは、我々には欲求しているものがある、というものである。もしある人が何かを欲求するならば、その欲求に応じて、自分がそれを得るのを妨げる何かが起こるのに抵抗する理由を持つことになり、そして死はたしかに欲求の多くを妨げる、というわけである。ある種の欲求はたしかに自分が生き続けるという見込みに依存するものだが、すべての欲求がこうした意味で条件つきのものだということはありえない。というのは、次のように想像することが可能だからである。ある人物が、何らかの予想される悪に直面し、理性的に自殺することを考えている。もし彼が生き続けることに決めたのならば、彼は何らかの欲求によって、そうするようつき動かされている。この欲求は（どれほど一般的なものであれ、あるいは未完成なものであれ）自分が生き続けているという条件下で作用するものではない。というのも、この欲求が、彼の生きるか死ぬかという問いを左右したものだからである。こうした欲求を、無条件的欲求（categorical desire）と呼んでよいだろう。ほとんどの人々は多くの無条件的欲求を持っており、それはその人の生存という想定に依存しない。こうした欲求は、その想定が疑問視されることを防ぎ、あるいは疑問視された場合にはそれに答えるものだからである。こうして、人の関心や欲求やプロジェクトのパターンは、自分の将来の地平線のなかで起こることに対して関心を持つ理由を与えてくれるだけでなく、そうした将来が存在することの条件そのものをも構成するのである。

ここでもまた、自分の子孫であるかのような「のちの自己たち」という概念を使って問題を扱ってしまうと問題の核心のありかを誤ることになる。自殺するかどうかということと、子孫を残すかどうかということは、ふたつの別の決定である。自殺する前に子どもを生み出すことはできる。そうしたことを熟慮の上で行う人もいるだろうし、それには理解できる理由があるかもしれない。あるいはまた、子どもの面倒を見ることができないという思いから子どもを作らない人もいるだろう。しかしながら、のちの自分たちについてはこうした思考はまったく当てはまらない。というのも、のちの自分が存在するようになるのは、その先祖の死によってである一方で、先祖の身体的な死は、のちの自己がまったく生まれなくさせてしまうという奇妙な特徴があるためである。のちの自分たちは、いずれにしても私が存在するのをやめたときに生じるような子孫の一種であるとしても、私のプロジェクトの失敗と、それに続く私の自殺が、私とともに私の「子孫たち」をも道連れにするという結論を強いられるとき、〔子孫とのちの自己たちの〕アナロジーは弱すぎて何の助けにもならないように見える。助けにならないということにとどまらず、このアナロジーはさらにふたつのまったく別の問いを一緒くたにしてしまう。それは、私のプロジェクトが失敗したとき、私は存在することをやめるべきかどうかという問いと、私のものとはまったく異なった――何にせよ私にとってほとんど未知な――プロジェクトを持つ子孫たちを持ちたいかどうか、という問いである。アナロジーからすれば、最初の種類の問いはすべて二番目の種類の問いを含むことになり、自己の理論にとっての最初の問いの特別な重要性を曖昧にしてしまう。一方で、もしある人の将来の自己が別の自己ではなく、その人の自己の未来であるならば、彼を将来に駆り立てているものの失敗によって自己が消滅してしまうのは当然のこととなる。ある人の通常の自己の重要性は、ここでもまた、まさに自殺によって世界に存在しなくなるのは自分なのだという考えによって与えられるのである。

「のちの自己たち」という言い回しをあまりに文字通りにとってしまうと、私が自分のプロジェクトに対して持つ関係と、私が他人のプロジェクトに対して持つ関係とが似ているという方へ一方的に誇張を行ってしまうことになる。道徳的不偏性のカント主義的強調もまた別の方向の誇張を行ってしまい、最終的には〈あるプロジェクトが私のものである〉ということの意味を薄くしすぎてしまう。この論点もまた、私の現在のプロジェクトは私の生存の条件であるという発想を含んでいる。[*18] それはすなわち、私が欲求やプロジェクトや関心といった意欲（コナトゥス）によって駆り立てられなければ、そもそもなぜ私が生き続けるべきなのかということさえ不明瞭になってしまうという意味でのことである。たしかに、道徳的行為者の王国としての世界は、私がそこにいることを求めないし、私がそこにいることに何の利害関心も持たない。（この王国も、他の国と同じようによそへ移民する自然権を尊重しなければならない。）人を駆り立てている無条件的欲求は、意識の上でそれほど明瞭なものである必要はないし、ましてや大掛かりなもの、大きなものである必要はない。自分の生存が重要であることのよい証拠のひとつは、その重要性についての問いが生じないことであり、また、人を駆り立てるような関心（concerns）はさまざまな種類の幸福の基盤を与えてくれるような比較的日常的なものでありうる。同じように、カント主義者たちが考えるように、こうしたプロジェクトは道徳性の要求と何らかの衝突（conflict）を生じるかもしれないが、こうした衝突はかなりマイナーなものかもしれない。結局のところ——否定したり忘れたりするつもりはないが——こうしたプロジェクトは、普通に社会化された個人のなかでは、大部分のところ、道徳性に従うような傾向性（disposition）の範囲内で、またそのような傾向性によって形成されている。しかし、一方、根本的な衝突の可能性も存在している。ある人が、人生のほとんどに対してにせよ、人生の一部に対してにせよ、自分の生存に密接に関係し、かなりの程度まで人生に意味を与える基盤的な（ground）ひとつのプロジェクトないし一組のプロジェクト群を持つことがありうる。

　私が言おうとしているのは、こうした諸プロジェクトが人にロールズの意味での人生計画（life plan）を与えてくれるということではない。むしろ反対に、ロールズの人生設計の概念、およびロールズがネーゲルと共有している、人生設計とセットになっている実践的理性の概念は、私には、自分自身の生活を外的に見ているような、すなわち、最適なやり方で中を埋めるべき四角い箱（rectangle）のように見ているような含みがあるように思われる。[*19] こうした視点は、すでに触れた重大な考察、つまり、この箱がいつまで続くか、どのくらいの大きさかということは私次第なのだという考察を省略してしまっている。また、それほど劇的ではないにせよ、私がこの箱をどの程度開発するか気にするかどうかも私次第なのである。自分の人生を見る正しい視点は現時点から見ることなのである。実践的推論にとって、こうしたことの帰結（特に目標に対する時間的な近さ遠さの重要性に関して）は、大きな問題ではあるがここでは追究することはできない。ここで我々に必要なのは、人の基盤的プロジェクトは、その人を未来に駆り立て、生きる理由を与えてくれるような動機の力を与えるというアイデアだけである。

あるプロジェクトがこうした基盤的な役目を果たす上では、〈それが挫折したり、あるいは何らかのしかたで彼がそのプロジェクトを失なってしまったら、彼は自殺してしまうか、自殺を考えるだろう〉といったことが真である必要はない。他のことがら、あるいは他のことがらの単なる期待でさえ、彼を生き続けさせるだろう。しかし、そうした状況では、彼は自分は死んだも同然だと感じるかもしれない。もちろん、一般的には、人はこのような基盤的な役割を果たすような切り離し可能なプロジェクトをひとつだけ持つことはない。むしろ、彼の生活の条件に関連した複数のプロジェクトのつながりがあり、こうしたプロジェクト群のすべてあるいはほとんどが失なわれたときに人生の意味が奪われることになるだろう。

基盤的プロジェクトは、行為者にとって都合のいいことがらにだけ関係しているという意味で利己的なものである必要はない。また、ロマン派の芸術家の創作プロジェクトが自己中心的である〈そうした創作は彼自身である必要はあるが、彼にとって都合のいいものである必要はない〉とみなされる意味で自己中心的なものである必要もない。基盤的プロジェクトはたしかに利他的な、明白な意味で道徳的プロジェクトでありうる。たとえば、彼は社会改革や、正義や、社会全体の改善のために努力することがありうる。人がある基盤的プロジェクトのために死ぬという考え方には何の矛盾もない。むしろ正反対に、死がそのプロジェクトのために本当に必要であれば、生きることはプロジェクトが遂行されないままに生きることを意味するので、もしそれが本当に彼の基盤的プロジェクトであるならば、彼はそのようにして生きる理由を持たないだろう。

ある人のプロジェクトが利他的あるいは道徳的であるとしても、それが不偏的な道徳性とけっして衝突しないということにはならないという点では、芸術家のプロジェクトとかわらない。明らかに、あるプロジェクトが、心からのそうした〔利他的・道徳的な〕プロジェクトであることによって、ある種の衝突は排除される。たとえば、ある場所での不正を匡すという大義のために献身している人も、もし他の人のプランが彼自身のプランと同じくらい効果的だと確信したならば（そうしたことを彼に確信させるのは難しいかもしれないが）、彼は自分のプランを他の人のプランより優先するべきだと単に言い張ることはできない。というのは、もしそうしたことを言い張り続けるならば、彼の関心は不正が取り除かれることではなく、それを彼が取り除くことだと分かってしまうからである。それは恥ずべき関心ではないが、別の種類の関心なのである。したがって、ある種の衝突はプロジェクトが自己中心的でないことによって排除される。しかし、すべての衝突が排除されるわけではない。たとえば、彼の正義に対する無私の関心が、まったく別の他のコミットメントに対しては破壊的になることがある。

そうした基盤的プロジェクトを持つ人は、もし彼のプロジェクトが、すべての因果的に関連することがらを考慮した場合に、公平な効用最大化者としてなすことが求められることと衝突するならば、功利主義によって自分のプロジェクトを放棄するように求められることがあるだろう。こうした要請はばかげている。[*20] しかしカント主義者は、功利主義よりはましではあるものの、やはり十分うまくやるわけではない。というのは、そうした衝突が実際に生じた際には、不偏的道徳性が勝つことが要求されねばならないからである。そしてそれはその行為者にとって、必ずしも理にかなった要求ではない。道徳的行為者の世界の不偏的な善の秩序の名のもとに、ある人がそもそも世界に存在し続ける関心を持っている条件である何かを放棄するということが、まったく理にかなわないことであるようなポイントがやってくる。性格（character）を持つということに何が含まれるかを考えるならば、性格というものに対するカント主義的な無視が、不偏的道徳性を究極的に主張する条件のひとつだということが分かるだろうし、このことはカント主義による個人というものの説明を不適切だとみなす理由になるということが分かるだろう。

《3》

こうした議論はすべて、人は性格を持つという考えに依存している。そこで言う「性格を持つ」とは、自分自身と同一視されるプロジェクトと無条件的欲求を持つという意味である。しかしまだ、別の人は別の性格を持つ、ということについては何も述べていない。誤解を避ける上では、性格の違いがどういう点で上述の議論に関わらないかということを明確にするのがおそらく大事だろう。性格の違いは以下のような考えからは議論に入ってこない。その考えとは、自分があるプロジェクトを支持するときのみそうしたプロジェクトは支持されることになる一方で、（対照的に）カント主義的道徳性の目指すものは、いかなる人によっても支持されうる、〔だから自分の基盤的プロジェクトと不偏的道徳性は対立しうる、〕というものである。こうした考えは、ある種の事例で実際に持たれることはありうるが、これは議論のポイントではない。この人物は、自分のプロジェクトが支持されるならば自分は世界のなかで地位を得ることになるだろう、と――つまり、他人とは違う彼のプロジェクトが推進されるなら、他人とは違う彼の世界への貢献がなされたことになるだろう、と——考えるような人として描かれているわけではない。ポイントは、彼がこうしたこと〔自分のプロジェクトの実現とそれによる世界への貢献〕を望み、自分の人生をそれに結びつけて捉え、そうしたプロジェクトが彼を駆り立て、それによって彼に人生を生きさせる理由を与えてくれるということなのである。しかし、こうしたことはこうした動因やこうした人生が、他の人の動因や人生とよく似ていても成り立つ。こうしたことがらは、彼にこの人生を生きる理由を与えてくれる——生きるのを諦めて他人のプロジェクトに場所を譲ろうという欲求を彼が持たないという意味で——という点で他のものと違うが、しかし彼に他と違う（distinctive）生活を送るよう要求するわけではない。それはそうなのであり、こうしたポイントは重要なのではあるが、一方でこれについての論議の大半の興味と実質的内容（substance）は、実際には人々は異なる性格とプロジェクトを持つという事実にもとづいている。こうした問題についての我々の一般的な見方と、我々自身と他者の生活における個別性に与えられている意義は、もし人々の間に我々にとって重要な数かぎりなく多くの違いがなければ、たしかに変わってしまうだろう。どの記述のレベルをとるかということはもちろん、何が同じで何が違っているかを決定するために重要である。ふたりの人物の傾向性に同じような記述が与えられながら、具体的詳細は大変違ったものとして捉えられるということがありうる——そして、具体的詳細においては、際限なく細かい違いを捉え意識することができるということが、我々が人を経験する際の特徴である（もっとも、それを多大な時間をかけて数え上げるのは特定の状況や特定の文化のなかでだけではあるが）。

性格の違いが直接に道徳的個別性という概念において役を演じる領域のひとつは、個人的関係（personal relations）の領域である。このつながりについて意見を述べることで本章を締めくくろう。性格の違いは、個人は相互に置き換えできないという考えに実質的内容を与える。上で議論したように、特定の人が何かに駆り立てられているかぎり、彼が自分が置き換えのきかないものだと感じるために自分が他人と違っているということを自分に言いきかせて確信する必要はない。しかし彼の他人との個人的関係においては、違うという考えはたしかに、いくつかの仕方で役に立つ。彼の友人は別の友人と同じようなものとして置き換えられないという考えに、彼自身も置き換えられないということ、そしてまた、彼とその友人はお互いに違っているということが加えられる。この最後の〔彼と友人が違っているという〕発想は、我々の友情観にとって重要であって、よき人の友人はもうひとりの彼である、というアリストテレスの意見とは異なった友情観である。この見方はアリストテレスのものであって、ギリシア一般のものではないと私は考えている。これは、彼の友情に関する見解の、我々にはさらに奇妙に思えるもうひとつの特徴につながっている。つまり、彼にとって友情は最小限に危険（リスキー）でなければならない、というものである――アリストテレスの問題のひとつは、まさに、友情の役割と、自己充足という魅力に欠ける理想とを調和させることだった。三次元的な鏡などといったものは友情の理想になどならないということに同意するならば、それを手がかりとして、自分と友人が違っていることがどういう本質的な役割を果たしうるかの理解の糸口が得られるだろう。さらに、ある特定の他の人にコミットし関わることが、すでに素描したようなしかたで、ある人の人生の基礎的な役割を果たすタイプのプロジェクトのひとつであること――これはアリストテレス的な説明においては神秘的か、不吉でさえあるようなものということになるだろうが――の理解の糸口も得られるだろう。

カント主義者にとっては、個人的関係は少なくとも道徳的関係を前提しており、一部の論者はさらに進んで、個人的関係を道徳的関係〔という類の〕のひとつの種であるとさえみなす。たとえば、リチャーズ*21は、「原初状態」で受け入れられるであろう（つまり、道徳的制約として採用される）義務以上の功績（supererogation）の四つの主要原則についての道徳的色彩の濃い説明で次のように言う。

> 相互愛の原則。これが要求するのは、他者に対する個人的好意や愛を、恣意的な身体的特徴だけにもとづいて示すべきではなく、道徳的原則にもとづいて行為することに関わる、パーソナリティの特質や性格にもとづいて示すべきである、ということである。

このすばらしく高潔な馬鹿らしさの起源は、間違いなく、愛は――「恣意的な身体的特徴」にもとづいた愛でさえ――そもそものはじめから道徳性の中にとりこんでしまわないかぎり、道徳性とひどい衝突を起こすに十分な力とさらには権威さえも持っているという感覚へとたどることができる。そして明らかにこれは健全な感覚である。もっとも、原初状態でこうした原則を採用することによって、けっこうなことができるだろうと考えるのは楽観的なカント主義者であろうが。もっと弱い見解、つまり愛とそれに似た関係は道徳的関係を前提する――人が誰かを愛することができるのはすべての人に対して持つ道徳的関係をその人と持っている時だけだという意味において――という見解は、これほど馬鹿らしくはないにせよ、間違っている。もちろん、誰かを愛することは、道徳性がもっと一般的に要求し持ち込んでくる関係を含むというのは正しいが、そこから、人間関係全般において道徳的な人がするような仕方で関係を持たなければ、特定の場合にそうした人間関係を持つことはできないのだ、ということにはならない。ある人がある人の関心に配慮しており、また、その人と結んだ約束を実行することをも配慮しているが、他の人々についてはこうしたことをたいして気にしていない、ということがありうる。たしかに誰かを愛することは、その人に対して道徳的人物が示すような配慮、少なくとも彼が示すべきだと考える配慮と同じ配慮を示すことを含んでいる。その限りにおいては（その限りというのがどういうものであれ）、愛する者たちの関係は道徳的関係の一例あるいは少なくともそれに似たものである。しかし、これは愛する者が、道徳的人物として、人間関係全般において持つ関係をこのケースに適用したものだからである必要はない。（仮に彼が実際にそうした関係を人間関係全般において持つ道徳的人物であったとしても、状況の最善の記述ではないだろう。）

しかしながら、一旦道徳性が導入され、また真剣に受け止められるべき個人的関係が導入されたならば、衝突の可能性も導入されることになる。これはもちろん、彼の人生に深く関わっている友情があれば、人はその友情の要求するものを、他の不偏的な道徳の要求より上のものとして選ばねばならないということは意味しない。そうしたことは馬鹿げたことであり、また病的な友情であろう。というのも、どちらの関係者もこの世界に存在しており、友情が世界に存在しているということが、友情の意味の一部だからである。しかし、他者からの重大な道徳的請求との間の衝突の可能性は厳然として存在し、そしてこれは単に帰結におけるものだけではない。その帰結に到達する仕方についての道徳的要求との衝突もありうる。その状況は不偏的な解決プロセスにかけられていないかもしれず、この事実そのものが不偏的な道徳的意識に不安をもたらすかもしれない。そうした不安の一例は、フリードの文章の一節に現れる。今目の前にいない、あるいは将来苦しむことになる人々よりも、現実に今目の前で苦しむ人に優先的に資源を割くべきだとしたらそれはなぜかという問いに対して啓発的な議論を提出したのちに、フリードは次のように書く。[*22]

同じような危機的状況にいるひとりかふたりの人物をリスクやコストなしに救うことができ、危機にいる人のひとりが彼の妻だという状況において、彼がコインを投げるなどして両者を平等に扱うべきだ、などと主張するのはたしかに馬鹿げている。ひとつの答えは、救助できるかもしれない人が、船の船長や公的医療機関の職員などとは違って何の職務も負っていない場合には、事故の発生そのものが公正さの命令（dicate）を満たすのに十分なほどのランダム化の要素を含んだ出来事であるため、彼は愛する人や友人を選択してさしつかえない、というものである。救助者が職務を帯びている場合には、彼は個人的なつながりを無視しなければならないという議論は、受け入れられないものではない。

この一節で最も目立つ特徴は、フリードがどちらに向けて暗に立証責任を押しつけているかというその方向である。コインを投げることは不適切だろうという事実は、「答え」が求められている問いを生じさせる。それに対しての救助者が職務を帯びているということによる解決には、安堵のような響きがある（もっとも、「個人的なつながりを無視する」ときに彼が何をするのかは不明ではあるが――彼はコインを投げるのだろうか?)。ここでの発想は、救助される犠牲者のひとりが救助者の妻だからといって、第二の犠牲者たちが救助されるチャンスさえも得ていないのは、彼らにとって不公正であるということだと思われる。そして答えは(「十分なほどのランダム化の要素を含んだ出来事」への言及を読むかぎり)、別のレベルではそれは十分公正である――この災厄においては、救助者は他の人を救う特別な理由を持っているが、また別の災厄であれば別の救助者が彼らを救う特別な理由を持っていたかもしれない、ということになる。しかし、他のことはおいておくとしても、「だったかもしれない」は、公正さの観念を再導入するにはあまりに頼りない。そうした出来事での「ランダム化」の要素は、ある種の悲劇的な出来事におけるのと同様、籤引きを適切に適用するという形で正当化を提供するものというよりは、ある種の状況は正当化を超越したところにある(lie beyond justifications)ということを思い起こさせるものとして見られるべきである。

しかし、〔ある種の状況が正当化を超越したところにあるという〕そのことを示すようなものは何かあっただろうか? もし我々が高階のランダム化といった発想を捨てるにしても、まさにこのこと、つまり救助者が救助することを選んだ人は彼の妻だった、ということが救助者のための正当化になるのではないか? それは、「正当化」という言葉にどれほどの重みがあるかに依存する。たとえば、それが彼の妻であったという考慮要因は、たしかに、誰もが口をつぐむべきであるような説明である。しかし、これよりはもっと野心的なものが普通は意図されている。それは、道徳的原則は彼の選好を正当であると認めて、この種の状況においては自分の妻を救っても少なくとも問題ない(道徳的に許される)という結論を下すはずだという発想を本質的に含んでいる。（この結論はその根拠としてさまざまな高階の思考と組み合わさっているかもしれない。たとえば、規則功利主義者ならばこの種の問題では、たとえば火災保険のように、それぞれが自分のものを気にかけるのが最善であるという発想に賛成するだろう。）しかし、こうした捉え方は、行為者に余計なことをひとつ考えさせて（one thought too many）しまっている。人によっては（たとえば、彼の妻は）、彼の動機になっている思考を完全にはっきりさせれば、それ〔彼が救助することを選んだ人〕は彼の妻であり、かつこの種の状況では自分の妻を救うことが許される、というものではなく、単にそれは彼の妻である、というものであることを期待するだろう。

おそらく、このケースについて他の人は他の感覚を持つだろう。しかしポイントは、どこかで（そしてこのケースでなければどこで？）、人はある必然性にたどりつくということである。それは、他の人への深い愛着といったものは、どこかで、同時に不偏的な見方といったものを組み込むことができないような形でこの世界のうちに現れるという必然性であり、さらにまた、そうした愛着といったものはそうした不偏的な見方に反してしまうという危険をはらむという必然性である。

そうした愛着といったものは、そもそもそれが存在するならばこうした危険をはらむものなのである。しかし、そうしたものが存在しないかぎり、人の人生には、人生そのものに執着させる実質的内容や確信は十分存在しないことになるだろう。どんなものであれ、不偏的なシステムの信奉も含め、それが意味を持つためには、人生に実質的内容がなければならない。しかし人生に実質的内容があるとき、それは不偏的なシステムに最高の重要性を認めることはできない。そしてシステムの人生にたいする影響は、その極限においては、不確かなものなのである。

ここから言えるのは、人々を性格から切り離された抽象的なものとして取り扱う道徳哲学の習慣は、特にカント主義的な形態のものにおいては、思考の一側面を扱う正当な装置というよりは、むしろ歪曲であるということである。そうした習慣は思考のこの一側面を制限し規定するものを無視してしまっているからである。また、そうした習慣は、単に理論的な装置としても見ることはできない。これは、自己（self）の概念と、自分自身（oneself）の概念が、最も重要な意味で出会う領域のひとつだからである。

第二章　道徳的な運

生の目的を幸福とみなし、内省的な静寂を幸福とみなし、そして静寂を自己充足の賜物とみなすという哲学思想の流れがある――〔この思想によれば〕自己の領域にないものは自己ではコントロールできず、したがって運に左右され、静寂への偶然的な敵に左右される。西洋の伝統の中でこの系統の最も極端な見解は、いくつかの古典的な古代の学説である。とはいえ、これらの見解について目立つのは、善い人すなわち賢者は突発的な運（incident luck）の影響を免れる（immune to）一方で、ある人が賢者または賢者になれそうな人かどうかについては構成的な運（constitutive luck）とでも呼ぶべきものが重要だと考えられたということである。というのも、大多数を占める粗野な人々には（優勢な見解によれば）そんな選択肢はなかったからである。

ある人の全人生が、何らかの仕方で運の影響を免れうるという考え方は、それ以来あまり優勢となってこなかった（たとえば、キリスト教の主流では優勢ではなかった）。そのかわりに、運の影響を免れる――この考えの最も厳格な主唱者の中心的な用語で言うならば――「無条件的な」（unconditioned）ひとつの基本的な価値の形態、すなわち道徳的価値が存在するといういまだなお強力な影響力を持つ考え方がとってかわった。この見解では、正しく道徳判断を下す傾向性と道徳判断の対象の両方が、外的な偶然性の影響を受けず、両者はお互いに関連するそれぞれの仕方で無条件的な意志の産物である。良きにつけ悪しきにつけ、偶然の産物であるいかなるものも、道徳的評価の対象として不適切であり、評価の決め手としても不適切である。[*1] ちょうど、性格という領域において大事なのは動機であって、容姿でも力でも才能でもないというのと同じように、行為について大事なのは意図であって、世界に実際に与えた変化ではないのである。このように考えるなら、古代の幸福な賢者がその利益を受けていると思って喜んでいた構成的な運さえも消滅すると想定される。道徳的に行為する能力はどのような理性的行為者のうちにも、つまり道徳の問いに直面するどんな人のうちにも、あると想定されている。道徳的人生における成功は、誕生、幸運な生い立ち、あるいは非ペラギウス的な神の理解不可能な恩寵[★1]などの考慮から切り離され、才能あるものだけに開かれた生き方ではなく、理性的存在者が同じ程度で必然的に持つ才能に開かれたものとなる。そのような捉え方の核心には正義の究極的な形があり、それがこの捉え方の魅力となっている。カント主義が反感を催させるというのは単に表面的なことである――その見かけにもかかわらず、カント主義は世界の不公平さの感覚への慰めという誘因を与えているのである。

しかしながら、カント主義がこの慰めを与えるには、さらなるものを認めなくてはならない。たとえ道徳的価値が根本的に運によって条件づけられないとしても、そのことは道徳的価値が他の価値の中のひとつにすぎないのならたいして重要なことではなくなってしまうだろう。そうではなく、道徳的価値は何か特別で、崇高な威厳や重要性を持っていなければならない。他の価値とは違って、すべての理性的存在者が手にすることができる価値があるという考え方は、もしその価値が単に〔他の価値が得られないときの〕最後の手段、魂の木賃宿でしかないのなら、わずかな励みしか与えない。そうではなく、この価値は理性的存在者としてのある人にとって最も基礎的な関心としての請求権を持たねばならず、そしてある人がこのことを認識したなら、その人は、単に道徳性が運に左右されないということを把握するだけでなく、その人自身が道徳性を通じて部分的には運に左右されなくなるということも把握すると想定されている。

この見解によれば、「道徳的な運」のどのような捉え方も根本的に不整合である。実際、この言葉は奇妙に思われる。それは、カント的な捉え方が、非常に純粋な形で、我々の道徳性の概念の基礎的なものを具現化したものだからである。しかし、道徳が運の影響を受けないようにさせようという目標は失望させられる運命にある。この論点の最もよく知られている形態は、自由意志の議論に見られるように、道徳的傾向性というものを動機と意図の方向でどれだけ奥に位置づけようとも、道徳的傾向性もまた他のあらゆるものと同様に「条件づけられて」いるということである。しかしながら、道徳性が構成的な運に従属しているという辛い真実〔私はこれが真実であり、辛いことだと考えている〕は、実は、私が今から論じようとしている主題ではない。カント的捉え方は、道徳性、合理性、究極的あるいは至高の価値といった広範囲な概念を結びつけ、またそれらに影響を与える。カント的捉え方のもとでは、これらの諸概念のつながりは、ある行為者が自分自身の行為に対して下す反省的な評価に対して、多くの帰結を持つ。たとえば、究極的で最も重要なレベルでは、彼が実際になしたことが正当化されるかどうかということは運の問題ではありえない。

私が考えたいのはこの領域である。実際のところ、私は道徳的なものについては最後の方まであまり語らないつもりであり、むしろ合理的正当化という考えをもっぱら論じる。私が信じるに、これは正しいスタート地点である。なぜなら、ほとんどの人々が、合理性と正当化についてのこの種の考え方にある程度コミットする一方で、道徳については問題なのは純粋なカント的捉え方であって、そのような捉え方は単に妄執的な誇張を表しているだけだ、と考えがちだからである。しかし、カント的な捉え方は決して単なる妄執的誇張ではないし、運から逃れようというカントの試みは単なる恣意的な企てではない。実際のところ、カントの試みは道徳に関する我々の考え方と非常に近いので、それが失敗するなら、我々は、この考え方を完全に放棄することも考慮せざるをえなくなるのである。

私は「運」という概念を、ゆるやかに、定義せずに、しかし包括的に用いるつもりである。私があるものについて運の問題だというとき、それに原因がないというニュアンスをまったく持たせようとしていないことは明白であろう。一般的な私のやり方は次のようになるだろう。すなわち、比較的普通ではない方の状況でどのように考えたり感じたりするかに内省をうながす際に、我々――多くの人々――が他の普通の状況においてどのように考えたり感じたりしがちであるかに照らして考えてもらい、そしてその際に、実質的な道徳的意見や「直観」ではなく、それらの状況でする経験という点から考えてもらう。人間がこれらの感覚や経験を持たないことはありえないと示唆しているわけではない。比較的普通ではない方の事例では、私の考える思考や経験が可能であり、整合的であり、理解可能であり、それらの思考や経験を不合理だと非難する根拠はないとただ主張するだけである。もっと普通の事例では、以下のような示唆を――なぜそう示唆するかの理由の概略をつけて――行う。その示唆とは、我々が単に混乱していたり無反省だったりするのでない限り、それらの経験のない人生は、我々の感情や自分自身に関する我々の見解の再構成をともなうし、その再構成は、普通に想定されているだろうものより、とりわけ哲学者たち――非常に単純な合理性のイメージにそって我々自身の行為者性と後悔の感覚を整頓することがただ可能であるというだけでなく、すでにそのように整頓されているかのようにこれらの問題を論じる哲学者たち――に想定されているだろうものよりはるかに広範囲に及ぶだろう、ということである。

最初に概略的な例をひとつ考えよう。それは、自分の芸術を追求しうると彼が想定した人生のために、明確で差し迫った他人からの請求に背を向けたクリエイティブな芸術家の例である。歴史的事実の制約は気にしないことにしつつ、彼をゴーギャンと呼ぼう。ゴーギャンは、自分に対する請求にまったく関心を持たず、単に別の人生を選好した人だったかもしれない。その人生から、おそらくはその選好から、彼の最良の絵画が生まれたのかもしれない。単に他者からの請求が行為者をつなぎ止めることができなかったという種の事例は、ここでの関心の対象ではない。もっとも、それは現在の関心と何かしら関連している以下のことを思い出させるのに役立つだろうが。それは、道徳が普遍的に尊重され、すべての人々が道徳を肯定する傾向性を持つ世界は最良であろうという考え方が我々を導くことがときどきあるが、実際には、我々には、それが現実の世界でなくてよかったと思う深く根強い理由があるということである。

そうではなく、他者からの請求と、そうした請求を無視することで何が起きるか（気が滅入るようなことだと想定してよいだろう）に関心を持っていたゴーギャンを考え、にもかかわらず、こうしたことに直面しながらも彼が別の人生を選んだと想定してみよう。この別の人生を、彼が、自分が画家としての天賦の才を実現するような人生だという目ではっきりと見ていたわけではないということは十分ありうることだが、物事を単純にするため、彼がもうひとつの人生をはっきりとそのような視点で見ていた、という条件を付け加えることにしよう――彼がもうひとつの人生を選ぶ際には、自分が本当に画家になれるような人生として選んだのだ。そうすると、彼が自分の計画に最終的に成功したとみなせるのはどのような場合かがはっきりする――少なくとも、いくつかの起こりえた結果は、明確な成功の事例ということになるだろう（それは世間に認められるという意味での成功である必要はない）――他に、成功かどうかが不明確な結果がどんなに多くあったとしても。

彼が成功するかどうかは、事例の本質から、あらかじめ知ることはできない。ここで取り上げるのは、それを取り除きさえすれば物事が予測可能な形で進行するような外的な障害ではない。我々の物語の中では、ゴーギャンは、曖昧さのない形で自己主張したりしないようなある可能性に多くのものを注ぎ込んでいる。私は、この状況下で彼の選択を正当化するのは成功そのものしかない、という主張を検討し、支持したい。もし彼が失敗するなら――これからすぐ、もっと正確に言って何が失敗にあたるだろうかという問題を取り上げるが――彼は間違ったことをしたのである。そしてその間違ったこととは、単に、〔失敗という言葉自体から〕自明に導けるような意味においてだけでなく、この状況で間違ったことをしたということは、彼のように行為することが正当であると彼が考えたことは何の基礎（basis）も持たないことになる、という意味においてである。もし成功するならば、彼はそのように考える基礎を実際に持っていることになる。

既に示唆したように、正当化についてのこのような考え方が明確に道徳的な諸観念の中にどのようにはめこまれるかという問いは最後までとっておく。しかしながら、ここですでに気をつけておかなくてはいけないのは、たとえゴーギャンが究極的に正当化できたとしても、それは他の人に対して――少なくとも他のすべての人々に対して――彼が自分を正当化する方法を与えるとは限らない、ということである。ゆえに、彼は、自分の決定によって傷ついた人たちは自分を譴責（reproach）する正当な根拠を持たないと示す手段を何も持たないかもしれない。たとえ彼が成功しても、彼の言い分を人々に受け入れさせる権利を得るわけではないだろう。他方、もし彼が失敗したなら、彼は言い分そのものを持たないだろう。

仮に正当化が存在しうるとすれば、それは本質的に遡及的なものであろう。ゴーギャンは、合理性にとって、また正当化それ自体の観念にとって本質的だと考えられているあることを為すことができなかった。そのあることとは、ある人が選択の時点で――自分が（その選択がよい結果につながる（coming out right）という意味で）正しかったかどうかを知る前に――その選択を正当化するような考慮要因を適用できる立場にあるべきだということである。一般的に、これがどのように可能であるかということは、この議論の主要な部分を形成するだろう。私は、議論のこの段階で、道徳という概念に重きを置きたいとは思っていない。しかし、もし我々が、ゴーギャンの選択を道徳規則という点から事前に正当化できるかという、より狭い問いを手短に考察したなら、事前の正当化という問題に光を投げかけられるかもしれない。

道徳理論家のうちには、ゴーギャンの計画が成功したことに付与される価値や、そのためにゴーギャンの選択に付与される価値を認識して、この選択を道徳諸規則の枠組みに――結果が出る前にその選択を正当化できるような補助的な規則を作ることで――おさめようとする者もいるかもしれない。そのような規則はどのようなものでありうるだろうか。その規則は〈もし自分が偉大で創造的な芸術家なら他者の要請を無視するという決定が道徳的に正当化される〉というものではありえない。その内容に対する疑いは脇に置いても、この留保条件はその時点で本人が答えることができる立場にない問いに先回りして答えてしまっている。他方で「もし、ある人が、自分を偉大で創造的な芸術家だと確信しているとしたなら……」という条件にしたなら、頑迷で馬鹿げた自己欺瞞をも正当化の条件としてしまうだろう。また「もし、ある人が、自分を偉大で創造的な芸術家だと確信するのが理にかなっていたなら……」は、むしろ、なお悪い。この事例で、理にかなった確信とはどんなものだと思っているのだろうか。ゴーギャンは芸術学の教授に相談すべきだろうか。この付加条項のばかばかしさは、道徳的規則全体の中にこのような事例の場所を見つけようとする企て全体のばかばかしさをたしかに表している。

功利主義的な諸定式は、これらの状況の理解において、道徳規則との関わりでの定式化が貢献するのと同程度にしか貢献しないだろう。功利主義の諸定式は、「彼がそれをしたのは、しないよりよい（より悪い）」という考え方を示すことができるが、この考え方の真意は、「それが起きたということは、起きないよりよい（より悪い）」という文とほぼ同じである。しかし、これは、それ自体としては、行為者の決定とその可能な正当化の特徴づけに対して何の助けにもならないし、功利主義は、そうした特徴付けの助けとなる特別な材料を何も持っていない。功利主義にはまた、「よりよい」という言葉の内容を詳しく述べる際に、よく知られた問題がある。すなわち、標準的な説では、ゴーギャンの決定は、彼が最終的に画家として人気が出れば出るほど、それだけよい決定だったように見えるのである。しかし、この種の難点よりも、もっと興味深いことがある。功利主義の観点は――功利主義だけに特有というわけではないが、明らかに――このような事例の非常に重要な側面を見落とすであろう。それはどのような「失敗」が問題になるかである。帰結という観点からは、ゴーギャンの選択がそのために行われる善きものや便益は、ある程度実現するか、まったく実現しないかのどちらかである。しかし、今我々が取り上げている考え方にとっては、もしその計画が失敗するとしたとき、どのような仕方で計画が実現しそこなうかはとても大事な点である。もしゴーギャンがタヒチへ向かう途中で傷を負い、二度と絵が描けないようになったとしたら、それはたしかに彼の決定（ここでは撤回できないものと仮定する）が無益だったことを意味し、実際、その結果のうちには他の人々の損失と対比すべきものは何もない。しかし、この一連の出来事は、結局のところ彼は間違っていて正当化できないという、問題となっている思考を引き起こさない。自分が間違っていたかどうかを彼は知らないし、決して知ることはないだろう。彼の計画において彼が間違っていたことを証明するのは、単に計画が失敗することではなく、彼が失敗することだろう。

この区別が示すのは、ゴーギャンの正当化は何らかの仕方で運の問題であるが、それと同時に、すべての種類の運が同様に問題になるわけではないということである。重要なのは、失敗の原因がその計画それ自体にどれだけ内的かということである。少なくともこれらの企てとの関連では、負傷が起きたことは、最も外的で偶発的な種類の運である。この種の運が、彼が正当化されるだろうかということに及ぼす影響はなくなりはしない。なぜなら、もしそうした不運が襲ったならば、彼は正当化されないだろうからである。しかし、それは彼を非正当化する（unjustify）ためにはあまりに外的である。彼を非正当化できるのは画家としての彼が失敗することだけである。けれどもなお、それは別のレベルの運、すなわち彼がなりたいと望んだものになれるという運である。これがそもそも運の問題なのかと疑問に思われるかもしれない。あるいは、もし運の問題だとしても、我々がすでに脇に置いてきた、すべてのことがらに影響を及ぼすような構成的な種類の運ではないかと疑問に思われるかもしれない。しかし、これはそれ以上のものである。これは単に彼がそのような人間であるという運ではなく、彼がそのような人間だったことが判明するということが、彼の決断の材料となった熟慮から見たときに、運なのである。というのも、彼は（認識的な問題として）そのような人間だと判明しなかったかもしれないからである。これが問題状況を設定する。

いくつかの事例においては――おそらくゴーギャンの事例には当てはまらないが――そのような決定の成功は、決定に関連する認識的運の問題ではないと考えられるかもしれない。決定を下す準備ができ、そして実際に正しかった人が、主観的にはどんなに自信がなかろうと、実は自分が成功するであろうと知っていたと言えるだけの根拠があるかもしれない。しかし、たとえいくつかの事例でこのことが正しくとも、遡及的な正当化に関する問題を解決する手助けにはならない。というのも、ここでは知識という概念それ自体が遡及的に適用されており、そうした適用には何の問題もないとしても、行為を決定する時点ですでにできなかった区別を行為者がする助けにはならない。このような場合に、たとえ彼が実は知っていたと後で判明したとしても、なお、行為者が自分の決定を下す時点とレベルにおいて利用できた考慮要因から見たときには、彼が知っていたと判明するのは運にすぎない。

ゴーギャンのような種類の決定において、ある運は彼の計画に外的であり、ある運は内的である。双方とも成功の為に必要であり、したがって実際の正当化にとって必要であるが、内的な計画の方だけが非正当化と関連している。事例の範囲を少し拡大してみれば、内的運という概念についてより明確に理解することができるだろう。ゴーギャンの事例において、彼の計画は、本質的に、ふたつの区別が大まかに一致するようなものである。一方は計画に内的な運と外的な運との区別であり、他方は、彼や、彼がどういう人かによって何が決定され、何が決定されなかったかの区別である。ゴーギャンの事例における内的運はそれ自体、彼が真に価値ある作品を描くことに成功する本当に天賦の才を持った画家であるかどうか、というひとつの問いに、事実上絞られている。彼の計画の実現に関わる全条件が彼にかかっているわけではない。なぜなら、明らかに、他者の行為または行為の差し控えが計画の実現に対する多くの必要条件となるからである――そしてこれが外的運の重要な核心部分である。だが、実現のための諸条件のうち非正当化と関連するもの、すなわち内的運の座（locus）となっている条件の大部分は彼に存している――これはもちろん、それらの条件が彼の意志に依存していると言っているのではない――いくつかは依存しているかもしれないが。ふたつの区別が大まかに一致するということは、この場合のひとつの特徴である。しかし、他の場合には、内的運（すなわち、計画に内的な運）の座は部分的には行為者の外部に存するのかもしれない。そしてこれは重要で、実際により典型的な事例である。

別の事例、アンナ・カレーニナの例を同じように図式化して考えてみよう。アンナはヴロンスキーと共に生きる中で、他者、とりわけ息子に対して強いた代価を意識し続ける。もし物事がよりうまく行ったなら、彼女はこの意識を抱いて生き続けていたかもしれないし、カレーニンの元を離れたときの彼女の状況理解の視点からすれば、物事がよりうまくいくことはありえたと、我々は想定してもよいだろう。結果としてみれば、社会的状況と彼女自身の心理状態は、ヴロンスキーとの関係があまりに重くなってしまうようなものであり、そのことが明らかになればなるほど、関係の重さも増す。そして、これは、社会についてだけでなく彼女とヴロンスキーについての真実だと私は考えている。この真実を最終的にトルストイがどんなに不可避なものに見えるように描こうとも、彼女の初期の考えの視点からすれば、真実は違うものでありえたのである。現在用いている用語では、それは内的運の問題であり、彼女の計画の核心部での失敗である。しかし、この運の座は、いかなる意味においても完全に彼女の内に存するわけではない。というのも、それはまたヴロンスキーの中にも存するからである。

ヴロンスキーがもし実際に自殺していたなら、これもまた内的な失敗だっただろう。仮にヴロンスキーが偶然に殺されたのだとしたなら、それは内的な失敗ではなく、むしろ外的な不幸だったであろう。彼女の計画は終焉を迎えたかもしれないが、実際失敗したように失敗したわけではなかっただろう。この違いは、我々が関心を持っている思考をまさに例証するものとなっている。もしアンナがこの時自殺をはかったなら、彼女が考えているのは「もう私には何もない」といったようなことであっただろう。しかし、私が考えるに、目下の状態では、彼女が自殺するときに考えることは単にそれだけではなく、過去と、自分が行ったこととにも必然的に関連している。過去の行為を彼女はいまや擁護不可能だと感じているのだが、それは、彼女の望んだ人生によってのみその行為が正当化されえたからであり、その後に生じた出来事によって、それらの望みは単に否定された（negated）だけでなく反駁された（refuted）からである。

　このような思考を、私は、その意味をより容易に理解できるように、ひとつの構造の中に置きたい。この議論は、第一義的には、我々や他の人が、これらの行為者についてどんなことを語ったり考えたりするだろうかということへと向けられてはおらず（それらに対する含意はあるが）、むしろ、そうした行為者が自分たち自身をどう思うかについて整合的に期待できるのは何か、についてのものである。我々がこれらの心理状態を記述するときに用いることになる概念は後悔（regret）であり、この概念についてまず語っておくべきことがいくつかある。

　後悔というもの一般を構成している思考は、「物事が別様だったならばどれだけよかったか」といったようなものであり、この感情は、原理的には、それについて〈物事がどのように別様でありえたか〉についての考えを、〈別様だったときに、物事がどのように実際よりましでありえたか〉についての意識とともに形成できるようなあらゆるものに適用できる。後悔のこの一般的な意味においては、後悔されているものは事態（states of affairs）であり、原理的に、それらの事態を知っている人であるなら誰であってもそれらの事態を後悔しうる。しかし、後悔には特に重要な種類のものがある。私はこれを「行為者後悔」（agent-regret）と呼ぼう[★2]。これは、ある人が自分自身の過去の行為に対して（あるいは、せいぜい、彼自身が参加者として関わった行為に対して）のみ感じる後悔である。この場合、想定される可能性とは、その人が別様に行為したかもしれなかったということであり、後悔はその可能性に向けられる。その思考は、部分的には、〈自分がどのように別様に行為することがありえたか〉についての一人称的な捉え方から形成される。「行為者後悔」が後悔一般と区別されるのは唯一、または単純に、その主題によってのみではない。行為者の後悔ではないような、自分自身の過去の行為に向けられた後悔もありうる。これは、過去の行為が他者の行為を見るときのように純粋に外的に見られている場合に起きる。行為者後悔は、単に一人称的な主題を要求するだけでなく、また単に特定の種類の心理的内容を要求するだけでもなく、特定の種類の表現をも要求するのである。

行為者後悔という感情は、いかなる意味においても自発的な行為者性（*voluntary* agency）に限定されていない。それは、ある人が意図的に行ったことをはるかに超えて、意図的に行ったことの結果としてその人に因果的に責任があるようないかなることにも及ぶ。しかし、たとえまったくの偶然であるとか非自発的なレベルの行為者性であるとしても、行為者の後悔という感情は、傍観者が感じるような後悔一般とは異なっており、異なるものとして我々の実践の中で認識されている。自分自身に落ち度がない状況で子どもをはねた大型トラックの運転手は、傍観者とは異なる――すぐ隣のタクシーに乗っている傍観者とさえも異なる――感じ方をする。ただ、傍観者が自分自身がそれを防ぐことができたかもしれないと考えるなら、その度合に応じて〔大型トラックの運転手と同じ感じ方をするという意味で〕例外となるが、これは行為者としての思考である。疑いなく、そして正しく、人々は運転手を慰めるために、その感情の状態から彼を動かそうと、実際、もっと傍観者に似た位置に立つように動かそうとするだろう。だが、ここで重要なのは、そうした働きかけが必要であるべきだとみなされるということである。実際、あまりに平然と躊躇なく傍観者の立場に移行する運転手に対しては何らかの疑いが生じるかもしれない。我々は運転手を気の毒だと思うが、その感情は、運転手とこの出来事の関係には何か特別なものがあり、その特別なものは単にそれが彼のせいではないという考慮によっては除外できないという感情と共存しているし、実際それを前提としている。そのような偶発的な出来事よりも十全な行為者性を持ちつつも、無知のためになお非自発的行為となっている場合には、これはなおさら当てはまるかもしれない。

行為者後悔と傍観者が感じる後悔との違いは、ただ感情に入り込んでくる思考とイメージにおいてだけではなく、表現の違いとしても現れる。トラック運転手は、何らかの償いや賠償と――本人の希望としては――なるような、あるいは少なくとも償いや賠償を象徴するような仕方で行為するかもしれない。しかし、喜んで賠償しようという気持ちは、そして、自分が賠償するべきだと認めることでさえ、常に行為者後悔を表現しているとは限らない。こうした状況との関係では、さまざまな異なる意味付けのレベルにおいて、喜んで賠償する気がある、という状態が生じる。我々が自分が非自発的に引き起こした被害に対して、賠償を払わなくてはならないと認めている場合でも、その是認が外的な種類のもので、一般的な種類の後悔しか伴っていなかったり、まったく後悔が伴っていないということがありうる。それは単に、他の選択肢がある場合に被害者がコストを払うのは不公平であり、そしてその被害を副産物としてもたらした意図的活動を行った行為者が払うという他の選択肢がある、ということなのかもしれない。

これらの場合、関連する、有害なことをしてしまったという意識は、基本的に、自分の行為の結果としてそれが起きたという意識に、その出来事のコストはその状況では自分に割り当てるのが公正である、という思考が加わったものである。これが、自分が賠償しなくてはならないと認めるという行為者としての心理状態であるかというテストは、この観点から見たときに保険でカバーするのでも少なくとも同程度には十分なのかという問いによって示される。保険金が既に支払われたと想像してみよう（もしこのテストを明確にするために役立つなら、誰かによって支払われた、とつけ加えてもよい）。そして、被害者が保険金の支払いを受け取ったことを知ることによって行為者の心のざわつきがすべて落ち着くのなら、それは彼にとって外的な事例なのである。このテストの明白な――そして望ましい――帰結として、ある行為者が目前の事例を外的だとある程度考えることができるかどうかは、単にその事例と彼との関係だけの関数ではなく、それがどういう種類の事例かということとの関数でもある――保険会社よりむしろ彼が賠償すべきかどうかという問いは脇に置くとしても、それがそもそも保険によって賠償可能な損失なのかどうかという問いもある。もしそうでない〔つまり保険によって賠償可能な損失でない〕場合、自分が意図せずして責任を負っているという意識を持つ行為者は、自分がなお何かをしなくてはならないと感じるかもしれない。その感情は必ずしも、保険金で賠償できないものを実際に彼が償うことができるから感じるというわけではなく、（彼が幸運なら）彼の行為が賠償金以上に何らかの償いの意味を持つかもしれないからという理由で感じるものかもしれない。

また、他の事例では、適切な行為の余地はまったくない。そこに残るのは、それに対して何もできないという辛い意識を伴う、償いをしたいという欲求だけである。この意識は、他の何らかの行為、もしかしたら被害者よりは他の者に向けられた行為で表現されるかもしれない。どの程度の感情が適切なのか、そしてどのような賠償行為またはその代替物が適切なのかといったことは、個別の事例の問題である。この領域において、不合理で自己懲罰的なやりすぎがありうるということは、おそらく誰も否定しないだろう。しかし、それと同様に、もし誰に対してもこの種の感情を決して経験しないとしたら、それも一種の狂気であろうし、合理的な人なら決してこんな感情を経験しないというのも常軌を逸した合理性の概念であるだろう。さらに、このような合理性の概念を主張することは、他の種類のばかばかしさに加えて、大きな虚偽を示唆することになる。その虚偽とは、我々がもし十分に頭をクリアにして行為するなら、自分の行為の非意図的な側面から自分自身を完全に切り離し、それらの行為のコストをたとえば保険金に任せながらなお、行為者としての自分の同一性と性格を維持しているということがありうる、というものである。ある人の行為者としての歴史は、網の目である。その網の目の中では、意志の産物すべては、意志の産物ではないものによって囲まれ、がんじがらめになり、部分的にはそれらによって形成されていて、そのために、内省は以下のふたつの方向のどちらかに進まなくてはならない。すなわち、責任のある行為者とはまったく表面的な概念であり、起きたことを調和させる上では限られた役にしか立たないか、あるいは、責任ある行為者は表面的な意味には留まらないが、究極的には純化することができないという方向かのどちらかである――もし、〈自分が何をしたか〉、〈自分はこの世界で何に責任があるか〉ということにもとづく〈自分は何者か〉という感覚が重要なものだと思うのであれば、ただ現実に起きたというだけでその感覚に含めるよう求めてくる多くのものを受容しなければならない。*2

もちろん、ゴーギャンとアンナ・カレーニナの事例は自発的な行為者性の場合だが、これらの事例は今言及したような非自発的な場合とあるものを共有している。というのも、行為者の「運」は、結果に本質的ではあるが行為者にはコントロールできない要素に関連しており、そして我々が議論しているものは、これらの例の場合、現実による決定の非常に極端な事例だからである。すなわち、彼らの意志を超えて現実に起きたことによって、自分が下した決断についての判断が左右されているのである。それに加えて、非自発的なものに対する行為者後悔についての議論はまた、後悔や良心の呵責（remorse）といった言葉で表現される、これらの主題においてしばしば頼りにされてきた二分法を避けるために役立つだろう。この二分法では、「後悔」は、事実上傍観者の後悔と同定されるのに対して、「良心の呵責」はここまで「行為者後悔」と呼んできたものだが、自発的なものにのみ当てはまるという制約がある。我々が非自発的なものにも行為者後悔を持つということと、そうした行為者後悔のない人生をすぐには受け入れられない（受け入れられそうだと我々は思うかもしれないが）という事実は、既にこの二分法には何か誤りがあることを示している。そのような後悔は単なる傍観者の後悔でもないし、（この定義によれば）良心の呵責でもない。

これまで議論してきた行為者後悔と、今考えている〔ゴーギャンやアンナ・カレーニナの〕事例での行為者の感情にはひとつの違いがある。非自発的な事例で明るみに出したように、行為者後悔には、自分がそれをしなかったらよかったのにという望みが行為者の側に含まれている。彼は、自分がその変更――もし分かっていれば自分の力の範囲内でできたであろうような変更であり、そして結果を変えたであろうような変更――をしていたなら、と強く願っている。しかし、我々が描いてきた形でのゴーギャンやアンナ・カレーニナは、自分が失敗したときにだけ、違う風に行為していたらと望む。（少なくとも、この望みはある単純化のための前提のもとでは彼らの不成功についてまわる。その前提とは、後に続く思考や感情は彼らが持っていると我々が想定した計画によってまだ本質的に形成されているという前提である。明らかに、彼らは不成功それ自体の経過の中で新しい計画をたてるかもしれない——アンナはそうしなかったが——のだから、これは過度の単純化である。以下でもこの前提は維持する。）これらの行為者が決定の後に——しかし成功か失敗かの宣告が下される前に——持っていた感情が何であれ、その感情には、違うように行為しておけばよかったという十分に発達した望みが欠けていたのである——その望みは、失敗が宣告されたときにのみ生じる。

後悔には、たとえば自分がしたように行為しなければよかったというような、物事が違っていたならば、という望みが必然的に含まれる。しかし、すべての物事を考え合わせたならば違うことをしたのに、という望みが必然的に含まれているわけではない。この一例は、現在の論点とはかなり独立だが、以下のような事例で与えられる。すなわち、お互いに衝突するふたつの行為がそれぞれに道徳的に要請されており、どちらの行為の流れを選択しようとも、たとえそれが最善だと判断されていても、後悔が残るという場合である——これは、我々のここでの用語で言えば、自発的に為されたことについての行為者後悔である。*3 我々は、行為者後悔と、すべての物事を考え合わせたならば違う行為をしたのに、という望みを完全に同一視すべきではない。今や、これら相互のつながりと、正当化についてのいくつかの観念とのつながりを我々は考えなければならない。このことは、我々が扱っている事例を特徴づけようとする試みに最後の要素をつけ加えるだろう。

我々の扱っている事例と、実践的熟慮とそれにふさわしい遡及的反省の、より直接な事例とを対比することは有益だろう。まず、純粋に利己的な熟慮の最も単純な事例を考えてみよう。これらの事例では、単に行為者の関心が利己的計画に限定されているだけでなく、そのように限定するのが正統だと道徳的批評家たちも同意しているものとする。ここでは、行為者は誰に対しても応答責任がないので、ある意味で彼は自分の熟慮のプロセスを正当化する必要がない。しかし、通常は、何らかの意味で、そのような行為者の熟慮のプロセスでさえ、正当化されたり正当化されなかったりすることがありうると想定されている――すなわち、彼のおかれた状況と相対的に、現実の結果がどのようであれ、彼の決定は理にかなったものでも、理にかなわないものでもありうるという意味においてである。このことに関する考慮要因には、少なくとも、彼の思考の整合性、確率の合理的な評価、諸行為の時間的な順序が最適であることが含まれている。[*4]

正当化という言語がこの関係で使われるときは、その内容は通常想定されているほど明確ではない。特に、行為者が単に自分の決定が成功だったかだけでなく、その決定の合理性に遡及的に関心を持つことにどういう意味があるのかが明確ではない。自分の熟慮とその結果の不一致を考えようとしている人の遡及的思考を、我々はどのように理解すればいいのだろうか。もし彼が下手な熟慮をし、その結果として彼の計画が失敗したなら、その場合は、結果の時点での後悔が熟慮とどう適切に結びついているかを理解することは容易である。しかし、仮に彼が上手に熟慮したのに物事がうまくいかなかったならどうだろうか。特に、ときどきあることだが、もし彼が熟慮を下手にした方が、物事がうまく行っていただろうにという状況だったとしよう。そのとき、実際起きたことがらに対して彼は疑いなく後悔の傾向性を持つだろうが、自分が「正当化されている」という意識はその傾向性に対して何の役に立つと想定されているのだろうか。自分が正当化されているという彼の考えは、次のようなことを伴うように思われる。それは、物事が実際起きたように起きたことに対して彼は残念に（sorry）感じており、それに対応する意味では彼は自分が違う風に行為していればよかったと願うが、それと同時に、彼は違う風に行為していればよかったとは願わない、というのも、自分をその行為に導いた合理的熟慮のプロセスを彼は支持しているからである。逆の現象についても似たようなことが言える。それは、熟慮の中で間違いを犯し、手遅れになってからそれを見つけたのだが、行為者は運良く成功し、実際彼が違う風に行為していたならばそのようには成功しなかっただろう、というような場合においてである。ここでの、そのように行為しておいてよかったという気持ち（違う風に行為しておけばよかったという願いの欠如）は、自分がそのように行為してしまったことに対する自責（self-reproach）の感情あるいは遡及的な懸念（retrospective alarm）の感情と両立可能なレベルで働いている。

これらの観察は分かりきったことであるが、それらの実際の中身が何かは曖昧なままである。自責や後悔について語ることはたいして効果がないし、そのような感情の表現を特定できない限り、後悔と満足の共存について語るのはなおさら効果が薄い。実際、この事例では、そうした共存を他者に対して償いたいという何らかの傾向性と同一視することはできないだろう、というのもそんな傾向性は働いていないからである。このことと関係するが、〔この事例における〕他者からの批判は、他者が不満を抱えている場合の批判とは異なる基礎を持つだろう。それはどういう場合かと言うと、行為者が、誤りや見過ごしによって、あるいは（これは興味深いケースとなるが）高リスクの戦略を——それも自分の利害だけが関わるような行為であればまったく問題にならないような戦略を——選ぶことによって、自分が受託者である善を危険にさらすような場合である。この受託者には、たとえ利益がたしかに子どもに与えられるとしても、子どもの金でギャンブルをすることは認められない。そして、成功したからといってこの反論が取り除かれるとか、取り除かれればじめるといったことはないだろう。もちろん、この種の批判は純粋に利己的な〔自分の利害だけが関わる〕事例に対しては適切なものではない。実際、利己的な事例における他者からの批判が、合理的自愛の思慮を他者が推奨すること——これ自体まず説明を要するが——から結果として導き出される考慮以上のものだと考える理由はない。

純粋に利己的な場合においては他者に対する償いは問題ではないわけだから、この場合における後悔の表現形式は必然的に、リチャーズが言うように[*5]、自分の未来の熟慮についての行為者の決意表明でなければならない。自分の熟慮に対する彼の後悔は、次の機会はもっとうまく考えようという決意として表現される。その熟慮に対する満足——この特定の場合の結果にどれだけ失望しようとも——は、以下のような形で表明される。すなわち、彼にはこの事例から学ぶべきことは何も見当たらず、次の機会に彼が自分の手続きを変えたところで（利得の水準が変わらないなら）成功のチャンスが向上したりしないと彼は確信している、という形においてである。もしこのことが正しければ、過去の熟慮の卓越性の水準についての後悔あるいは後悔の欠如という概念は、現在進行中の事例に適用される合理的な熟慮の方針あるいは傾向性という文脈でのみ理解できる。

これは十分に穏健な捉え方である——これがどれくらい穏健なのかを理解することが重要である。この捉え方からすれば、熟慮の実践の観点から見て十分によく似た事例のクラスにおいてはひとつの事例から別の事例への翻訳が可能だということが含意される。他方、これらの事例をすべてひとまとめにしたものが熟慮的推論の主題となるということは含意されない。私は今日、ある種の複数の選択肢の間で熟慮してひとつの選択をし、その結果を見た上で、同じ種類の次の選択をかなり違った仕方で扱おうと決意するかもしれない。しかし私は、複数のそのような機会の選択肢を一緒にまとめた上で比較考量を行うような熟慮的推論に携わる必要はないし、携わろうと決意する必要もない。[*6]

このようなさまざまな状況の結果が互いに影響する以上は、合理的熟慮が原則としてそれらの状況をひとまとめにして考慮すべきだと言いたくなる圧力は実際ある。しかし、もしある人に十分な知識があったとすれば、事実上どの選択も以後の選択すべてに影響するものとみなせるだろうし、そうすると、このプロセスの理想的極限は、合理的熟慮の現在の傾向性についての穏健な概念よりも、はるかに野心的であるように思われる。これはロールズの意味での人生計画（life-plan）に向けられた合理的熟慮のモデルである。このモデルでは、ある人の人生のすべての時点を、等しく考慮されるものとして扱う。[*7] この図式をとる理論家は、以下のことに同意する。実のところ、無知や他の要素は通常、時間的距離によって割り引くことを合理的にするが、これは、ある人の人生をいわば四角い箱として——すべてが一度に提示され最適に満たされるべきものとして——捉えるモデルに対して、後から行われる考慮である。このモデルは、単にその人の全計画を調和させようとする合理的な衝動が理想的に達成された状態を具現化しているというだけではない。このモデルはまた、後悔のより基本的な形態は単なる間違いに向けられるものではなく熟慮の誤りに向けられるものであるという観念に特別な根拠を与えるものと考えられている。この後悔は自責という形をとっており、合理的に熟慮して行為すれば将来の自分からの譴責から我々自身を守ることになるという考え方である。すなわち「我々の知識の曖昧さや制限から我々を保護したり、我々に開かれている最善の選択肢を見つけ出すことを保証してくれるものなど、どこにも存在しない。熟慮にもとづく合理性に従って行動することはただ、我々の行いは譴責の余地がなく、しかも、我々は時間を通じてひとりの人間として自分自身に責任を負う、ということを確実にするだけである」[*8]というわけである。こうした思考の筋道がひとつになり、「合理的な個人はつねに、自らの計画が最終的にどのような結果になろうとも、自分を決して非難する必要がないように行為すべきである、という主導原理（guiding principle）」をロールズは唱道することになる。[*9]

ロールズはこの命令を、ある意味で形式的なものとして捉え、行為者がリスクの高い選択肢をとるべきか慎重な選択肢をとるべきかを決定するものではないと見ているように思われる。しかし、もし熟慮の誤りについての自責の根拠がどれも将来の自分からの告発という概念の中に見出されるのなら、この命令は、実際のところもっと実質的な慎重さという意味で用いられなければならないと指摘する価値はあるだろう。この根拠づけは、他者に対する責任との類推に依存している。私は自分自身の将来に対する受託者である。もしこの類推が何らかの力を持つのなら、他のあらゆる受託者が求められるのと同じように、我々が受託された善——この場合は、私が持つほぼすべてのもの——に対して慎重な選択を行うことを求められる、ということにもこの類推が及ばないとしたらそれは理解しがたい。

それはともかくとして、この命令のもとになっている〔四角い箱〕モデルは偽である。その他の難点は脇に置いても[*10]、このモデルは、ある人が何を為すかやどのような人生を送るかが将来の欲求と判断を条件付けるという明白な事実を暗黙のうちに無視している。将来の私という遡及的な審判の立場は、私の以前の諸選択の産物である。ゆえに、固定的であるとともに関連性を持つような一組の選好が何かしらあって、それをものさしとして、私の人生空間（life-space）のさまざまな満たし方を比較することができる、などということはない。もし、この人生空間を満たす内容物が、私がその内容物の中でさまざまに欲するものをものさしとして評価されるとすれば、関連する選好は固定されておらず、他方で、もしそれらが（たとえば）現在私が欲しているものをものさしとして評価されることになったなら、それは固定した一組の選好になるだろうが、必ずしも関連性を持つとは言えない。人生空間モデルから出ずにこれを逃れる助けとなるのは、（功利主義がそうするように）満足に何らかの通貨があり、その通貨を使えば、ある選好とその充足がセットになったものの価値を、まったく違った別の選好とその充足のセットと比較して、かなり中立的に比較することができる、と仮定することである。しかし、そのような通貨があると仮定する理由はないし、実践的合理性という観念はそれを暗に前提すべきだと考える理由もない。

仮にそのような通貨はないと仮定するなら、我々はただ自分が実際に持つ諸計画と諸選好から限定的な範囲で抽象化することしかできないし、我々の人生の四角い箱が持つそれぞれの内容物を偏見なしに比較しうる立場など原理的に獲得することはできない。ある人の人生についての熟慮による選択は、その構成においてここから（from here）の視点となる。同様に、より多くの知識にもとづく評価の視点は必然的によそから（from there）のものであり、私は単に事実としてその評価の内容がどうなるかを保証できないばかりではなく、私の主要で根源的な後悔がどの評価の視点からのものになるだろうかということも究極的には保証することはできない。

行為者の現在進行中の活動の一部となっている多くの決定（いわば、道徳的生活の「通常科学」normal science）について、なぜ、それらの決定への後悔が存在したり欠如したりする基礎的な条件となっているのが特定の結果ではなく、熟慮のプロセスに対する遡及的な観点なのかということを、我々は理解できる。ある人自身とその人の視点は、その場面で成功あるいは失敗する特定の計画と同定される以上に、現在進行中の一連の決定に適用可能な合理的熟慮の傾向性と同定される方がより基本的である。しかし、我々が考えている諸事例のように、それとはまた違ったタイプの別の決定もある。たしかに、〔我々が考えている諸事例においても〕熟慮的合理性が存在する余地も、それによって事後的な評価が行われる余地もある。我々の諸事例における行為者たちは、〈その状況が許す制約の範囲内において、もし彼らが自分の状況の実情についてできるかぎりの合理的な思考を行っていなかったなら〉という別の場合に比べて、そこまで真剣には受け止められなかったということも十分ありうる。しかし、その行為者たちは、主としてその視点から振り返るわけではないし、彼らのおかれた状況が彼らにとって重要であるのは、一連の熟慮状況への貢献としてではない。彼らはそこから学ぶことはあるだろうが、そういう仕方で学ぶわけではない。これらの事例においては、その決定をそのために下した当のプロジェクトは行為者が自らを同定するプロジェクトである。そのように同定するために、もしそのプロジェクトが成功するならば、彼の評価の視点はその人生からの——まさに成功したという事実から彼にとってのその決定の重要性の主要部分が導き出されるような、その人生からの——視点になる。もし失敗したならば、必然的に、その決定は彼の人生においてそうした重要性を何ら持ちえない。成功した場合に、その結果を歓迎する一方で彼がより基本的にその決定を後悔するなどといったことはありえない。もし彼が失敗すれば、彼の視点は、自分の決定に関する基盤的プロジェクト（ground project）が無価値であったということが判明した人の視点となる。そして、（このプロセスにおいて他の適切なプロジェクトが生まれないという単純化した前提のもとで）このことは、彼にもっと基本的な後悔を残すだろう。したがって、もし彼が失敗するなら、彼の最も基本的な後悔は彼の決定に付随し、もし彼が成功するなら、後悔は付随しえない。これは、彼にとって、彼の決定が成功によって正当化されたということが意味する内容である。

このため、明らかに、我々が関心を持っているこれらの決定は、単に非常にリスクが高いというだけではないし、実質的な結果を伴う非常にリスクの高い決定というだけですらない。それだけでなく、その結果は特別な仕方で——自分の人生において何が大事かについての行為者の感覚を、そしてまたそのために遡って評価を行う際の彼の視点を、重要な点で条件付けるような仕方で——実質的でなければならない。このことから、それらの決定が実際にリスクの高いものであることが導かれ、また、そのリスクの高さのあり方が、外的失敗と内的失敗の違いがなぜそのプロジェクトにとって重要かを説明するようなものだということも導かれる。内的な失敗の場合、その決定を生んだプロジェクトは、行為者の人生の根拠とはなりえない空虚なものだったことが暴かれたことになる。外的失敗の場合、プロジェクトは空虚なものだと暴かれたわけではなく、彼はそのプロジェクトが失敗したことを認めなければならないものの、それにもかかわらず、そのプロジェクトは信用を失わず、残ったものが――もしかしたら何らかの新しい願いという形で――意味をなすようにする助けとなるかもしれない。彼が遡って思考する限りにおいて、またその思考が基本的な後悔の割り当てを行う限りにおいて、彼は自分を自分の決定と完全な形で同一化することはできないし、それゆえ自分が正当化されていると考えることもできない。しかし、その決定から彼が完全に切り離されたわけではなく、その決定を単に壊滅的な誤りとみなすことはできず、それゆえ自分自身が非正当化されていると考えることもできないのである。

最後に、これらすべてのことと道徳はどう関連しているのだろう。道徳と非常に直接に関係しているのだろうか。トマス・ネーゲル[*11]は道徳が深く、また不安をかきたてるほどに運に従属していることに同意するが、ゴーギャンのような事例がそれを示すことは否定する。むしろ、〔ネーゲルによれば〕このような事例は、ゴーギャンの最も基本的な遡及的感情が道徳的感情である必要がないことを示す。

ネーゲルがこの問題をこのように理解する理由のひとつは、（先に示唆したように）ゴーギャンは他者に対して自分自身を正当化できない――他者が持つ不満が正当化されなくなるという意味での正当化はできない――であろうというものである。しかしながら、この考えは、〈もし誰かがある道徳的観点から正当に行為したのなら、誰もその観点からその行為に対して正当に不平を言うことはできない〉という倫理的整合性の本質についての強い前提を置くのでない限り、それ自体として大きな重みを持つことはできないだろう。しかしこれは、政治的な事例[*12]——たとえば結果と、その結果を生む行為者の選択と、彼がその選択ができる行為者であるということを是認する理由を我々が持ちうる一方で、「道徳的コスト」があることも我々が意識しているような政治的な事例——から分かるように、一般的な要件としては非現実的なまでに強すぎる。このような場合、裏切られ、利用され、傷つけられた人々がその行為者の行為を是認することを期待するのは筋が通らないし、また、その人々は〈彼らの不満は全体の状況という点から正当化されないが、彼らがその真理を見てとるにはあまりに密接に関わりすぎている〉という、見下すような考え方の対象となるべきでもない。実際のところ、彼らの不満は正当化されており、残りの人々にとっては受け入れるのが適切であるかもしれない行為者の正当化に対し、それを受け入れることを拒絶するのが極めて適切だということがあるかもしれない。道徳的コストがあったという考えかたそれ自体に、何か悪いことが行われたということ、そして、非常にしばしば、誰かが不当な扱いを受けたということが含意されている。もし、不当な扱いを受けた人々がこの正当化を受け入れないとするならば、彼らに受け入れるよう求めることのできる人は誰もいない。その正当化はある観点の中において重みを持つが、その観点を彼らがどこまで認める準備があるかを決めるのは本人たちだからである。もし道徳的感情が実際に経験されているように人生の一部であるのなら、そうした感情は、あらゆる出来事とあらゆる人々が等距離にあるような世界の捉え方の上でモデル化することはできない。この事例はそのほんの一例である——もうひとつの例は時間的な距離の例である。

我々の扱っている事例が、政治家の事例と異なっていることは認めよう。政治家の事例の場合は、我々が何を達成してほしいか、どんな政府のシステムを望むか、どんな人々にそのシステムの中で働いてほしいかといったことがらが正当化の条件と関連しており、これらの欲求はそれ自体、日常的な意味で道徳的考慮であるものによって形成されているかもしれない。我々の諸事例の行為者たちの場合はそれと同じではないし、さらに、事例相互の間でも違いがある。もしゴーギャンの計画が成功していたら世界に善をもたらしえたが、アンナの成功はそうではなかった。道徳的観察者は、ゴーギャンが成功したことを喜ぶ理由が――そしてそれゆえに彼がトライしたことを喜ぶ理由が――自分にはあるという事実を考慮しなくてはならない――あるいは、もしある特定の観察者が、ゴーギャンの絵画やそもそも絵画というものについて感謝を感じる傾向性を持たないとしても、その人にはまた別の事例があるだろう。

このことは、道徳が常に優勢なわけではないこと――道徳的諸価値が、他のさまざまな価値の中のひとつとして扱われ、疑いなく至高のものとしては扱われないこと――に対する我々の感謝を単に表しているだけだと言われるかもしれない。それは、少なくとも、我々とこのゴーギャンとの関係を誤って記述しているが、道徳の限界に対する――先に私が言及した――あの感謝の根拠、範囲、意義を心に留めておくこともまた重要であると私は考える。もし道徳的なものが本当に至高のものであるならば、それは遍在しなくてはならないだろう。スピノザの実体のように、もしそれが真に条件づけられていないのならば、道徳的価値を条件づけるものは何ひとつ存在してはならないことになるだろう。

この要請が感性（feelings）に対しても拡張されうるというのはあまりにもよく見る光景である。カント的な見方があまりにも説得的に要請する究極的正義は、運の影響を免れるものとしての道徳性が至高のものであることを求める。そして、このことは他の感情や愛着を持たないことを形式的には要求してはいないが、実際には、ハイネがカントの体系一般と比較したロベスピエールの政府のように、諸感情がより従順になることを求める方向へと着実に成長していきうる。正義は何か私であるもの（something I am）が運を超えるべきだと要求するだけではなく、最も根本的な意味で私であるもの（what I most fundamentally am）が運を超えるべきだと要求する。この観点からは、運の幸福な現れを賞賛したり好んだりすることは、あるいはそれを享受することでさえも、道徳的値打ち（moral worth）に対する裏切りのように思われる。このような罪悪感による感情の押さえつけは、たとえある人が――カントが認識したように――人はあるものに対して責任を負うが、それ以外のものに対してはそうではないと認識したとしても生じる。最終的な破壊は、カント的な意味の正義が否定的責任〔つまり何かをしたことに対する責任だけではなく何かをしなかったことに対する責任〕という功利主義的な概念と結びついたときに生じる。そこにおいて残されるのは、重要さのレベルにかかわらず、純粋な道徳的動機と制限のないその適用だけである。ついには、その人自身の人生などというものは、おそらく精神衛生のために割り当てられた無意味なプライバシーというわずかな領域を除いては、何も残らない。

これが道徳的人生の本当に病的な部分であるがゆえに、道徳の限界は、それ自体として非常に道徳的に重要なものである。しかし、ゴーギャンの決定を、単に歓迎すべき非道徳（amoral）なものの侵入と見ることは、いずれにせよあまりに視野が狭い。この捉え方が適切なのは、彼が、冒頭で考察の対象から外した非道徳なゴーギャンだった場合だけだろう。もし彼がそうではないのなら、彼は自分が他の人々に為したことを後悔することがありうるだろうし、そしてもし彼が失敗したのなら、単にそれらの後悔が彼に残された唯一のものであるというだけでなく、私が説明しようとしてきたように、彼には、その視点の内においてはそれらの後悔に対抗しうる何か他のものが存在する、というような視点さえもはや残されていないのである。この場合、道徳的観察者にとっては話が違ってくる。この観察者は非道徳的なゴーギャンの業績に感嘆するかもしれないし、実際ゴーギャンその人にも感嘆するかもしれないが、一方で、この別のゴーギャンは道徳的関心の同じ世界を共有する人である。これらの行為者たちが冒すリスクは、道徳性の内部のリスクであり、これらの行為者の非道徳的なバージョンはそういうリスクをまったく冒さない。

もしこれらの行為者たちが正当化を獲得したとしてもそれらの正当化が全ての不満を完全に黙らせはしないだろうという事実は、それ自体として、それらの正当化が道徳的正当化ではないという結論を導くのではない。しかしながら、我々はそれでも、この結論を受け入れるべきだろう。彼らの道徳的な運は、道徳的正当化を獲得することにはないと我々は言うべきだろう。彼らの道徳的な運は、むしろ自分の人生と道徳性との関係の中に、そして、彼らが自分の人生を正当化できるかできないかということと道徳性との関係の中にある。この関係は、第一に彼らの視点において見られるべきものであり、彼らがもし失敗したなら、この視点の内に残るのはただ後悔だけである。しかし、彼らの人生は明らかに道徳的人生の一部であり、彼らの人生は我々にとっても同じように意義を持つ。

しかしながら、差し迫った問いがある——ここで、道徳という概念によって、どれだけのことが為されているのだろうか。そして、議論のこの段階までで、この概念に何が起こるかということはどれくらい重要なのだろうか。道徳的生活に対する運の重要性を思い起こさせるという作業をする中で――構成的な運であろうと、あるいは、ある人の決定の道徳との関係に影響するものであろうと、あるいは、単にある人が結局何をしたことになったのかに影響するだけのものであろうと――我々は本質的に道徳という概念を用いている。というのも、我々は内省の中で、この概念の中心的な応用を通じて、そもそもこの概念を使う基本的な動機だと思われるものに疑問を呈するために努力してきたからである。*13 その基本的な動機とは、運を超越することを望みうるような決定や評価の次元を確立するというものである。ひとたびこの動機が理解され疑問の対象となったならば、これは何のための概念なのか、そして、さらには、この概念の他のどれだけの特徴が当然のものとして認められうるか、ということがもう一度問われなくてはならない。

道徳の運からの自由についての懐疑主義は、道徳という概念を現状のまま放置することができない。それは、道徳的秩序――その中では我々の行為が、単に社会的に認められることによっては授与されないであろう意義を持つような秩序――が存在する、という、非常に密接に関連したイメージについての懐疑主義に道徳という概念が影響を受けずにいられるわけでもないのと同様である。これらの形の懐疑主義は、我々に道徳のひとつの概念を残すが、その概念は、我々の概念が持つと通常みなされている重要性に比べると、そこまでの重要性を持たないのは確かである。そして、それは我々の概念ではないだろう。なぜなら、我々の概念にとっては、それがどのように重要だとみなされているか、ということがとりわけ重要だからである。

第三章　功利主義と自己耽溺

私の問題は、次のようなときにどうするべきかという問いから生じている――自分にとって道徳的に嫌悪すべき（distasteful）と思えることをすべき強い理由があると考える一方で、そんなことをしないぞと個人的に強く決心をしている、そういう状況でどうするべきだろうか。もちろん、そうした状況で他人がとる行動について自分が何を言いどう考えるかという問いも、ここには関わっている。私の関心は、そうした事例で、道徳的に嫌悪すべき行為を拒否する人々に対してなされる非難にある。すなわち、そうした人はある種の自己耽溺（self-indulgence）に陥っているのだ、という非難に関心がある。〈なるほど他の誰かが邪悪なことを引き起こすには違いないが、少なくともそれは自分を介して引き起こされるのではない〉と言うという特定の形で、行為者が行為を拒否したとしよう。このとき、それに対する非難は、〈その行為者は、自分の美徳ばかり気にする態度（possessive attitude）をとっている〉という形をとりがちである。[*1]

この問題は、特に功利主義との関係で顕著に現れる。もしある行為を行う理由が功利主義的な観点からして十分に強いものであるならば、功利主義者はこう考えるだろう。その行為が道徳的に嫌悪されるものであるという事実は、この事例でそれをすることに反対する十分な理由にはならない。そして、その行為が嫌悪されるものだということは、その種の行為の一般的な性格として、その状況の他の側面——たとえば、我々が、その行為者のそうした反応は彼のよい性格を表す徴（sign）だと解釈し、彼がこの種の行為を嫌悪することを好ましく思う、といったこと——においては重要かもしれないとしても、今ここで何をするべきかという問いにはほとんど関係がない、と。私は、他の論文で[*2]、こうした功利主義者の考え方との関わりでインテグリティという概念を取り上げたのだが、それは功利主義批判の文脈でのことだった[★1]。そして、ここでも、この問題をこの文脈で考えたい。すなわち、人々を嫌悪すべき行為をするように促す理由を功利主義的な理由と理解することにしたい。しかしながら、個人の行為についてのこの問題の一般的構造は、この種の事例に限られるものではない。私のこの議論がその一般的構造を引き出すのに役立つことを望んでいる。

この問題と非常に密接に関連している問題群がある。それは政治の問題である——最もはっきりしていてかつ重要なものは国事に関わる問題であるが、ここではより広い意味で、公的領域における公的な職権による行為に関わる問題を政治の問題と呼んでいる。最もはっきりしているものは、国際関係の文脈での公職にある政治家の行為であるが、同じような問題は、地位を昇りつめようとしている政治家が、自分のキャリアや野望や支持者の道徳的期待のために行う取引といった問題にまで広がる。こうした政治倫理の問題——「汚れた手」（dirty hands）の問題[*3]——については、ここでは議論するつもりはない。こうした問題は、以下で私が論じようとしている問題の単なる特殊な一事例、つまり同じ問題が政治的領域で生じた単なる事例というわけではないということは重要である。政治的問題であることがはっきりしている事例には、ふたつの特別な特徴がある。第一に、当の行為者は他の人々——市民、支持者、選挙民など——との特定の関係にある。その人々との関係のなかで、そうした〔汚れた〕行為が関わる結果や、関わると知りうる結果をもたらすように、彼は期待されている。そして、この関係そのものに道徳的な次元がある。それはたとえば信頼といったものである。今「そうした行為を行うよう期待されている」とは言わずに、「〜が関わる結果をもたらすよう期待される」と言ったのには理由がある。政治家にとって達成が期待されていることを為すためにどうしても為さざるをえない〔汚れた〕行為について、公衆はときに本気で、彼がそんなことをするのは想定されていない、といった道徳的な見方をすることがあるし、また報道機関はしばしばそうした道徳的な見方をしているふりをするからである。第二に、〔政治家の〕行動の領域は、少なくとも、ある程度安定したコミュニティでの他の種の活動の大多数と比べればさほど道徳化されたものではないし、また道徳的な期待によって構造化されているわけでもない。国際関係が真っ先にこうした例にあがるのはもちろんである。

このふたつの要因はそれぞれ別のものである。上のふたつ目の点は、あなたが責任を負う相手が誰もいないとしても生じるかもしれない。全員ではないにしても、伝統的な道徳家たちのなかにはこう考える向きがある。自然状態においては道徳的な配慮事項が妥当する範囲には一定の制限がかかるのだ、と。この人たちは、道徳においても「戦争のあいだは法は沈黙する」（*silent leges inter arma*）に類似するものがあると信じている。また、第一の特徴は、第二の特徴が存在しなくても生じるが、第二の要因がなければ、責任を負う人々が果たしている役割は、はたして正当な役割なのか、受け入れ可能な役割なのか、という疑念が強まることになる――指導者が自分たちを率いて進むその土地をどう捉えるかによって、人々が指導者に対して抱く期待は違ってくるのである。

こうした理由から、汚れた手の問題はこれから論じる問題の単なる特殊事例というわけではない。むしろ、それを単なる特殊事例だと想定することは、汚れた手の諸問題に対する答えをひどく論点先取することになる。以下で扱う問題は、ある人物の個人的な道徳判断と見て間違いないものの本性と固有の内容に関わる。また〔道徳的に考慮するべきことが何であるかを功利主義的な観点から実際に定義してしまうような価値観を横におくとすれば〕複数ありうる道徳的解決からの道徳的選択であることが確かなものに関わっている。汚れた手の問題は、少なくともその最も強い形では、そもそもある人物の個人的な道徳判断はその〔政治家という〕仕事においてどのような役割を果たすのかということに関わるものである。これから扱おうとしている問題の関心は、個人の道徳意識と、その意識が状況をどう評価するべきかということにある。一方、汚れた手の問題は、個人の道徳意識や、それが状況をどう評価するかといったことは、単に〔何をなすべきかということと〕無関係ではないかという問いを提起する。

こうした問いの両方で顕著に生じる問題がひとつある。この問題もまた本章では論じるつもりはないのだが、道徳心を逆撫でするような行動が、のちに何らかの成功をおさめたことで、遡及的に正当化されうる――ことによると道徳的にも正当化されうる――のはどの程度までであり、どういう場合であるのか、というのがその問いである。また、もしそうした行動が成功によって正当化されるとして、何をもって成功とするのかという問題もある。これが最も不快な形をとったのが、政治的な残虐行為ですら歴史によって正当化されることがありうる、という見解である。しかしながら、たしかに、このような適用が不快であるとしても、また、（ましてや）「道徳的」という語の意味によって、何らかの保証が与えられるはずだとしても、だからといって、我々はこうした見解一般を過小評価するべきではない。これには、人々が認めたいと思う以上の説得力がある。しかし、このトピックは他の機会に譲ることにしよう。

我々の問題は、次のような場合に生じる。すなわち、いまわしい行為をするか、それとも、その行為をせずに功利主義的にはいっそう悪い帰結を生じさせるか、このどちらかの確実な選択に行為者が直面している場合である。ここで言う「確実な選択」（reliable choice）とは、その行為をするかしないかの選択肢が行為者にあり、その行為をしなかったときにはその帰結が生じるか、あるいはさらにいっそう悪い帰結が生じるということが合理的な疑いの余地なく明白であることを意味する。[*4] 実際にはそうした選択は、まったく、あるいはほとんどの場合、確実な選択ではない、というおなじみの議論がある。一方で、功利主義者たちは、行為することと行為を控えることの間の効用のバランスを計算する上で、副作用の重要性を力説する。副作用が計算に含められれば、当のいまわしい行為の効用は当初の見た目よりもより少なくなり、他方の選択肢の効用より小さいということになるかもしれない。ここで注意しておきたいのは、通例こうしたさまざまな考慮事項それぞれの確率水準はまったく特定されないままになっているということである。功利主義の擁護者たちは、抽象的な話ではこうした〔副作用の〕影響を非常に重視するのだが、そうした影響は非常に多くの問題を含んでおり、首尾一貫した冷静な功利主義者ならば、現実の事例でそれらの大多数を計算から外さざるをえなくなるだろう。ともあれ、我々が扱う事例のクラスは、こうした考慮事項をすべて計算に入れた上で、功利主義的な利得バランスで（その他の点では）いまわしい行為の方が推奨されるような場合である。明らかに、そうした事例などありえないとはいかなる功利主義者も言えないだろうし、言いたがる者も滅多にいないだろう。

こうした選択の確実さという点に疑問を投げかける手は他にもあり、こちらは反功利主義者が用いる。これは、いまわしい行為の有効性（たとえば、放っておけば生じる大きな害を防ぐといった有効性）は、論じられている事例で想定されているものよりもずっと疑わしいものだ、と論じるものである。たとえばハイジャック犯などの脅迫によっていまわしい行為を強要される事例などで絶対主義の立場を擁護する人々がよくこの手筋をとる。そうした脅迫の性質そのものから、脅迫の言いなりになる有効性を疑う理由が示されている、というのがその論旨である。すなわち、なぜそもそも、そうした脅迫者たちが約束を守ると期待するべきなのか、と言うのである。率直に言って、論証の一般的な筋道として見ると、この論じ方は責任回避だと私には思える。もちろん、脅迫に屈したからといって何も得られないと考える方が理にかなっている場合もあるだろうが、それが理にかなっていない場合もあるわけであり、その行為が期待される効果を持つということは十分確かではないなどという、どのような事例にも適用できるようなアプリオリな保証があるふりをするのは逃げでしかない。[*5]

いずれにせよ、こうした筋の推論を適用しても的外れにならないのはある特定のタイプの事例だけである。すなわち、〈もし脅迫者が約束通りのことをしなければ、全体としての結果が、いまわしい行為をしなかった時よりもさらに悪いことになる〉ような事例である。我々が扱っている問題を生じるような事例のすべてがこうした構造なのではない――脅迫者を含む事例でさえ、すべてがこうした構造であるわけでもない。こういう事例がある。ある男を殺すよう私が求められ、もし私が拒否すれば、他の誰かがその男だけでなく残りの数人をも射殺するぞと告げられるのだ。帰結の観点だけで考えれば、私がそれを承諾した場合よりもましな帰結として考えられるのは、私が射殺を拒否し、しかも相手が誰も殺さないことに決めるという場合しかない。しかし、こうした可能性はまったくない。もし他の人物たちがハイジャックの事例での約束破りと似たことをする、つまり、私が承諾し、それにもかかわらず彼らが残りの人々を殺すとしても、その結果は、ひとつの結果として見れば、私が拒否したときに生じる結果と同じでしかない。したがって結果に関しては、私の承諾が合理的であるための条件は、彼らが申し出たとおりにする確率がゼロではないということだけである。

総じて、この種の論証では、事例で無視されている何らかの要因が影響しうるという話と、それに漠然とした高い確率があるという話とが、あまりにあっさりと混同されやすいように思える。こうして、〈反功利主義の立場からなされる〉こうした論証は、論敵の功利主義者が提出する論証ととても似かよったものになる。その理由は間違いなく同じである。それぞれがそれぞれなりに、根本的にはまったく帰結主義的ではないある種の感情（センチメント）に、それを擁護してくれる帰結主義的な論証を見つけようとしているからである。

そういうわけで、問題になっている確実な選択というものを認めることにしよう。こうした事例であえて反功利主義的な〔ふるまいの〕コースをとる人は、他人を犠牲にすることによって、自分自身のインテグリティや純粋さや美徳を守ろうとしているという非難を受けることがある。必ずしも最善ではないフレーズではあるが、全般的な呼称として、これを〈道徳的自己耽溺という非難〉と呼ぶことにしよう。ここでまず論じておきたいのは、このような非難が適切となる特定の必要条件である。これを論じるにあたって、こう想定しておく。こうした非難は、ある人が、何らかの道徳的な種類の理由から、あえて反功利主義的に行為したことを非難するのとトリビアルな意味で同値ではないし、またそのつもりでなされているものでもない、と。同値のつもりではないと私が考えるのは次のような理由からである。こうした脈絡でこのような非難をする人は、非功利主義的な価値観のある種の適用法への非難を通じてそうした事例に対して功利主義的な解決法を——そしてそれゆえ、間接的には功利主義的なシステムを——推奨するつもりであるのは確かである。この非難そのものは独立した説得力を持っていて、それは〔功利主義を前提しなくとも〕すでに反論となりうると承認されるだろうと想定されている。私が暴き出したいのは、この独立した説得力である。もっと特定するならば、私は、そうした道徳的自己耽溺という非難は、ある特定の種類の動機のためになされると想定する。

実際、こうした〔道徳的自己耽溺という〕非難が適切であるためには、その行為者が道徳的な種類の動機から、反功利主義的な種類のことをあえて行った、ということは必要条件でも十分条件でもないのである。これが十分条件ではないことは、ある人が、ある反功利主義的なプロジェクトを進めるなかで、自分の義務だと考えることを勇敢に行って〔あるいは義務だというわけではなく単に勇敢にふるまったことによって〕、殺されてしまうという事例を考えてみればよい。彼は向こう見ずであり愚かかもしれないが、こうしたことのために道徳的自己耽溺的であるとされるわけではない。こうなるのは、おそらく、彼自身が高いコストを払っているという事実が一因だろう。また上述の〔道徳的な種類の動機から反功利主義的なことを行ったという〕ことは必要条件でもない。ある人がそれ自体は功利主義的な考慮事項に影響されて行動した場合にも、道徳的自己耽溺という非難にさらされる場合がありうる。（すべてではないにしても）ある種の事例では、一般的功利主義的福利という理由から、自分に依存している人を悲惨な状態で見捨ててしまうような人に対して、こうした〔道徳的自己耽溺という〕非難を加えようとする人がいるだろう。もし脅迫者によって射殺するよう求められた人がそれを拒否したことが、功利主義者ならば究極的にはニセの汚れ仕事（unreal dirt）でしかないと見るものから自分の手をきれいに保つためであったとすれば、この人は功利主義者にとって本物の汚れ仕事（real dirt）であるものから自分の手を守っているのである。

こうした〔功利主義的理由を挙げて目の前の人を見捨てる〕人に対して〔道徳的自己耽溺という〕非難をしたくなるのはなぜだろうか？　ひとつの特徴は、彼は本当は他の受益者たちの誰をも、たいして気づかっていないように見えることである。このことは、彼が気づかう特定の同定可能な受益者がいないということだけを意味しているのではありえない――そうしたことは、たとえば、ある特定の町の特定されざる住民たちの利益のために名誉ある行動をする人、あるいはもっと過激な例を用いるなら、将来世代の放射能汚染を防ぐために行動する人などの場合にはありうることである。また、こうした考え方をいくら洗練させたとしても、当の非難の核心には辿りつかない。だが、こうした〔特定可能な受益者がいないという〕考えは、批判の核にかなり近いものを示唆してはくれる。こうした考えが表現しているかもしれないことのひとつは、当の行為者が気づかっているのは、他の人々というよりは、むしろ他の人々を気づかっている彼自身ではないのか、という疑いである。彼は自分について有徳な功利主義者だとイメージを持っており、他の人々に対する配慮よりも、また特に彼が配慮を示すよう特別に求められている人たちに対する配慮よりも、この自分のイメージが彼の動機づけのなかで重要なのである。

私が示唆したいのは、こうした再帰的（reflexive）な関心が、道徳的自己耽溺という非難に強く関わっているということである。こうした再帰的な関心は、どんな道徳的動機についても生じうる。たとえば、ある人物が寛大さや忠誠心から反功利主義的に行為しながらも道徳的自己耽溺という非難が寄せられない場合もあるが、しかし、もし彼の行為が自分自身の寛大さや忠誠心に対する関心によって動機づけられており、自分が寛大な人間であるとか忠誠心ある人間であるといった彼自身の自己イメージを強化したり維持したりするためになされているのではないかという疑いがあるならば、〔道徳的自己耽溺という〕非難が寄せられうる。何にせよ、道徳的ではない種類の理由から反功利主義的に行為する人の場合には、道徳的自己耽溺という非難がつきまとうことはない。彼が陥っている自己耽溺は「道徳的」なものではないからである。しかし、再帰性に関してはとても似通った対照がある。ある人がイゾルデへの強い愛から反功利主義的に行為することと、偉大なるトリスタンであるという自己イメージへの関心からそうするのとは別のことである。こうした区別は自己中心性の事例にさえも適用できる。人は自己中心的に、つまり、自分自身のためのものに対する欲求に動機づけられ、他人の福利に無関心に行為することがある。しかしこのことと、自分がそんなふうに自己中心的に行為する人間だという考えからふるまうこととは別のことである。後者がよりまし（nice）だということはおそらくありえないが、前者より少々尊大（grand）だ、ということはあるかもしれない。

一般に、こうした事例のそれぞれにおいて、一階の動機づけと、再帰的な二階の代替物との間には、はっきりした概念的な区別があると私は考える。しかしながら、こうしたごく一般的に認められることを超えた部分においては、心理的現実としてはもとより、分析的なレベルでも、多くの面で境界ははなはだ不明瞭である。この見るからに巨大な問題群について、所見をひとつふたつ述べておきたい。

我々がある行為者に対して二階の動機づけというものを帰すための必要条件のひとつは、我々が、彼が自分の一階の動機づけについての概念を持っているともみなすということである。このふたつのタイプの動機づけの間の区別を特にはっきりさせることができるのは、次のような場合である。すなわち、ある特定の道徳的なしかたで動機づけられることが、その動機づけについての概念を何も持っていなくてもありうるという場合だ。有徳な動機づけの一部のタイプについては、実際こうしたことがありうる。真正な道徳的動機づけとは、行為者がそうしたタイプの動機づけを自覚していることを本質的に含んでいるものだけである、と考えてしまうのは、カント的な道徳理論の誤った帰結のひとつである。しかし、ある行為者がある有徳な動機づけの概念を持っていたとしても、彼はそれを自分の事例には当てはめないことがある。ある種の美徳については、こうした可能性によって提供される空間のなかに知的な無垢（inteligent innocence）といったものが存在する余地がありうる。そして最後に、もしそうした〔有徳な動機づけの〕概念が適用されており、自分自身の性向（disposition）についての思考も〔彼のなかに〕存在しているとしても、それは彼の動機づけがその思考によってなされているということと同じではない。（おそらく勇敢さのような）ある種の美徳の場合には、そうした〔自分の性向についての〕思考が存在していることは、一階の動機づけを促進するかもしれない。他方で、他の種の美徳についてはそうではなく、そうした〔自分の性向についての〕思考が一階の動機づけを破壊する傾向を持つこともある。後者のようなことがあるという点で、高度に自己意識的で反省的な行為者はある種の美徳を不完全にしか手に入れられないというひとつの理由があることになる（他の理由もある）。他方で、別の種類の美徳については、そうした行為者だけが手に入れることができるだろう。

一階の動機づけを獲得し維持する道筋において、何らかの程度と形で二階の動機づけを含むある種の自尊心（self-esteem）が必要だということがありうるかもしれない。どの程度そうした事情になっているかということは心理学理論の問題であるが、それは無制限ではないだろう。たとえば先に述べた概念所有のような事情によって制限されているはずである。また理論上の問題というよりは日常的な観察の問題として、どんな動機が実際にどの程度作用するかということもまた、心理学的な問題である。他人の事例で、あるいは――問題の性質からしてまったく別のことなのだが――自分自身の事例で、どんな種類の動機がどの程度働いているかを判断することはたやすいことだなどと言おうとして私はこういうことを述べているのではない。

しかしながら、動機づけの種類の間にこうした違いがあるのだとしても、そうした二階の動機づけのいったい何がおかしいと——もし何かがおかしいとすれば——考えられているのか、という問いは残っている——特に、ある動機づけを自己耽溺的にしてしまうものは何なのだろうか。実際のところ、一部の哲学者は、少なくともある種の二階の動機づけには、何もおかしなところはありえないと主張するかもしれない。というのは、ここまでの説明では次のようになるからである。ある人が、自分に「もし私が寛大な人間としてここで行為するとしたら、私は何をするだろうか？」と自問し、その答えにもとづいて行為するよう二階の仕方で動機づけられるとする。そして、この問いに正しく答え、それにもとづいて行為したならば、彼はまさに寛大な人間ならばするであろうことをするのであり、それはまったく同じくように立派な理由である、と。これは道徳的自己耽溺だろうか？

そうではない。もっとも、道徳的熟慮というものの描写としては、このパターンはたしかにひどく歪んでいる（この描写における歪みが、描写自体の歪みであれ、描写されているものの歪みであれ）。このパターンが、他の点でいかに奇妙なものであれ、自己耽溺の問題とはならないのは、そこに自尊心の要素が欠けているからである——この点は、そもそもここで引き合いに出されているのが、理想的に寛大な仮想上の人物の寛大さであって、行為者自身のものではないという事実によって示唆されている。ここで我々は、「彼は寛大であることに関心を持っている」（he is concerned with being generous）という表現に誤導される可能性がある。この表現は〔第一に〕、彼は、寛大な人間なら誰でも持つような関心を持つ、という意味において、寛大なことをすることに関心を持っている、という場合がある。あるいはまた〔第二に〕、彼は、寛大な人物というものの範型に自分の行動を一致させることに関心を持っているということを意味している場合もある。これは先の事例の人物の場合である（実際のところ、この種の再帰性は道徳的発達が完成に近づいた段階というよりは原初的な段階によく見られる例であるように思われる）。あるいはさらにまた〔第三に〕、彼は以下のような意味合いで自分自身の寛大さに関心を持っている場合がある。すなわち、彼はその場で何が必要であるかということについて思考するかわりに、自分自身の〔寛大な〕性向を外部に表現することに不釣り合いなまでに大きな注意を向ける思考を行っていて、自分の〔寛大な〕性向が表現されているのだという思いによって快を得ているということである場合がある――これが、自己耽溺的ではない行為者ならば、自分がある仕方で行為したら物事がどうなるだろうかという思いからから快を得るであろうし、その行為の仕方がその人の性向の表現にもなっている（ただし彼がそのように考える必要はない）のである。

この種の再帰性が「自己耽溺」と呼ばれるものである。それは、私が道徳性、あるいはそもそも正気の生活とでも言うべきものの基礎にあると考えている、自己配慮と他者配慮の間の一線で裏返しになってしまっている。自己耽溺は、単に注意が間違った方向に向いているというだけではない。たしかにそれは真実ではある。しかしそれだけではなく、純粋に関心そのものが間違った方向に向いており、この〔間違った方向への〕注意と関心の双方が、実際になしとげられたことの違いという形で表れる。方向違いの注意にもっぱら由来するような歪みは、スキルにおいてもよく見られるものである。また、方向違いの関心から生じる歪みについては、美徳に関する歪みと感情に関する歪みが共通している。こうしたなしとげられたことにおける違いは、先に勇敢さの例で述べたことにぴったりと合致する。すなわち、そうした問いで、行為者自身がどの程度のコストを払っているかということが〔その行為が自己耽溺によるものではないという〕

証拠としての重みを持つという点とうまく合致する。たしかに彼はそれ〔大きなコストを伴う勇敢な行動〕を、自分の美徳を再帰的に見つめるなかで行うことはできるのだが、そのためのスペースはより縮小されたものになる。

再帰性と道徳的動機づけに関して今述べたことは、困難で重要ではあるが、いまだ十分に研究されていない問いに関する主張に関わっている。それは、我々は、ある行為者の熟慮的な思考における道徳的性向の表現をどう描き出すべきかという問いである。他の人々の行動を説明し評価する上で、その人の性向に言及することについては、我々は哲学的な見方をいくつか手にしている。〔また〕実践的熟慮において、道徳的考慮が登場するということについての見方もいくつか手にしている（もっとも、そうした見解は、熟慮において「道徳判断」が果す機能についての問いに大部分制約されているが）。我々がまだ手にしていないと思われるのは、確実に真であるに違いないあることがらを整合的に示す方法である。つまり、たとえば寛大さといったはっきりと道徳的な性向は、行為者の熟慮の内容において（そして単に熟慮の場面においてということではなく）表現されるということをうまく示す方法がまだ欠けているのである。ここでこの主題について私が提出したい主張のひとつは、熟慮における道徳的性向の特徴的で基本的な表現は、その性向自体に言及する前提という形ではないということである。すなわち、「私は寛大な人間である〔、したがって……〕」といった前提を用いることは、寛大な人間の熟慮の基本的特徴などではない。この主題についてこれから先どんなことが言われることになるにしても、この否定形の主張は確実に正しい。寛大な人間というものが、熟慮するときに彼が何を材料として考えるかということによって部分的には特徴づけられるとしても、その熟慮の材料となるものが、彼自身の寛大さについての反省だということではない。[*6]

さて我々はやっと、道徳的自己耽溺という問題について、功利主義とインテグリティの間の関係をよりよく見通すことのできる位置にきた。もし、道徳的自己耽溺という非難に値する特徴が、ある種の再帰的な動機づけであるとして同定できたとしよう。すると、それは単純に功利主義的な動機づけと対照できるようなものではない。というのは、まず、そうした再帰的動機づけは、功利主義的な動機づけの他にも、さまざまなものとも対照されうるからである――たとえば一階の有徳な動機づけなどとも一般に対照されうる。さらに、功利主義的な博愛（benevolence）それ自体が、こうした再帰性による歪曲を受けることがありうる。多くの人が功利主義的動機づけだけが道徳的自己耽溺というものの敵役であると考える理由は、それが自己配慮と対立する他者配慮の最も純粋な表現であるように思われるからである――功利主義は、まさにあらゆる人に対する配慮の表現なのではないだろうか、そしてそのなかでは、自己などといったものは他の人々の数によって圧倒されるのではないだろうか、というのである。しかし実際には、他者配慮と自己配慮の間の区別は、功利主義と非功利主義の間の区別とは別のものである。功利主義的動機づけではないような他者配慮的な動機づけが再帰的な歪曲によって自己配慮の一種になってしまうことがあるというまさにその意味において、功利主義的動機づけそれ自体も同じように自己配慮の一種になってしまうことがある。

自分自身のインテグリティへの配慮についてはどうだろうか？　ごく単純に考えてしまえば、インテグリティは美徳の一例であって、他の美徳と同様に、インテグリティもまた再帰的な歪曲がなされることがある、ということになるかもしれない。しかし私が考えるには、これは間違っている。むしろ、おそらく我々はこう言うべきである。インテグリティはそもそも美徳ではないのである、と。こう言ったからといって、誰かが謙遜は美徳ではないのだと言うときのように、それに対してほめるべき点がないのだと言いたいわけではない。私が言いたいのは、インテグリティは賞賛すべき人間的な特質ではあるが、美徳のように動機づけに関わるものではない、ということである。寛大さや博愛〔といった美徳〕は動機づけを与えるが、インテグリティはそれ自体では動機づけを与えない。またそれは、ときに「実行的」美徳（'executive' virtue）と呼ばれるタイプの美徳ではない。すなわち、それ自体では特徴的な動機を与えることはないが、人が望ましい動機から望ましい仕方で行為することを可能にするような、自分自身と世界との関係に必要なタイプの美徳――たとえば勇敢さや自制がこれに含まれる――ではない。むしろ、インテグリティを示す人とは、最も深い意味で自分のものであるような性向や動機から行為する人であり、またそうした行為を可能にする種々の美徳をも持ちあわせている人である。インテグリティは当人のそうした行為を可能にするものではないし、また彼がそのように行為するのは、インテグリティからではない。

もしこれが正しければ、インテグリティがひとつの美徳として見られた場合に、道徳的自己耽溺の匂いを感じさせることがあるのはなぜなのかを理解できるようになる。それはこうである。もしインテグリティがひとつの動機として見られるならば、それを思考において思い起こし再構築するとすれば、問題の多い再帰的な仕方以外では難しいからである。そうした思考は、自分自身と自分の性格についてのものにならざるをえず、したがって〔自己耽溺が〕疑われる種類のものにならざるをえない。もし仮にインテグリティにはそれに特徴的な思考がともなっていなければならないとすれば、そうした思考は自分自身についてのもの以外ではありえないだろう——しかしそのような特徴的な思考などなく、ただあるのは、それを実行することによって自分のインテグリティを示すことになる、各種のプロジェクトに結びついた思考しかないのだ。これに関連して、自分のインテグリティを示し行使することを教えるという意味で、誰かを直接に、インテグリティを持つように育てるといったことはできない。できるのはむしろ、何かを本当に気づかうように育てること、そしてその真髄に従って生きることに必要なさまざまな性格特性を持つように育てることだけである。

しかし、「私を通してではない」(not through me) という思考についてはどうだろうか——すなわち、もし他人が世界に悪と不正義をもたらそうとしているとしても、それが生じるのは私の行為者性〔つまり私の働き〕を通じてではない、という思考についてはどうだろうか。[*7] こうした思考はたしかにすでに再帰的な思考であり、単に反功利主義的な性向を非自己意識的に表現したものからは、少なくとも一歩距離をとったものである。しかし、この思考は、それ自体は動機づけする思考ではなく、またこうした言葉は何らか特有の動機づけを表現したものではない。これは単に「私を通してではない」という言葉が、あらゆる場合に同じ何らかの動機づけを表現するわけではない、ということだけではない。むしろ、「私を通してではない」という言葉は、それ自体では、まったく何の動機づけも表現していないのである。ある人が自分ではそれをしないよう動機づけられているならば、その人にはそれをしない何らかの(別の)動機がある。そうした動機のひとつは怖れである。そしておそらく、自分が汚れることに対する怖れ (fear of pollution)

という特定の形の場合には、こうした怖れは、我々が議論しているような状況での行為者に対して、臆病であるという非難を呼び寄せることになるだろう。怖れという動機づけ一般についてしばしば起こるのは、〈その行為者がするのを怖れていることが何であれ、彼は自分がそれができればよいと思っている〉ということである。これに関連させると、自分が汚れることに対する怖れは特別な事例であると言える。上に対する例外となるか、あるいは特に複雑な事例であるかのどちらかである。しかしいずれにせよ、どんな種類のものにしても、「私を通してではない」といった言葉を使う行為者の動機が、いつもこうした怖れにあるわけでは決してない。

「私を通してではない」という言葉の背後にある動機の、まったく違った、おそらく限定的な事例としては、プライドに関係するものがあるだろう。この動機を持つ人については、彼が自分がそれができればよいと思うということが真ではない——彼はそれをできるのである。だが彼はそれをしたいとは思わず、また、他人によってそれをする理由を与えられることによってそれをさせられることを拒絶する。こうした動機は、そのままで他にそれを支持してくれるものがない場合には、我々が思い描いている事例にはまったく適切ではないだろう——そう行為すべき理由には罪のない人々の利益が〔脅迫者によって〕投げこまれているのだから、こうした〔「私を通してではない」と主張する〕ことは、あまりにも恣意的な自己主張になってしまうからである。しかし、少し違ってはいるが似たような思考が、我々の事例の行為者によって表現されることはありうる。〔その思考は、〕彼が、脅迫や、誘惑や、他人の模範によって、〔行為を〕強制されることに対する拒絶を示すという点で似ている。しかし、彼が単に自分自身の独立と拒絶の権利を主張するだけではなく、彼が持っているその行為をしない他の動機づけをも表しているという点で異なっている。

もちろん功利主義者は、彼の拒絶する権利を論駁しようとするだろう。しかしポイントは、こうした事例では、行為者の「私を通してではない」という主張は、疑わしげな「自己耽溺」的な種類の動機を表現するものではないことにある。こうした〔「私を通してではない」という〕主張はそれ自体では、何の動機を表現するものでもなく、その背後にある動機群には、さまざまな理由から疑わしげなものもあるだろうが、そうではないものもある。上のような発言が再帰的であることそれ自体は、疑わしげな動機を表しているものではなく、拒絶についての自己意識を表わしているだけであり、その拒絶がどのように動機づけられているかは別問題である。

人々を反功利主義的な行為に動機づけるような性向や感情・欲求のパターンは多様である。そのなかには、それ自体で美徳とされるものもあれば、もっと特定されたプロジェクトや愛情やコミットメントもある。私が最後に向かう問題は、功利主義はそうした〔反功利主義的な行為に動機づける〕性向にどういう地位を認めうるかという問題である。そうした性向は、さまざまなしかたで、賞賛されることもあれば非難されることもあり、陶冶されることもあれば抑制されることもある。一部の性向は、間接的・究極的にではあっても、ともかく功利主義的な理由のために賞賛され推奨される。それは、人々にこうした性向が存在することによって、人類の福祉が間接的に促進される、という意味においてのことである。私の考えでは、そうした性向の評価の問題すべてを功利主義的な考慮事項に還元してしまおうとすることは間違っているし、また不整合でさえある。というのは、人々がこうした諸々の性向などに関して、非功利主義的な意味合いにおいて実際に何を気づかうだろうかという問題から独立であるような、人類の福祉についての整合的な見解などは存在しないからである。しかしこれはここでの私の関心ではない。またもし本章の議論が、間接的に功利主義的価値があると認められるようなタイプの性向に対して成立するならば、それはおそらく功利主義に対する対人論法〔アドホミネム〕として説得力を持つことになるだろう。

困難は次のようなところにある。そうした〔望ましい〕性向とは、動機づけや感情や行為のパターンであるわけだが、この世界において人々がこうした性向を持ちあわせるということと、人々の行為が規則的に功利主義の要求を満たすということは両立しないということである。もしあなたがこうした賞賛すべき性向の何らかを、本心から本当の意味で持ちあわせている人物であるならば、あなたは功利主義的な要求を自分の思考と行為にいつも間違いなく反映するような人物ではありえないし、またそうした人物になりたいと願うこともありえない。もしあなたが、この世界の人々が、寛大で、愛情に満ち、力があり、決断力があり、創造的で、現実に幸福な人々に満ちていることを求めるならば、あなたは、その人々が、一様に、自分の行為が功利主義の要求を満たすことを考えるような人々であることを願うことはないだろう。

人々がこの世界において持っていればよいと我々が考えて賞賛する諸性向と、功利主義的な基準を最大限に満たすような行為とを結びつけることができるという想定は、数多くの誤りに由来している。誤りのひとつはこういうものである。功利主義には実は——功利主義自体は否定するのだが——道徳的経験や実践的合理性一般について、他の見方とも共有しているある発想がある。その発想とはすなわち、実践的思考のプロセスは、経験に対して超越的であり、実際には何ら心理学的な空間を占めるものではない、という発想である。しかし事実としては、何をするべきかということについて、別の仕方ではなくある仕方で考えるということは異なった経験をするということであり、ある種の人物になるということである。したがって、あらゆる種類の反省をあらゆる種類の性向と組み合わせるなどといったことは不可能である。個人のレベルでは功利主義者たちはこうしたことをある程度無視するだけだが、社会的なレベルでは、こうしたことを無視する専門家だとさえ言える。それはたとえば、彼らが、他の人々には知られない奥義的な教義を持つ功利主義的なエリート思想家たちが存在するということがありうるだろうなどといったことを想定しながら、なおかつこうした構造が社会的現実となっているような社会的組織がどのようなものになるかは特定しないままにしておく、といったところに表われている。

第二の誤りとして、これもまた他の立場と共有しているものだが、道徳的思考や道徳的決定といったものを、道徳的感情（moral feeling）から切り離してしまうという誤りがある。よくあることだが、はっきりした形を持たない道徳的感情に圧倒されるという形の弱さもあれば、潔癖すぎる性質に由来する弱さもある。また混乱や自己知の不足による失敗もよく見られる。しかし、人々からそうした弱さや失敗を取り除こうとするにしても、そんなことは人々に対して、自分の道徳的感情を割り引いて考えることを教えたり、そうした感情から自分を切り離すことを教えたりすることによってなしとげることはできないし、またそうするべきでもない。[*8] こうしたことを勧める理論家たちが好きな例は、信仰を捨て、今では神を信じていないカトリック教徒が、ミサに行かないことに罪悪感を感じ続けている、というような事例である。

しかしこの事例についてどういうことが言えるとしても、それは功利主義者が必要としているものの範型にはならない。〔この例では、〕信仰を捨てたカトリック教徒は、ミサやそれにまつわる要求事項から自分自身を完全に切り離して、そうした感情がまったく何の意義も持たないような場所に辿りつくことを目指す。しかし、我々が議論しているような事例で反功利主義的な感情に巻き込まれている人については、そうしたことは真実ではない。こうした〔反功利主義的な〕感情は、彼が一般論としては支持している何かを表現しているのであり、我々の想定では、功利主義者たちもまた彼が一般論としてはそれを支持することを求めているものなのである。

道徳的感情は思考によって修正されないままに表現されねばならないと言う人はいない（極端な言い方をすると、これは理解可能な発想でさえない）。さらに、ある種の道徳的感情、特に規則の遵守に関する感情は、経験によって形成されうるものであり、それは、ある程度功利主義的思考にうまく適合する。たとえばこれは、約束を守る、真実を言うといったルールにある程度当てはまる。しかし、次のようなことはまったく信じる理由がない。すなわち、人々がこの世界において持っていることが望ましいような種類の多くの性向が、その地位と意義を維持しつつ、それにもかかわらず、必要なときにはいつでも常に体系的に功利主義的思考の判定に屈服するようになっており、またそうした性向に結びついている感情が切り離し対象になりうる、といったことを信じる理由は何もないのである。

これに関連して述べれば、こうした問題の過剰な単純化につながりやすい第三の思考の筋から得られるものもたいしてない。それはすなわち、行為を判断することと、行為者を判断することの間にははっきりした区別ができるのだ、とする考え方である。もしある人が、その人が持っていることがよいことであるような種類の性向を持っていて、またその人が行ったことは、まさにそうした性向を持った人がそうした事例で行うことになるようなものではあるが、ただしそれは（ときにそうならざるをえないと私は主張しているわけだが）反功利主義的なものだったとしよう。さて、彼が行ったことは事実として不正である、と言うとして、それにどんな効力があるだろうか？　ここで重要なのは、もしもっとよく熟考できる立場にあったとしたら、彼は違ったふうに行為しただろうと言うことには、何もそうした効力——行為と行為者を区別することに実際に何らかの利点をもたらすと考えられるような——がないということである。彼は、そうした人々が行うように熟慮したのであり、彼がそうした人物であることはよいことなのである。同じように、このことは、我々は人々をそうした間違いを犯さないように育て上げるべきだなどということも意味しない。もしこの人が不正なことをしたと言うことに何らかの内容があるとすれば、それは我々が、人々がいつも必ず正しいことをするわけではないことはよいことである、と考えることと両立するものでなければならない。そして、それは、凄惨な行為からさえも何らかの予想されなかったよい結果（uncovenanted benefits）がもたらされることもあると考えるような一般的な意味でだけであってはならない。もっと深い意味で、我々が社会に存在することを望むのは、限定的ではあれ特定の場合には、「何がなすべき正しいことなのか」と問うときに、間違った答えを出してしまうような人々なのである、ということとも両立するものでなければならない。

功利主義者がこうした性向の価値を認めてしまうならば、その理論は、「何がなすべき正しいことか？」

という問いを、「「何がなすべき正しいことか？」という問いに対して人々が提出する性向を持つことが望ましいのはどんな答えか？」という問いからはるか遠くに隔ったものにしてしまう。こうした問いの分離によって作りあげられる緊張は大変強いものであって、功利主義に対する強い圧力になり、もし功利主義が道徳的思考の内部ではっきりしたアイデンティティを保ち続けようとするならば、功利主義的なもの以外の性向の価値を拒否するか、あるいは拒否しないまでもどうしようもないほど薄めてしまうようにするかしかない。その場合、最終的には、功利主義が持つ人間のイメージは、初期の功利主義が率直に提出したようなものまで後退することになってしまう。そうしたイメージのなかでは、人間は、観念的には、功利主義的な博愛というただひとつの道徳的性向の他には、ごくプライベートなプロジェクト、さもなければ適当に犠牲にしてもよいようなプロジェクトしか持っていないことにされる。私がここまで示しえたと思っているのは、反功利主義的に見えるという理由から、その他の道徳的動機づけを道徳的自己耽溺であるとして拒絶して、こうした誤ったイメージを我々に推奨することはできない、ということである。

第四章　政治と道徳的性格

我々はどのような種類の人に政治家になってほしいだろうか、またなることを求めているだろうか。この問いや、〈我々は政治に対して道徳的に何を欲するか〉というより広い問いは、〈政治的活動の内で生じる道徳的問題についての正しい答えは何か〉という問いとは重要な点で異なっている。我々は、こうした問題を場合によっては無視するような政治家を欲するかもしれないし、道徳的に欲するかもしれない。それ以上に、我々が政治家に対して望むことがこうした問題について考え、正しい答えを与えることである場合でさえも、我々がその政治家に望むのはそれができるような種類の人であることだ、と言うだけでは不十分である。正しい答えのいくつかは、それにもかかわらず非常に嫌悪を催すような（disagreeable）行為を含むかもしれないのだから、そうした正しい答えを出すような人――とりわけ、そうした答えにあまりに容易にたどり着きそうな人――とは一体どういう種類の人なのか、というさらなる問いが生じる。

私が関心を持っているのは、政治家が道徳的に嫌悪を催すようなことをする事例であり、汚れた手（dirty hands）の問題と呼ばれてきたものである。中心となる問いは以下のとおりである。我々は、政治家がそうした行為に関与することについて、また、そうした関与に必要な性向について、どう考えるべきだろうか。

これは第一義的にはこうした関係において何が許容可能で擁護可能かという問いではない。もちろん、明らかに、ある政治家が、私の言い方で言うところの「道徳的に嫌悪を催す」ようなことを行う十分な理由があると主張するというのはどういう意味かということについて、何がしかのことを言う必要はあるだろうが。

この議論は、政治家たちがどういう人か、彼らがどういう性向を持つかが差異を生むということを前提としている。私は、政治的行為についての個人主義的見方をそんなに強調したいわけではないが、個々の政治家の行為の道徳的次元について、言うべきことがあるということは前提としている。このことを否定する人でも、おそらく、政治家がどういう人たちであるかということが、我々が道徳的な関心を持つような意味合いにおいて差異を生むということを認めるかもしれない。こうしたことすべてを否定する人は、たぶん、道徳性は政治とは何の関係もないと考えるであろうし、彼にとっては論議の領域全体が消滅することになるだろう。

広く信じられている見解によれば、政治の実践においては、少なくともその実践者が冷笑的な態度を持たないと淘汰されるし、おそらくは残忍さがないと淘汰される。この信念のために、そして我々の主題全体のために、学者が自信のない口調になってしまうことは悪い意味でよく知られている。学者たちは、権力の前で道徳を説くことを過度に恥ずかしがったり、逆にあまりに恥ずかしがらなかったりする傾向があるのだ。どちらの方向にであれ、この主題に興奮した彼らは、しばしば大規模な事例や歴史に残るような事例を選ぶ。たとえば、対立する陣営間の国際関係における行いや、歴史によって正当化されるかもしれないしされないかもしれないような、無慈悲な政策などである。本章の最後でその話題にも少し触れるが、私の第一の関心は、この主題の卑小な極の方にあり、国家の指導者や歴史の作り手としてというよりは専門職としての政治家の方にある。政治家は犯罪者か、という魅惑的な問いはあとまわしにして、もっとありふれた、政治家はいかさま師（crooks）だという考え方を先に扱おう。

もちろん、政治家がいかさま師だという主張は、まったくありふれたひとつの意味で理解できる。それはすなわち、政治家の中には、自分自身の利益のために法を破る者や、賄賂をもらう者や、厳密には違法ではないけれども怪しげなことを個人的な利得のためにする者などがいるという意味である。ここでの目的のためには、この側面に力を注ぐのは的外れである。これは、たしかにひとつやふたつ興味深い問題を提起するだろう。たとえば、政治の世界には専門職倫理の確固たる概念がまったく欠けているという問題などである。法律家や医師といった専門職は精緻な専門職倫理綱領を有している。私の理解するところでは、これは彼らの職業が個人的な利得などという考えを超越した高貴な職業だからではなく、彼らの顧客は、彼らの利害におけるとりわけセンシティブな領域において、保護を必要としており、保護されるべきものとみなされているからである。ある種のビジネスの領域でも似たような規定が存在するが、一般に専門職的ビジネス倫理という概念は専門職的医療倫理や法曹倫理ほど発達してはいない。政治は非常に一般的に顧客の利害のセンシティブな領域に関わっていると考える人もいるかもしれない。しかし、こうした規制が医師や法律家の活動を支配しているとみなされている場面においてさえ、政治家の専門職としての行いはむしろビジネスマンの行いに近いものとみなされている。この事実の説明は、私の理解するところでは、それほど神秘的なことではない。おおまかに言えば、これら〔医師や法律家〕の専門職業に属する多くの人にとって、品のよい（respectable）集団に入ることはいくつかの理由で利益となるが、政治家の場合には、かれらが集団を運営することができる状況というのは、その集団を品よく保つ動機がほとんどないような状況なのである。

この、我々の探究と関係ない〔私益のための悪事という〕カテゴリーに属する道徳的に疑わしい活動は、我々の探究の関心対象となる活動とどう区別されるだろうか。間違いなく、第一の種類の活動が内密だということによってではない。というのも、第一の種類の活動も内密でないことがしばしばあるし、ある種の文化においては内密にするものだとすらほとんど思われていないからである。そうした文化では、公金をごっそりと、また堂々と盗むのは賞賛の対象となる偉業なのである。それよりさらに明瞭なのは、もっと厳密な意味で政治的な種類の疑わしい行為は、それ自体内密だということである。政治家がどんなことに責任があるとされるかについてのある種の適切な説明の観点からは、公金を盗むことは逸脱した仕事だとみなされそうである。しかしながら、大変品のよい北西ヨーロッパや北アメリカの考え方によってこれらの原則にもとづいて設定された分類が、他の場所でも同じ分類になるわけではないことは認識されるべきである。たとえば、賄賂は、政治システムに組み込まれた機能的なパーツでありうる。しかしながら、どこにおいても政治的な活動に含まれるはずのこととして、政権に留まり続けようとする（trying to stay in office）という活動がある。言うまでもなく、政権に留まるためのやり方の中には受容不可能なものもあるし、その中には、政権獲得の方法の目的に反すること（投票の不正操作）をするという留まり方もある。

しかし、これは手段の問題である。すなわち、政権に留まるという目標は、どんな状況でどんな手段で達成してもいいというわけではないが、目標それ自体としては政治という仕事に密接に関わりを持っている。これに対し、私腹を肥やすとか、親族に名誉職を確保するとかいった目標はそうではない。

以後は、第一義的に政治的な活動でないような政治家の疑わしい活動は脇に置くとしよう。しかし、我々がここから考える問いは政治家にどんな性向を持ってほしいと我々が思うかというものであるのだから、このふたつの種類の活動の間の心理的な距離は実は非常に小さいかもしれない、という平凡な真理も同時に忘れないようにしよう。政治的に冷酷だったり非道だったりする支配者の誰もが私腹を肥やしたがったり友人を不適切に昇進させたがったりするわけではない（そういう性向を持たない支配者の方が普通は道徳的にも心理学的にもより興味深い）。しかし、双方の傾向はしばしば共存するし、その結果「クリーンな政府」を求める声は、通常、両方を抑制することを求める。

この主題には、私が軽く触れるに留めるつもりのもうひとつの側面がある。私が考察するのは、行為の発動者（originator of action）としての政治家、ないし少なくとも共同で行為を発動する者としての政治家であり、自分自身が手助けをしていない決定に関して、政党や政府に参加したり、ただ従ったりするだけの政治家ではない。これから考察する論点のいくつかは、あらゆるレベルでの行為の発動に当てはまる。他の、より大きな論点は、たとえば大統領、首相、ないし（イギリスのシステムにおいては）閣僚（cabinet minister）のような、ある程度以上高いレベルでの行為の発動にのみ当てはまる。この点を強調することで、自分で発動したわけでない措置に同意した場合の政治家の責任の問題や、彼をどのように見るべきかという問題は脇に置かれることになる。また、より興味深い問題として、彼がその措置に同意はしないけれども、それに従っていたり、その措置と彼が同一視されるような地位に留まっていたりする場合の彼の責任——これは、少なくとも民主的なシステムにおいては、辞任の問題（resigning problem）となる——があるが、これも脇に置くことになる。

この問題に関連して、おそらく以下のコメントはしておく価値がある。辞任すること、あるいはまた辞任しないことが、単純に道具的行為だったり、表出的行為だったりするということはありえない。もちろん道具的な考慮はこの論点と関わってくる。多くのぞっとする事業に対して、それに吐き気を催している多くの人々を驚くほど長い期間にわたってつなぎ止めてきた、古典的な「内部からの働きかけ」論などがそうである。しかし、そうした決定は、事例の本質からして、純粋に、またすべての事例において道具的だということはありえない。というのも、その決定は、その行為者がその決定について完全には帰結主義的ではないと他人に思われる、ということに由来する一群の帰結を持つからである。そうした帰結の中には、その行為が何を意味するものと受け取られるかということに依存するものがあり、そのため、純粋に帰結主義的であるような行為者であっても——帰結を十分に考慮に入れるなら——自分がやっていることがその行為の本質から言って純粋に帰結との関係で考えるだけでは十全には考えることができないような行為であるという事実に直面することになるだろう。他方、辞任することを、個人的な強制のない会話において「同意する」とか「同意しない」とか言うのと同等だと思うのは初歩的な誤解であり、そうした誤解をするのは、現在進行中の政治的な活動へのコミットメントと一回きりの政治的表明の例との違いを無視する者だけである。したがって、そうした誤解はまた、政治家にとってはそうした決断が——実質的で関連する意味において——彼の人生の一部である、という点を無視することでもある。

さらに言えば、この点に注意が払われる場合でも、しばしば誤った捉えられ方をしている——この論点は、自然に誤った捉えられ方を招いてしまうのである。職業政治家にとっては、辞任は自分の人生と政治の関係をまったく変えてしまう可能性がある。彼は政治的な人生へのコミットメントという文脈で辞任という決断について考えなくてはならないが、これはもちろん自分の経歴〔に傷がつかないか〕を気にしていると解釈できる。疑いもなく、この状況に置かれた者の中には、単に経歴のことを気にしている者もいるだろうが、公衆と政治家の双方にとって大事なことは、これが本当かどうかを見分けるのが難しい構造的な理由があるということを認識することである。

政治的な行為の中には、その行為を行わないと重要で価値ある政治的な計画が失敗する、といったきちんとした政治的な理由がありながら、立派で誠実な人々が——少なくとも一見したところでは——やりたがらないような行為、というものがある。そうした場合に加えて、そうした不愉快な行為が、そのような明確で気高い目標を達成するために必要というわけではないが、価値ある計画をただ進行させるため、ないし反論を回避するために必要だとか、さらに一般的に、価値ある計画が将来不可能になるのを避けるために必要だといった事例はもっと多く、さらに蔓延している。そうした不愉快な行為というものがどういうものになるかというのは政治的な環境に依存する。この段階で我々の関心の対象となるのは、政治活動が少なくとも取引や対立する利害と理念の表明を含むという、比較的秩序ある状況である。そのような状況において政治家は、以下のような行為を行ったり、行うように誘われたりするだろう。その行為とは、嘘をつくこと、あるいは少なくとも隠蔽をしたりミスリーディングな発言を行ったりすること、約束を破ること、手前味噌な議論をすること、不愉快な人々と一時的に協力すること、価値ある人々の利害を無価値な人々の利害のために犠牲にすること、そして（十分に重要な地位にいる場合には）脅迫にあたるような強要をすること、などである。この時点では、我々はまだ、たとえば反対者を殺させるかどうかが問題になるような、もっと劇的な状況は考察の対象としていない。（私が言わんとしているのは、それが問題とならない、ということであり、そうした行動に選択肢として言及すること自体がありえない、気のふれたことだとみなされるだろう、ということである。これは、そうした選択肢が言及され、あらゆることを考慮に入れた上で却下された、という状況ではない。）

　こうしたそれほど劇的でない、しかしなお道徳的に不愉快な活動は決して政治にのみ存在するわけではない。そうした活動の見たところの必要性は、部分的に非構造的な取引の文脈で、巨大な利害が関わっている、というだけのことから導き出されている。同じことは、たとえば、比較的活発な部類に属する商業の多くにも当てはまる。しかし、そうした状況は、政治においては他のどこにおいてより多く悪評を招く。公然と自己利益にもとづく目標を追求している場合には、より大きな道徳的要請が念頭に置かれる場合に比べ、そうした手段を使うことがより適切だとみなされる。しかし、より大きな道徳的要請があるということはそれ自体偶然ではない。専門職としての参加者の自己利益以外の目標が（政治活動には）必要であるということ――極言するなら、そもそもその活動が政治的活動であるために必要であるということ――

に加えて、もうひとつの論点がある。それは、民主主義の下では有権者が何を期待するかということが政治家に対する統制の機能を持つとされるのだから、民主主義は手段に対してさえ高い期待を課す傾向にある、という点である。

私は、価値ある政治的目的の追求のためになされるけれども「立派で誠実な人々が――少なくとも一見したところでは――やりたがらないような」行為という言い方をした。しかし、こんな風に反応する人もいるだろう。もしそれが価値ある政治目標とより大きな善のための行為ならば、そのことが示すのは、ただ、立派な人たちがそれをやりたがらないようではいけない行為だということではないのだろうか。その行為が持つ性格とは、せいぜいのところ、〈そうした利害のためでなくそれが行われるなら、そうした人たちはそれをやりたがらないようなタイプの行為だ〉ということであり、それは無関係だ、とそうした人たちは言うかもしれない。しかし、この功利主義的反応は、我々が関心を持っている問いにたどりついていないか、さもなければ、その問いに対して不十分な答えしか与えていないかのどちらかである。この反応が、もし単に、他の状況では不名誉な行為がこの状況においてはまさになすべきことだと主張しているだけで、行為者の性向についてや、こうした行為を念頭に置いた場合、そうした性向がどのように表現されるかということについて何も述べないのなら、それはこの問題に到達していない。もしこの反応が、そうした行為者が必要とする唯一の性向は功利主義的に正しいことをするという性向だけだ、と述べるのであれば、それは不十分な答えを与えていることになる。功利主義者ですらこの答えを不十分だと考えてきた。全体として見たときの最大幸福という功利主義者の目標を確実に達成するための最善の方法は、全体として見たときの最大幸福をそれ自体として各々が追求するような行為者たちがいることだ、というのは、自明ではないし、多くの功利主義者がそれは真ですらないということに同意している。また、議論のレベルが進むと、功利主義的な博愛以外の道徳的性向が、人々の「幸福」の捉え方のうちに現れるかもしれない、というより深い論点も出てくる。

いずれにせよ、これらはその状況でなすべき正しいことが、道徳的におぞましいと通常はみなされるだろうような行為である状況である、と述べるだけでは十分ではない。この記述が最もよく適合するのは、ある行為とその状況が例外であるような事例だろう。ロスや他の著者たちの著作によくある、非常事態において義務が適切なしかたで乗り越えられる（obligations properly overridden in emergency）という一連の事例を思い起こしてもいいだろう。そこでは決定はしばしば容易である――もちろん我々は溺れる子供を助けるためにありきたりの約束を破るだろうし、これを疑ったり、それをやったことに居心地の悪さを感じたりするのはまったく理にかなわないだろう。これは、明確な、義務より優越するものがある状況（a clear overriding circumstance）である。約束や、他の打ち負かされた義務は、最初から存在しなかったかのようになるわけではないが（少なくとも説明する義務はまだ残るだろう）、それにもかかわらず、そうした義務は非常に明確に、また争う余地なく乗り越えられており、不利益を受けた関係者からの苦情は、状況が一旦説明されれば、受け入れられることはないだろう。もちろん、直接的な優越という種類の事例のすべてがこの種の明確な事例だというわけではない。何をすべきかについて疑いが生じることもありうるだろうし、そのときには居心地の悪さを感じる余地もあるだろう。しかし、その居心地の悪さは、この構造の中では、疑いや不明瞭さと直接関わっている。すなわち、問題となるのは、「私は本当に正しいことをしたのだろうか」という問いである。犠牲者に対して不正なことをしたかもしれないという居心地の悪い感覚をある人が持つなら、それは、その人が〔犠牲者に対して、という限定ぬきに〕不正なことをしたかもしれない、という居心地の悪い感覚を持っているからである。

政治における状況の中には、疑いもなくこの構造を持つものもある。しかし、私が念頭に置いている状況（もちろん、すでに述べたように、これは政治には限定されない）は、異なった構造を持つ。これらの状況においては、不面目なことがなされたという感覚は、不確実性の産物ではなく、また、不正な選択をしたという認識の産物でもない。さらには、その、何か不面目なことがなされたという感覚は、被害者が共有してもおかしくないような性質のものであり、彼らは自分たちが不当な扱いを受けたという不満を持つだろう。もし、ある政治家が、彼らが不満を持つということが理解できず、彼らに状況を説明した後にもその不満が残るならそれは誤解にもとづいている、と本気で考え、そうした不満を述べることは理にかなわないと思う（これは、最初の種類の事例では適切な考えだっただろう）なら、そのような政治家の性向は、我々の問いを大変切迫した形で提起することになるだろう。

私が念頭に置くのは、悲劇的な選択――行為者が何をしても不正になると言えるような選択――という劇的な事例ではない。[*1] そうした事例は、ただの例外ではないが、例外的であることは間違いない。我々が考察している事例は、ただ単に通常の分類分けの中で例外とみなされる事例でもなければ、通常の分類を超え出てしまうところまで行ってしまった例外的な種類の事例でもない。さらには、その決断が不確実である必要はまったくない。これらの事例については、もし行為者が道徳的な参照枠組みやそれぞれの行為の道筋を支持する理由をまじめに受け取るならば、何をするべきかが明瞭であるということがしばしば起こる。しかし、そうした事例における明瞭さはありありとした緊急事態の例外における明瞭さとは異なるし、悲劇的な事例についてまわる、不可能さゆえの明瞭性とも異なる。そうした事例が明瞭なのは、それがありふれたものであり、仕事の一部だからである。それほど頻繁に仕事の一部となるわけではないことを願うが、仕事の一部であることにはかわりない。もし政治家が政治というものが要求することがらを——政治についての道徳的な要請も含めて——真剣に受け止めるなら、そして、彼が責任を有するのが中間的でもっぱら管理的なレベルだというのでないならば、彼は、この種の状況が起こりうるという可能性には少なくとも直面せざるをえない。もし彼が最高責任者であるならば、この種の事例に出会うのは事実上確かである。それより低いレベルでは、彼はおそらくそうした事例に出会わないかもしれない。彼が仕事をする環境は、御しやすく公明正大なものかもしれない。彼は運がいいかもしれない。彼は、そうした状況を遠ざけるような徳、ないし道徳的な抜け目なさを持ってさえいるかもしれない——実際、そういうものを持っているように見える人たちはいる。しかし、道徳的に不愉快なことをするのが明瞭に求められているという状況が起きるだろうというのは、公的人生における予測可能で確率の高い危険である。道徳的な根拠にもとづいてその種の行為をすべて拒否するというのでは、政治における道徳的な目的すらも真剣に追い求めることができないということを意味する可能性が非常に高い。

それでも、同時に、こうした行為の道徳的不愉快さは単に打ち消されるわけではなく、そのことは、何よりも、被害者たちが自分たちは不当な扱いを受けたと正当性を持って不平を述べることができる、という論点の中に表れている。たとえば、行為者が嘘をついたとか、意図的に彼らを誤解させたとか、彼らをいじめたとか、失望させたとか、利用したとかいうのは否定できない。すべてが説明されれば彼らも理解するというのはそうかもしれないが、しかしその時でさえも、彼らに不満を述べる権利がないと言うのはばかげたことである。

　これについては以下のように言う人がいるかもしれない。すなわち、そうした被害者たちの政治の文脈における行為への関係は、政治の外での関係とは違うのだから、彼らは不満を述べる権利を持たない。おそらくはそもそも同じ行為ですらない。自分自身が政治に関与している被害者のある者に対してはこの議論はたしかに当てはまる。つまり、この活動の本質を理解している者は誰でも一定のレベルの荒っぽさは予期しているはずであり、もっと保護された活動であれば適当だったかもしれないようなやり方で語り続けるのは単なる誤解にすぎないというわけである。しかし、この考え方――トルーマンの熱い台所の原理[★1]とでも呼べるだろう――は万能ではない。政治の世界の外の被害者というのもいるだろうし、政治の世界の中の被害者でも、穏当な予期の範囲よりもひどい状態になる者もいるだろう。そして、一般論として、適当な予期やこの仕事の通り相場を考慮に入れたとしても、それだけでは十分な言い訳にはならないような政治的な行為というものは存在する。

　私は、政治における「道徳的要請」に言及した。場合によっては、政治的な理由は十分近接的であり、また、十分に道徳的な種類の理由であるので、その特定の政治的行為には道徳的な正当化――その行為に反対する道徳的理由よりも重視されるような正当化――がある、と言いうるほどである。その場合でも、道徳的な残余、すなわち、私がここまで言及してきたような道徳的不愉快さが打ち消されずに残ったものが存在しうる。そのような残余の可能性は政治的行為に限定されたことではないが、政治というもののいくつかの性質のために、政治はそうした残余を特に生みがちである。そうした残余は、その行為の道徳的な正当化が帰結主義的なものまたは最大化についてのものである一方で、脇に追いやられたのが権利である場合に特に生じる。ある帰結を別の帰結より優越させる場合より、ある帰結を権利より優越させる場合の方が道徳的コストは大きい。というのも、そもそも権利というものの眼目の一部として帰結によって単純[*2]に乗り越えられたりしないという点があるからである。政治においては行為を正当化するような考慮要因というのは典型的には帰結主義的なものである。それ以上に、期待値、すなわち利得の大きさと確率の積を最大化するというのは帰結主義的な推論の重要な要素である。政治的な行為の領域では、利得は非常に大きなものとなる――あるいはそのように思われがちである――のだから、確率は非常に小さくてもいい〔期待値が大きくなる〕ことになり、被害者は自分の権利がほんのわずかな可能性のために侵害されたと思うかもしれない。

　政治的な理由がそこまで近接的でない場合、たとえば防衛的なものであるとか、先制攻撃的なものであるとか、機会を確保することに関するものであるとかいった場合、我々は、政治の道徳的要請という言い方をするのではなく、単に道徳性と対立する政治の要請という言い方をしてもいいだろう。これを不安に思う政治家は、なお、この状況に関わりを持つ何らかの道徳的な配慮を見出したいと願うかもしれないが、一方で、彼が発見するのは、自分や自党の価値ある目標や何かそれに似た大目標の追求が全体として正当化される、ということへとそうした配慮が単に退却してしまう、ということかもしれない。こうしたオリュンポス的な超然とした点まで退却すると、そうした退却点はあまりに遠くにあり、また、弱みを持たないため、政治という仕事を真剣に実行するための基本原則は、道徳的なうしろめたさや非政治的なコストの感覚といったものにまったく左右されなくなってしまう。ちゃんとした政治的な生き方というのは、両極端の間のどこかにあるということになるだろう。一方の極端は、上記のようなあり方、ないしはその後継者である、オリュンポス的な遠く離れた視点すら消滅した、完全に冷笑的な態度である。他方の極端は、そもそも政治というものが活動として存在するためには、道徳的な配慮が道を譲ることを期待されねばならない、ということを認識できないというばかげたあり方である。[*3]

もしそうした〔両極端の中間の〕位置を占める人が存在する希望があるとすれば、我々は、政治的には正当化されるが道徳的には不愉快であり続けるような行為が存在する、という考え方にこだわる必要があるし、そうした考え方にこだわるような政治家を見つける必要がある。ここでの論点は、他の人と同じように無慈悲な行いをしながらそのことを快く思っていない政治家がいることによって人々が啓発される、ということでは全然ない。懺悔服は政治家には似合わないし、ましてや成功した政治家ならなおさらである。大事なのは――そしてこれが私の議論の基礎となっているのだが――道徳的に不愉快なことをするのが本当に必要なときにでもそれに気乗りがせずやりたがらないような人々だけが、必要ないときにそれをやらない可能性が大きいということである。

これにはふたつの異なる理由がある。まず、単にあらゆる場合に正しい判断ができるということだけから成る性向などというものは、政治の世界であれ他の世界であれ存在しない。判断が正しく遂行されたかどうかとか、直接的な道徳的責務が巨大な長期的課題に対して正しい重み付けを与えられたか——あるいはそもそも重み付けを与えられたか——どうかといったことは、こうしたプロセスについてのどのような穏当な見方においても、感情や反応のパターンが関わることがらである。ある実践的な問いについて考察する人々の集団においては、彼らが共通して持つ性向やお互いに何を期待するか——どのような考慮要因なら耳を貸してもらえるのか、どのような種類のためらいや制約や障害であればそれに言及するのが適当か、ないし効果的か、など——が本質的に関わってくる。(ケインズがアメリカのある役人について言ったとされるコメントがある。「彼は、耳をあまりに地面に近づけすぎているので、まっすぐ立った人が言っていることが聞こえない」。) これが第一の、そして主要な理由であり、熟慮というものについての理にかなった立場ならすべてこの理由を受け入れねばならない。すなわち、〔道徳的に不愉快な行為に対する〕気乗りしなさ (reluctance) が習慣化していることが、〔その行為が本当は必要ない事例において〕許容できないものを喜んで受け入れてしまうことに対する本質的な歯止めになるのである。

第二の理由は、すでに説明の中に含めてあったものだが、第一の理由ほど広く受け入れられているわけではない。〔その行為が〕必要な事例において、気乗りしなさは単に有益な習慣だというだけではなく、そ**の事例に対する正しい反応**でもある。というのも、その事例は本物の道徳的なコストを含むからである。必要な事例においてすら気乗りしなさ——「気乗りしなさ」という言葉で、私は、その答えに手を伸ばすことへの最初のためらいだけではなく、その答えにたどりついたときの本物の落ち着かなさをも意味している——が正当化されているというのは事実である。そして、この事実は、実際、第一の理由において持ち出された、気乗りしなさが習慣化しているということというのがどういう本質や価値を持つのかを説明する助けになる。この習慣は、道徳的コストへの感受性を実体化したものである。功利主義は、気乗りしなさの習慣を（間接的功利主義のある種の形態においては）利用したいと考えているのだが、このレベルにおいてその習慣に意味をなさせることができない。というのも、功利主義は、道徳的決定に達するために考慮に入れるべき他の種類のコスト（たとえば効用など）と区別される形での道徳的コストというものについての感覚をまったく持っていないからである。功利主義には、道徳的コストという概念を理解できない特別な理由があって、それは最大化という捉え方と関連した理由なのだが、それ以外でも多くの道徳哲学においてこの能力が欠落している。にもかかわらず、この概念は、多くの人の道徳的意識の中に深く根付いたものなのである。なぜこんなにも多くの道徳哲学者がそれを忘れるようになるのかという問いは、なぜある種の政治家が忘れるようになるのかという問いに比べて、より難しく、おそらくより深い問いである。

それでは仮に、このような仕方である行為を行うよい道徳的理由を持ちつつも、また、その行為について道徳的におぞましいと考え、かつ、そう感じ続けるよい理由も持つ、そういう行為者たちがいるとしよう。彼らの状況を理解するひとつのやり方は、この状況において、行為者は関係者に対して特別な関係に立っており、その関係のために彼はそのような行為に対する反感を却下する名誉ある動機を持つ、という捉え方である。このモデルはチャールズ・フリードが最近の論文（「友人としての法律家——法律家 - 顧客関係の道徳的基礎」『イェール・ロー・ジャーナル』85巻（1976）, pp. 1060–89）で以下のような事例に当てはめたものである。[★2] その事例とは（〔本章の事例と〕ある意味で似ているが）自分の依頼者の利益のためにある弁護士がやるように求められた行為が、本人としては道徳的に喜んでやりたいとは思わない行為――たとえば証人に嫌がらせをしたり、貧しい人の重要な利害に対抗して裕福な人の形式的な利益を押し通したりといった行為――である、という事例である。フリードはこれに関して、友人関係というものを持ち出し、弁護士の依頼者への関係をこの種の個人的関係としてモデル化する――そうした関係においては、他の場合には公平であるために求められる行為から逸脱することが許される、ないしは要求されさえする、ということが広く是認されるだろう、と。フリードはこの問題を真面目に取り上げ、取り組んでいるのだが、彼がこの問題に当てはまるものとして持ち出したこのモデルに納得するのは難しい。ひとつには――この論点は彼も言及するが私の見るところ解決はしていないようである――誰かの友達となるために報酬を受ける人などいない。もう一点として、問題となっている名誉ある人は、その弁護士の依頼者のような人物――言い換えれば弁護士の依頼者が弁護士に期待するような行為を彼に対して期待するような人物――を友人に持つとは思えない、ということがある。

公平さ以外のものを要求するような忠誠心や献身が政治にはつきものだという限りにおいては、政治の世界にも特別な関係のモデルと類比的なものは存在する。しかし、国家や党や有権者に対してこの種の献身が存在し、また何らかの役割を果たすにしても、そうした献身は、弁護士の例における依頼者との個人的関係と同様、この話題の全体をカバーするには十分ではない。弁護士の例はむしろまったく別のある問いをおのずから我々につきつける。この問いは、単に有用な問いであるというだけでなく、私が思うに、この例との関係ではまさにこれこそが有用な問いである。すなわち、どのようなシステムを人は望むのか、そして、行為している人がどのような性向を持つことを人は望むのか、という問いである。その上で、我々は、これらの問いへの答えをどうしたら調和できるかを、以下の問いに照らして考えることになる。すなわち、そのシステムはどのような性向を要求する、ないし好むだろうか。

法律の例はこれとの関係でいくつかの面白い問いを提起するので、もう少しそれを追求してみたい。我々が問うべきは以下のことである。法曹の活動の望ましい産物、すなわち正義は、どのように対審システム（adversarial system）と関係しているのだろうか。また、フリードが関心を持つような種類の行動はどの程度までそうしたシステムにより奨励されている、ないし要求されているだろうか。これは、実際、問題のはじまりにすぎない。というのも、もし対審システムが正義を産み出すのに成功しているとすれば、そのひとつの要因は判事の存在である――そして判事もまた法曹であり、普通は元弁護士である。判事としての性向は対審的な性向と同じではないが、判事の採用のシステムがうまくいくためには、何とかして一方の性向が他方の性向から生じるのでなくてはならない。

しかしながら、ここでは対審的な事例にこだわることにしよう。ある法的権利を遵守させることに伴うかもしれない道徳的に嫌悪を催す活動（たとえば、強者が弱者に対して持つ法的権利など）に話を限るなら、以下のような議論をする誘惑があるかもしれない。

(1)いかなる複雑な社会においても、（少なくとも）法的権利を遵守させることには道徳的に嫌悪を催す行為が伴う。
(2)存在する法的権利を遵守させることができないとしたらそれは悪いことである。
(3)(1)で言及されたような種類の多くの権利を遵守させるためには法律家が必要である。
(4)これらの権利を遵守させることにおいて本当に効率のいい法律家は、かなりぞっとする人であるに違いない。
ゆえに
(5)かなりぞっとするような法律家が存在することはよいことである。

この議論にはどう答えることができるだろうか――そもそも答えることができるとしてだが。月並みな答え方はおそらく(1)を拒否する方向での答えだろうが、我々の議論の文脈では、それを拒否する月並みな理由、すなわち、そうした行為を求めるようなシステムは十分に道徳的に正当化されている（これは事実上(2)と同値である）という理由を十分なものとしては受け入れられない。もうひとつの路線は(2)を拒否することだろう。ワッサーストロームはたぶんこのアプローチをとっていて、[*4] 彼は、もし(1)が何らかの権利との関係で大きな重みを持つなら、単にそうした権利は遵守させられない方がいいだろう、という見解に傾いている。もしこれが、誰か他の人がやるだろうと知っているときにその行為を拒否するという立場（これは必ずしも不愉快な立場ではない）を超えるものとなるなら、おおむね予測可能なシステムとしての法律の働きに関して困難に陥ることになるだろう。フリードは、(1)において要求される行為を忠実さや友情の枠組みにはめることで、(4)を拒否する。プロフェッショナリズムという概念を使って以下のように主張することで(4)をやっつけるというやり方もあるかもしれない。すなわち、これらの行為は専門職としての役割の中で、望ましいシステムの名の下に行われるのだから、そうした行為がおぞましい性向を表現しているなんていうことは導き出せない——そうした行為は、その意味ではそもそも個人的行為ですらない——と。

この答えが訴えかけている心の状態の現象学は非常に複雑である。しかしながら、この答えにいろいろ限界があることはかなり明白であるし、悪名高くもある。たとえば、この答えの限界のひとつは、ある人がその専門職を仕事としているということは、その人についての個人的事実である、という考慮の中に存在する。しかしながら、プロフェッショナリズムについてのこうした考え方について一般論として我々がどう思うかに関わらず、少なくともひとつの点については、法律家の場合には許容できるが政治家の場合には許容するのが難しい。仮に我々が、この議論の不愉快な結論である(5)を受け入れたとしても、少なくとも以下のことに我々は同意できるだろう。すなわち、法律家の専門職としての活動範囲は十分限定的なので、かなりおぞましい法律家が存在するということは公衆に対して限定的な重要性しか持たない。この議論は法律家たちがどのようにおぞましいかを——もし健全な議論であるなら——示すが、依頼者にとっては、それはいずれにせよ後悔する理由を持たないようなおぞましさなのである。しかし、政治家の場合には、そうした慰めの理由ははるかに小さくなる。そして、もし政治家について同様の議論を始めることがてきるとしたら、それは公衆が危機感を持つ理由となる。政治家の専門職としての活動の範囲は法律家と比べてはるかに制限されておらず、たとえば秘匿性の問題など、重要な非対称性もある。対審システムの中では、法律家の行動のかなりの部分が、依頼者と相手方の間に引かれる線に支配されており、彼が相手方から何かを隠す理由があるとしても、その理由は普通は依頼者からそれを隠す理由にはならない。しかし、政治において何かを隠す理由があるとすれば、それはいつも有権者からそれを隠す理由でもある。

政治的な事例においてもうひとつ憂慮の理由となるのは、権力の座に留まることに対する彼らの専門職としての（そしてそれ自体としては完全に適切な）コミットメントである。私はすでに、このコミットメントには本質的な二律背反が伴うということを示唆した。すなわち、極限的な部分において、単純な野心や、あらゆる体制で生じる政治生活に特有のあのゆがみと、そうしたコミットメントがどこで混ざり合っているかを見分けるのは不可能である。その特有のゆがみとは、政治家の注意が問いに対してある特定の答えを（第一には自分の同僚たちに対して）返すことの帰結に向けられているために、その問いをそれ自体の是非にもとづいて考察することができなくなってしまう、ということである。そうしたゆがみが幅を利かせているところでは、市民は政治家の判断を恐れる理由を持つことになる。

政治家の性向が彼らの任務に対して、また公衆に対して持つ関係は、部分的に類比的な問題が生じる法曹などの専門職における関係とは異なっている。そうした差異はどれも憂慮の理由をさらに大きくし、以下の問いをより差し迫ったものにする。それは、政治システムがどういう特徴を持てば、道徳的に歓迎できる性向であるとともに有能な政治家であることとも両立するような政治家の性向に有利な淘汰が働くのか、という問いである。システムがどういう特徴を持てば、それなりにきちんとした人たちがそれなりの程度の権力を行使するということが実現するのだろうか。どうしたら、冷笑主義と政治的白痴との間の空間の住人がそれなりに継続して存在し続けるような状況を確保できるのだろうか。

これは、巨大で、古くからあり、かなりの部分まで経験的な問いである。もし、プラトンの、いかにして善人が支配できるか、という問いを、マキャベリの、世界をそのままで支配するにはどうしたらよいか、という問いに当てはめるなら、最も単純に融合させたもの――いかにして善人は世界をそのままで支配できるか――は単に気落ちさせるようなものになってしまう。しかしながら、この融合は、過度に偽善的なものでもある。この融合がプラトンから引き継いだ善人の捉え方からは、そうした善人がそもそも何かをなしうるのかという疑問が自然に生じるし、その一方で、マキャベリ的なそのままの世界の捉え方からは、どうやったらその世界に対して誰かが何かをなしうるのか、という疑問が生じる。（このふたつの疑問のうち前者には答えがないのに対し、後者には答えがあるという事実は、「リアリズム」という言葉の一般的な意味に力を与えている。）しかし、仮に、両側から手を加えて、善人がそれほど純粋である必要はなく、道徳的コストや道徳的制約の生き生きとした感覚を保ってさえいればよい、ということにし、また、本当に安定した政治を持ちつつも市民的な体面もある程度期待できるような社会であるということにしよう。そうすると、こうした点について、そのシステムにどういう性質を持ってほしいと我々が思うかを論じる余地ができてくる。持ってほしい性質は多い。ここでは、この話題と密接に関わるような政治システムの四つの側面について、最低限の輪郭のみであるが触れたいと思う。

(a)すでに触れたが、特に民主制において、公開性について、また、政治家と公衆の関係について、どういうバランスがよいかという問いがある。特にアメリカにおいては、公開的な政府や公衆による大量の精査は政府が正直になるようにしむけ、政治家の冷笑主義に制約をかける、と広く想定されている。しかしながら、そうした実践や制度の影響が一貫して一方向にだけ働くと想定する理由はない。軽度に道徳化されたような文脈において、即時の公開性を求めることが偽善を生みがちであることは明白であるし、それを別にしてさえも、メディアにおいて達成可能な程度の解像度で、どんな政治的行為がなされたかが即時に同定されるとすれば、それは、政治家たちが争って先にプレスリリースしようとする原因となるだろう。

(b)似たような問題として、政治家同士の関係についての問題がある。これについてはもうひとつの一般に受け入れられた信念がある。それは、政治家がお互いに対して基本的に機能的にのみ関係を持つこと——政治家と政治家でない人々とをくっきり区別してしまうほどには政治家たちが考え方を共有してしまわないこと——が、善良な政府にとって利益になる、という信念である。しかし、これもまた、どの程度真なのかはっきりしない。政治家同士の人間関係の持つ重要な機能として、どのような行為の流れがそもそも議論の対象になりうるか〔つまりそもそも話にならない選択肢を排除する〕ということがあり、これは道徳的文化の基礎的な次元である。無慈悲な徒党とそこまで無慈悲ではない外部の人間に統制される徒党とでは後者の方がましであることはまったく明らかだが、可能性はそれだけではない。それほど無慈悲ではない徒党が、より無慈悲な外部の人間に対して抵抗するという可能性もあるのである。

(c)よく知られた論点として、現役の政治家と政治家志望者の関係、つまり政治の世界への勧誘の問題がある。継続性に問題があったり不連続だったりするようなシステムに、無慈悲な者に有利な淘汰が働くという性質があることは悪い意味でよく知られている。もしそうなら変えればよい、簡単なことだ、と言うような批評家は見識があるとは言えないだろうが、にもかかわらず、これは政治システムを評価する上で重要な側面である。

(d)同種の話題の変種だが、若干見えにくいものとして、政治組織の中の昇進パターンにまつわる問題がある。とりわけ、最高位の職位とより低い職位の間のボトルネックの位置の問題である。非常に都合のよい環境をのぞいては、政治システムの中で最高位にたどりつくには以下のような性質を備えていることが要求される、ということは非常にありそうなことである。その性質とは、必ずしも目をひくほどに望ましくない性質だとか残念な性質である必要はないものの、最善の判断——道徳的な意味であれ実践的な意味であれ——に常に寄与するとは限らないような野心やプロフェッショナリズムの側に偏った性質である。政治システムが、業務を遂行していく上で、こうした性質にあまりに安易にあまりに大きな重点をおく、というようなことがないのが望ましい。そうであってくれれば、他人を押しのけてボトルネックに入り込んだり通過したりする力を持たないような人にも、最後のボトルネックの下で、名誉ある成功者としての役割を与えることができるだろう。少人数に権力が集中する政府はこうした可能性を弱める傾向を持つ。関連する問題として、最高位より下の職位の威信に関する問題がある。何人かの論者がコメントしている顕著な事実として、イギリスの政治家R・A・バトラー（現在はバトラー卿）が政界から引退したとき、彼が首相職それ自体を除くほとんどあらゆる主要閣僚の地位を占めたがゆえに——占めたにもかかわらず——

彼のキャリアは失敗だと考えられた[★3]。

こうしたことは、もちろん、議論のいくつかの側面についてのヒントにすぎない。目的は、単に、（日常的な）政治に伴う嫌悪を催す行為について考えるならこういう仕方で考えるべきだ、と示唆することである――すなわち、実り多い考察をするためには、政治システムの諸側面の中でも、そうした嫌悪を催す行為を間違いなく伴うような専門職に引きつけられる人々が、そうした行為に嫌悪を催す傾向を不十分にしか持たない人々だけである、という確率を減らすような側面に考察が向けられるべきだ、と示唆することである。

最後に、このテーマのもうひとつの局面について一点だけコメントしたい。その局面とは、嫌悪を催すことやおぞましいことではなく、犯罪、ないし他の場面であれば犯罪になるような行為についての局面である。これは、ここまでの話とはレベルが違う。すなわち、我々は単に商売の話をしているのではなく、いわばマフィアの話をしているのである。私の問いは、これまで同様、ある種の行為――この場合には殺人、拷問など――がそもそも正当化されることがあるか、ということを直接問うわけではない。そうではなく、むしろ、もしそれらの行為が正当化されるとして、それを政治的に実行した人について我々はどのように考えるべきだろうか、という問いである。当該の行為を、簡略化のために、暴力（violence）と呼ぶことにしよう。公的な暴力行為の中でも、構造的な（structured）暴力と非構造的な（unstructured）暴力は区別する意味があるだろう。前者は法の下での処刑や、警察による合法的な武器の使用などが含まれ、後者には国益とみなされるものの名のもとに従事する（国内というよりは国外の方が多いかもしれない）行為が含まれる。

ここで、四つの命題を列挙したい。これらがすべて真だと考える人もいるだろう。そして、もしこれらが真であれば、立派な人柄の政治家が存在する望みは――重要度の低い役割について、好都合な環境においてそうした政治家が存在する望みを除けば――非常に薄いことになるだろう。

(i)暴力的な行為の中には、市民が私人としてやったなら決して正当化されないような行為でありながら、国家がそれを行うことが正当化されるようなものがある。

(ii)国家が行うことが正当化されるようなどんな行為についても、それを実行するように命令することが正当化されるような公人――多くの場合政治家――が存在する。

(iii)あなたが自分自身ではやる覚悟のないようなどんな行為についても、それをするように命令するのは道徳的に正当化されない。

(iv)公的な暴力は公的でない暴力と十分に似ており、そのため(iii)で言及したような覚悟は犯罪傾向に他ならないものになる。

私が思うに、少なくとも構造的暴力について、無政府主義者以外に(i)を否定する人はいないだろう(構造的暴力と非構造的暴力の区別がそれほど厳密なものでないことは認めた上で)。構造的暴力は、論理的に言って国家以外の者は遂行しえない、とも言えるかもしれない。たとえば、市民が私人として行う行為の中で司法上の死刑執行となりうるようなものは存在しない。しかし、これは一方ではたしかに真ではあるが、本質的な論点に非常に深く切り込んでいるわけではないと思う。というのも、同じ行為を別の仕方で記述すれば、司法上の死刑執行にあたるような行為でも、〔記述の仕方次第では〕論理的に言って私人が——遂行すべきではないが——同じ行為を遂行しうるような行為になりうる〔そのように記述されうる〕からである。より実質的な論点は、国家にとって正統であるような暴力は構造的暴力だけだろうか、ということである。これについても私はそうではないだろうと思う。仮に通常の軍事的行動が構造的暴力に含められるとしても、軍事行動に似通った行為やイレギュラーな性格の行為の中にも、国家がそれをせずにすむ立場にいるとしたら幸運だということになるような行為があるかもしれない。

これと関連した重要な論点として、特に民主制において、政治的指導者の任務がどの程度まで国益を守るということによって定義されるかという論点がある。そして、もし、何らかの暴力行為が認可されなければライバルである他国の利益になるような場合に、政治的指導者がその行為の認可を拒絶することは正当化されうるだろうか、という論点もある。似たような問題は、彼が、正義の観点からは他国の利害の方が優先されるべきだと判断する場合にも生じる。彼は間違いなくそうした意見を持つ権利を持つ。しかし、政治的指導者としての役割をなお果たしながらその意見にもとづいて行為する権利をどの程度持っているだろうか。

構造的暴力と非構造的暴力の間の（厳密とは言えない）区別は、(iv)にも関わりを持つ。(iv)はおそらく構造的暴力よりも非構造的暴力についての方がもっともらしい。公式か非公式かという区別が、暴力行為とみなすかどうかに道徳的な差をもたらしうるということは非常に広く合意されている。同様な心理的な差異はふたつの種類の行為の背景となる性向についても存在する――仮に、そうした差異が、多くの場合においてどのくらい深くまで届くものかということは不明確であるとしても（この不明確さそのものによって、人によっては、公的な暴力の正統性について過度に神経質になっている）。もしこれが正しいなら、(iv)は失敗するし、(i)が真であることと、(ii)が常識的な真であることを認めたとしても、期待はずれの結論〔政治家は犯罪傾向とみなされるような覚悟を持つことが正当化される〕もこの議論から帰結しないことになる。少なくとも、そうした結論が完全な一般性をもって導かれることを防ぐだけでも十分だろう。しかし、一方でたしかに我々は(iv)が例外なく真であるわけではないということには同意するだろうが、他方で、(iv)が実際成り立つような行為――特におそらくは非構造的暴力――で、しかもそれにもかかわらず(i)のもとで正当化されるような行為というものがあるという主張はもっともらしい。そんな行為はありえない、と想定したり、とりわけ、もし(iv)が当てはまるような行為があるならば、そこからその行為は正当化されないということが導ける、などと想定したりするのは、私から見れば、政治というものについて非常に非現実的な見方をしているか、あるいはそうした行為をする行為者の可能な心理状態について非常に非現実的な見方をしているかのどちらかだろう。

この場合、注意は(iii)へと向けられる。私には(iii)は偽であるように思われるし、その偽になり方は(iv)より興味深く思われる。もし(iii)が偽なら、道徳的な論議の中で通用している議論のうちのおそらくはより大きなクラスについて、放棄されるか、追加的な補助を与えるかしなくてはならないことになるだろう。それはたとえば、食肉処理場で働く覚悟がないのならベジタリアンになるべきだ、とか、自分で動物実験を行う覚悟が（実験するためのスキルを持っていると仮定して）ないのなら動物実験を受け入れるべきではない、などといった議論である。これらの事例がどういう扱いになろうとも、少なくとも、政治家の誠実さや上品さについての我々の理解は(iii)への省察を踏まえて修正されるべきだろう。政治家は自分でそれをやる覚悟がないかぎり何かを命令してはならない、という考慮は、もし政治家たちに自分でそれをやる覚悟があったなら、彼らはあまりに気軽にそうした命令をしてしまうだろう、という考慮と相殺されるべきだろう。

第五章　諸価値の衝突

アイザイア・バーリンは次のようなことをいつも主張してきた。互いに衝突しうる複数の諸価値があり、それらの価値はお互いへと還元できない。結果として、すべての価値の対立を除去することと、その過程でいかなる価値も失われないことの両方が真であるという状況を、我々は考えることができない。これらの真理を主張したことは、バーリンが社会的思考の健全で人間的な捉え方に対して行った著しい功績のひとつである。

バーリン自身の思想の中では、これらの真理はリベラリズムの基礎と結びついている。[*1] この運動自体の歴史が、これらの見解から静寂主義的（quietist）あるいは保守主義的な帰結を導き出す必要がないことを示している。しかしそうであったとしても、この種の多元主義が行為とどうつながるかという問題が、少なくとも現代の先進国の比較的リベラルな社会にとっては問題として存在する。もちろん、そこにおいてさえも、価値の複数性を再肯定し擁護することはそれ自体政治的課題であり、その課題にバーリンの著作が恒久的に貢献しているということは正しい。しかし、仮に多元主義者が政治の変化――価値とまったく関係ない諸勢力や、さもなければ多元主義者が認めるであろうよりはるかに排他的な価値主張を表明するような諸勢力によって動かされるような政治の変化——の悲しげな観察者としてあまりに多くの時間を費やすつもりでないのなら、それ以上のことが必要となる。

〈価値の多元論がいかにしてラディカルな社会的アクションと結びつきうるか、また実際に生むか〉という問いを扱う、十分な哲学はたいして存在しない。そのような哲学が存在するための諸条件は、たしかに複雑で、現在は不明確である。しかし、それらの条件がいかにして満たされうるかが——もしそもそも満たされうるなら——我々に分かるのは、〈価値が多元的であり、衝突し、還元できないとはどのようなことか〉について現在知っているよりもよりよく理解した場合に限るだろう。これは、とりわけ、価値の衝突を理解することを意味している。なぜならば、価値の衝突こそ、体系家たち（systematisers）（その極限の、還元主義者たち（reductionists））が克服しようと考えているものであり、他方で、バーリン流の精神にのっとる多元主義者が除去できず、あとかたもなく解消することなどできないと考えているものだからである。以下のコメントも衝突という主題にまつわるものとなっている。

実際、これは広範な主題である——先行研究が示唆するかもしれないものよりも遥かに広大な主題である。この主題についての先行研究は、価値の衝突を、非常に偶然的で表面的な場面を除いては、社会的・道徳的思考の病理とみなし、克服すべきものと——分析哲学とその先駆者の伝統においては理論化によって、またヘーゲル主義ないしマルクス主義的な解釈においては歴史的なプロセスによって克服すべきものと——みなしてきた。私の見解では——これはバーリンの見解でもあるが——価値の衝突は必ずしも病理ではまったくなく、人間の持つ諸価値に必然的に含まれるものであり、それらの価値の十全な理解においては中心的なものとして捉えられるべきものである。私はまた――バーリンはそうは考えないだろうが――衝突の克服が必要な場合、この「必要」は純粋に論理的性質のものではなく、純粋な合理性の要請でもなく、むしろ社会的あるいは個人的必要の一種であり、その圧力は歴史上の特定の状況では感じられるが他の状況では感じられないようなものだと考える。

以下で扱うのは、ひとつの立場内での衝突（one-party conflict）である。これを、ひとりの人間の中での衝突として考える。（もちろん、企業やそれに類する行為主体内部での方針の不一致のような、ひとりの人間ではない立場内の衝突もあるが、現在の目的においては、そうした衝突は、ふたつ（あるいはそれ以上）の立場間の衝突のうちの、手続きや目標が同意されているという文脈での特殊な事例として捉えることができる。）客観性についての認識論的または意味論的問題に主に関わる哲学的探究は、ふたつの立場間の衝突に自然と集中する。この場合に問題となるのは、不一致を解消することであり、それぞれの立場が価値信念について調和した集合を持っていると想定されている。この想定に通常ともなっているもうひとつの想定は、ふたつの立場間での衝突についてどのような結論になろうとも、少なくともひとりの人間内での衝突は必ず合理的に解消可能であるということである。ともあれ、合理的行動の理論は、理性的行為者にとっては自分の持つ価値の集合内の衝突を最小限にするというのが議論の余地のない目的だとみなさなくてはならない。特に、個人間の価値の衝突には必ずしも合理的解決の余地があるわけではないと考える人でさえも、この想定を置いている。

この想定は、実際は理にかなっていない。さらに、この想定を個人間の衝突を合理的に解消することについての懐疑論と結びつける人にとっては、この想定は二重に理にかなわない。というのもひとりの人の価値の衝突のうちあるものは、さまざまな社会的源泉から複雑に受け継がれた諸価値を表明しており、我々が衝突として経験するものは、ふたつの社会間の衝突あるいはひとつの社会内のふたつの歴史的状態間の衝突でもありえたものであり、おそらく実際にそうして衝突してきたものだからである。同じ論点はまた、反対の方向にも現れる。自由と平等の対立の問題のような、社会における価値についての典型的な論争は、単純な考え方を持つ平等主義者の集団が同様に単純な考え方を持つリバタリアンの集団と対立する、という形で最もよく起きる、というわけではない。むしろ、人間の諸価値をより幅広く身に付けたひとりの人が、自分自身の中に見出しうる衝突なのである。

実際に最も多く研究されてきた、ひとりの人の内部での衝突——いわゆる諸義務の衝突——を、まずは簡潔にであっても考えてみるのがいいだろう。これは、最も直接に行為の理由とつながる、価値の衝突の領域である。その意味ではこれは全面的に典型的な衝突というわけではないが、いくつかの有益な考慮要因を提示する。特に、義務の衝突が示してくれるのは、どうしたら、衝突が実際にあり、かつ、関連する双方の義務が現実に存在して現実にその状況に適用されるけれども、衝突が必然的に病的なのではないということがありうるのか、といういくつかの仕方である。

これらの事例は、衝突が単に見かけだけであり、実際にはふたつの衝突する義務などまったくないという非常にありふれた事例とは基本的に異なっている。たとえば、ある行為者が父親と〈父の死後に、あるチャリティを支援する〉と約束したが、後になって、財産不足のため、チャリティの支援と、たとえば、自分自身の子供たちへの援助――これは自分が行うべきだと感じている――の両方はできないことが分かったと仮定しよう。この問題が解消されるひとつの場合としては、この約束には、〈この約束は自分の子供たちへの援助などを行ったあとにまだ十分な財産が残っていた場合に限って効力を持つ〉という暗黙に了解された条件がついていたと誠実に考える理由が彼にある、という場合がありうる。この考えが健全であったかどうかは、もちろん歴史的な事実と判断次第である――単にそれが窮境を解消するからというだけでは、この考えは健全なものとはならないだろう。しかし、もしこれが健全ならば、衝突はまったく存在しない。義務のひとつが消滅したのだから。

「一見自明な義務」(*prima facie* obligations)という多義的な用語に助けられて、この比較的容易な種類の事例を義務の衝突を解決する見本だと考えたくなる誘惑がある。〈すべてを考慮したなら、私がすべきことはふたつのことのうちせいぜいひとつだ〉という明白な事実は、〈すべての物事を考慮したなら、ただひとつの義務しかない〉という考えと等しいものだとみなされる。だが、これは誤りである。現実のこの種の事例では、一方が他方に優越する(outweigh)とはいえ、たしかにふたつの義務がある。優越する方は、より大きな切迫性を持っているが、優越された方にもまたある程度の切迫性がある。このことは、その義務が優越されたことによって不利益を被る人たちに対して、その埋め合わせに、私がなさねばならないだろうことによって現れる。その埋め合わせは、私が単に説明し謝罪しなければならない、ということかもしれないし、あるいはもっと実質的な償いの行為をしなければならないかもしれない(この問題について考えるときに「べしはできるを含意する」(*ought* implies *can*)にひどく依存する人々は、なぜ――特に、義務の衝突が私の落ち度によって生じたのではない場合に——私がこれらのうちのどれかをなさねばならないのかを考えなければならない)。他方、一方の義務が本当に他方によって優越されるという事実は、私が選んだ行為に対して、その行為から不利益を被る人々が持つ不平が正当化されるわけではないという考察に現れる。彼らは、私の償いや、償わなかったということについて不平があるかもしれない。しかし、もしその義務が実際に他によって優越されたのなら、おそらく義務の衝突が私の落ち度であった場合を除いて、私が彼らになすべきだったことをしなかったということに対して、彼らのいかなる不平も正当化可能ではない。

しかしながら、「悲劇的」な種類と呼ばれるような、もっと激烈な種類の事例では、[*2] 行為者は、自分がすることは何であれ不正になると考えることが正当化される。すなわち、互いに衝突するような複数の道徳的要請があり、それらの要請のどれひとつとして他より優先(override)したり優越したりしない場合である。この事例においては、行為のさまざまな道筋の中のひとつが、すべてを考慮したなら採用した方がよい選択だということが熟慮の結果浮かび上がってくるということはありうるが、その場合でも、各々の道筋が道徳的に要請されるものだということが真であり、また真であり続ける。あるレベルにおいては、これは、行為者が何をなそうとも、最も深いレベルで彼には後悔を感じる理由があるということを意味する。このような事例で、もし我々が、犠牲者たちの不平は正当化されているとは必ずしも言わないとするならば、それは、このような事例が不平を超越したところにあるということがありうるからであり、それはまたそうした事例が、いかなる賠償行為も適切となりえないような超越したところにあるということがありうるのと同じである。

私はここで、このような状況の論理について細かな問いを提示しようというのではない。[*3] 目下の論点は、上のような事例を、論理的な首尾一貫性が欠如した場合であり、それぞれの道徳的諸要請が自分に当てはまると行為者が考えたことは正当化できなかったり合理的でなかったりしたのだ、と仮定することは誤りに違いないということである。これは、間違っているのは行為者の置かれている状況それ自体――これは彼の落ち度で生じた状況かもしれないしそうでないかもしれない――なのに、道徳的状況に関する彼の思考に間違いがあるのだと示唆することによって、行為者が抱える問題の源泉を取り違えることである。より広い形而上学的根拠にもとづいて、いかなる行為者もそのような状況に出会うことはありえない、と論じる人々がいるかもしれない。だが、仮にそのような議論があったとしても、その議論が生むのは形而上学的不可能性か、何らかの仕方の道徳的不可能性であって、そのような状況にまつわる諸判断が矛盾していたという証拠ではない。ここには実質的で興味深い問いがある。すなわち、「ある行為者が、自分が何をなそうとも不正であるという状況に置かれることがありえないとしたなら、世界とその行為者についてどういうことが真でなくてはならないだろうか」という問いである。実のところ、このような保証をするには、干渉的な神の存在か、あるいは道徳的生活を効率の良い行動に関する規則へと完全に還元すること――道徳的経験の実際の場所をまさに除外するふたつの極端な場合――以外にはありえないのではないかと、私は疑っている。しかし、ともかくもこれは現実の問いである。これが現実の問いでなくなるのは、正しい答えが〈この不可能性が成り立つのはそれが道徳的表現の論理によって保証されているからなので、世界や行為者について何かが真である必要はない〉というものである場合だろう。

このことにおいて、このあたりの領域の他の問題と同様に、論理的および意味論的理論は、経験と、反省的な行為者が自分の言うべきことについてどう感じるかということに対して、きちんと応答しなくてはならない。同時に、これらの経験が、道徳的思考の地位についての一般的観念を使っての解釈を必要とする――たとえば、客観性という点に関して――ということは、もちろん真である。我々の道徳的経験が倫理の客観性という観念に導くという特徴を持つという点に関しては、道徳的衝突という経験がまさに客観性の観念を最も強くもたらすものであるということは注目に値する。ある人にとっては礼儀正しく、高潔に、ないし適切に行えることが何ひとつないということは、我々の意志や傾向性から確固として――道徳性についての他のどの真理とも同じくらい確固として――独立したひとつの真理であるように思わる。実際、この真理は意志や傾向性から独立であるが、だからといって、そのことからこの真理がその人がどういう人であるかということからも独立だということが導かれるわけではないし、そのような印象がその人から独立した物事の秩序を表しているということが導かれるわけでもない。

義務の衝突は、明確に特定された諸行為の間の衝突であるという点で特殊だが、それらの衝突のうち悲劇的な場合は道徳的思考の通常の筋道を超え出ているという点でもっと特殊である。しかしながら、バーリンが最大の関心を持ったものも含め、我々が抱える衝突の非常に多くは、行為の解釈がそれほど確定的ではなく直接的でもないレベルにある。自由、平等、平等以外の正義の表れといったさまざまな価値は、たしかに理想や目標として衝突しうる。とはいえ、直接に提示された行為の道筋とこれらの諸価値とのつながりは、しばしば問題を含むかもしれないし、逆向きには、提示された行為の複数の道筋の間での選択は、ある場合には、ただ不確定な仕方でのみ、これらの諸価値への訴えによって導かれたり形成されたりするかもしれない[*4]。

特定の行為や方針の選択からさらに遠くにあるのは、勇気、優しさ、誠実さ、精神の自立などの賞賛すべき人間の性格特徴、すなわち徳の評価である。我々はまた、これらすべてを平等に表明し、具体化し、奨励することのできる社会制度や社会の形態は存在しないことを知っている。ユートピア主義のひとつの形態——たぶん基本的な形態——は、すべての本当に価値がある人間の性格特徴が等しく調和的に発揮されるような社会というものが達成可能だという仮定から構成されている。歴史の流れの中で徳として受け入れられてきた性格特徴のすべてをそのように連結することが不可能なのは明白なのだから、徳とは何であるかということに関するいくつかの見解は退けられなくてはならない。より洗練されたユートピア主義者たちはそうした徳を虚偽意識の諸形態だと言って退ける。その虚偽意識は、ユートピアの構造を生むのと同じ反省によってあらわにされると考えられる。中でも分かりやすい——分かりやすすぎる——事例が、労働者階級の服従である。

この例やその他の事例は、徳とされるものを批判することは可能でなければならず、道徳や社会についての発展した哲学のひとつの目的はそうした批判を提供することでなければならないということを、我々に思い起こさせる。しかし、このような批判を認めてさえも、ユートピア的希望にはほとんど実質はない。この希望についてバーリンの懐疑主義を共有する人々——そして、おそらくこの希望を実行しようとする試みに対するバーリンの恐れをもある程度共有している人々——は、社会は新たな徳や理想を、ことによるとより広範囲な徳や理想を、認定し表明する方向へ変化しうると考えるだろうが、他方で、同時に取り返しのつかない損失もあると考えるだろう。ある時点のある選択において、ひとつの価値が他の価値と対決させられねばならないのと同様に、通時的に見たときにも、〔新しい徳や理想が受け入れられることで、それと対立関係にある〕真正な人間の価値が失われて行く。

彼らのうちの幾人か（バーリンもそこに含まれると私は思うのだが）は、「諸価値の損益を計算できる共通の通貨など存在しない。それらの価値は単に多元的だというだけでなく、本当の意味で通約不可能である」という、さらなる命題を信じているだろう。しかしながら、ここまでの議論の全体的な流れに共感するその他の人々の中には、この点で抗議する人もいるかもしれない。〈諸価値は必然的に衝突し、ある価値を肯定することは必然的に他の価値が失われることを意味する〉と言ったからといって、それらの価値が通約不可能であることまでが論理的に帰結するわけではない。他方、損失に言及することが、それ自体として、それらの価値が通約可能であることを論理的に帰結するわけでもない。人は、価値のある次元での損失を、価値の他の次元での損失量と比較することなしに記録しておくことができる。しかし、何らかの比較が可能でない限り、どのような全体の結果が選好されるべきか、そして衝突した価値のどちらが選ばれるべきかについて合理的に語りうることは何もない——これはたしかに失望させる結論である。何らかの全体的な比較は可能であるし、そしてそれが可能なら、ある程度は、これらの価値は通約可能である、と言われることになるだろう。

この反論は、さらに推し進めることができる。諸価値が通約不可能であると言う場合、通常は自由と平等のような一般的な価値が通約不可能であると言われる。これは、〈これらの価値の請求が衝突するときはいつでも、それらの請求を比較する方法や合理的に判定を下す方法はない〉ということを含意しているように思われる。だが、これを信じることのできる人はいないだろう。なぜなら、明らかに、ある変更が（たとえば）あまりに些細な平等の利益のためにあまりにも大きく自由を犠牲にするため、自由を信じる人の誰も合理的にそれを選ばないだろう、というような変更はありうるからである。したがって、諸価値がそれ自体として通約不可能であるということが偽であるか、さもなければ、通約不可能性はそれほど落胆させるようなものでなく、また、仮定されてきたほどは深い特徴ではないか、いずれかだということになる。

これらの反論があるにもかかわらず、価値は通約不可能だという主張が言っていることの中には、たしかに正しく重要なことが含まれている。実際、それが言う正しく重要なことはひとつだけではない。この主張は、解釈次第で、少なくとも四つの異なる否定を含んでいる。これらの否定は弱いものから強いものへと並んでおり、このリストの後の方のものを受け入れる人は前の方のものも受け入れることになる。

(1) 諸価値のいずれの衝突をも解消することのできる単一通貨は存在しない。
(2) 諸価値が衝突するどの場合においても、衝突している価値のいずれとも独立し、その衝突を解消するために訴えかけることのできる何らかの価値があるということは真ではない。
(3) 諸価値が衝突するどの場合においても、その衝突を合理的に解消するために（独立しているかどうかにかかわらず）訴えかけることのできる何らかの価値があるということは真ではない。
(4)いかなる諸価値の衝突も、決して合理的に解消することはできない。

(4)は通約不可能性から反対者が導き出す立場であり、彼が正しくもあまりにも失望させる立場だと主張するものである。しかし、他の立場がまだ残っており、そしてこれらの立場は些細でも皮相でもない。

これらの立場の中で、(1)はこの特定の命題を超えた興味深い問いを生じさせる。明らかに、通約不可能性は何らかの仕方で(1)を含んでいなければならない。しかし同時に、ある意味においては、諸価値の通約不可能性を主張する人でさえも、自分自身の主張の真意を損なうことなしに、(1)が偽であり、比較をするための普遍的な通貨があることを受け入れることができる。そしてこのことは、この主張と諸価値の間の合理的選択という問題との関係は、当初思われていたほど簡単なものではないということを示している。

私は、比較のための普遍的通貨となりうる唯一のもっともらしい候補は〈人々の選好充足という現代的な意味での〉効用だと想定している。〈効用が普遍的通貨を与える〉という、この考え方の最も基本的なバージョンは、〈すべての価値は、何らかの仕方で効用の変種または応用である〉というものであり、この意味で捉えたとき、諸価値は通約不可能であるという主張は、当然、普遍的な通貨という考え方を否定する。実際、このバージョンでは、そもそもひとつ以上の価値が本当に存在するかどうかも、したがって、諸価値の間に現実の衝突があるかどうかもはっきりしない。他方、功利主義のいくつかの間接的な形態は、〈効用という普遍的な通貨が存在すること〉と同時に、〈効用に照らして間接的に妥当化される（validated）多様な価値は、それらの諸価値の間に認識可能な衝突を生じさせるには十分なほど個々に独立していること〉の両方が事実であることを望むだろう。この種の見解が、どれだけ安定し首尾一貫したものであるのかは、明確ではない。いずれにせよ、これらの見解は、等しく、ここで検討されている〔諸価値の間に普遍的通貨はないという〕主張によって否定される。

功利主義のこれらのバージョンは、次のような特徴を持っている。すなわち、効用へ訴えることは、他の価値に訴えることと合理的にはまったく同じ種類のこと（all of a piece）なのだから、効用は普遍的な通貨なのだ、という考え方である。これらのうち最も強力なバージョンでは、効用は、他の諸価値といわば同質（homogeneous）である――これらのさまざまな価値は効用の単なる変種にすぎないのだから。間接的なバージョンの方では、効用へ訴えることは、諸価値を一般的に正当化するもの、という特定の場合へと効用を応用することである。しかし、どちらの種類の功利主義者でもない人であっても、効用が衝突する多様な価値とこのようなしかたで同質だということはまったく受け入れないままに、なお、効用はたしかに唯一存在しうる衝突の解消策なのだと考えることはありうる。彼は以下のように考えるかもしれない。効用もまた、他の諸価値と非常に異なる、あるいはいくつかの点において異質でさえあるもうひとつの価値であるが、それでも効用は、どんな衝突においてもそこから抜け出すために最後に訴えかけることができる、という点では唯一のものである、と。そのような人が、〈効用が衝突の解決に向けて訴えることのできる唯一のものだ〉と考えているというのは非常にありそうにないことだと思う。彼が、他の何らかの価値によって解消される衝突もあると考えていることはありそうであるが、その彼が他の価値への訴えが失敗したときに、常に訴えることのできる唯一のものが効用であると考えていたとしてもおかしくはない。おそらく、「効用」それ自体をどう理解できるかについて彼はひどく楽観的である。しかし、彼は――そして、これが現在の論点なのだが――通約不可能性の主張に必ずしも反対するわけではない。諸価値が衝突している状況で効用を仲裁者として持ち込むことはできると考えるけれども、その事実をもって効用がほかの諸価値を測定する方法となっているとみなすには、あまりにも他の諸価値の外側にある、と彼は考えるだろう。この見方は、義務の「悲劇的な」衝突と関係して我々が遭遇したものの見方をより広く応用したものと言えるだろう。その見方とは、ある特定の場合には、すべてを考慮した上で考えるなら、それをなすべきだ、というような選択肢があり、したがって他のやり方ではなくそのやり方で衝突を解消する理由も存在するのではあるが、その事実にもかかわらず、その衝突に含まれる諸要請は十分には満たされていない、というようなことがありうる、という見方である。

(2)は、(1)と別個のものである部分においては、明らかに正しいように見える。なぜならば、普遍的な通貨が存在しない限り、何らかの特定の衝突において決定を下しうる第三の価値があるかどうかはたしかに偶然的だからである。さらに、今しがた議論したばかりの論点と類似した論点がある。すなわち、もし決定される価値が、その衝突に関わる諸価値と本質的に関連していなかったならば、我々がひとつの決定あるいはその決定の理由を得たとしても、その決定や理由は、本来含まれていたいかなる諸価値の本当の通約可能性をも支持しなかっただろうということである。

(3)は、どうだろうか。ここでは、問われているのはそもそもどのようなプロセスなのかという疑問が生じうる。ふたつの価値の対立を、そのうちの一方の価値に訴えることによって合理的に解消するということがどのようにして可能なのだろうか。たしかに、この見出しの下に属するよく知られた議論のパターンがある――その議論においては、価値Aと価値Bの対立は、〈Aを肯定することは、たしかにBをある方向においては減少させるけれども、同時にBを別の方向では増大させることにつながるだろう〉という考慮によって解消する、あるいは少なくとも緩和される。たとえば、ある人々の自由をある程度犠牲にしながらも平等を増大させようとする提案は、それらの提案がある人々の（通常、同じ人々ではないが）自由を増大させもするという考慮によって、しばしば擁護される。バーリン自身は、この種の議論の還元主義的側面に対して、平等と自由は別個の価値であると主張して非常に強く抵抗した。平等と自由がふたつの別の価値で、どちらももう一方へ還元できない、というのは実際真である。にもかかわらず、平等を増大させることは自由を増大させうるということ、そしてこのことは、（平等が正義の一形態として価値を持つということに加えて）平等の増大を求めるもうひとつの理由となりうるということもまた真である。

私の見解では、この種の議論は健全なものでありうるが、もちろん、これは諸価値を通約不可能だとはっきりみなすタイプの議論ではない。この議論の効果はまさに、AやBといった価値を、その特定の事例で通約可能なものに近づけることにある。ひとつの価値を別の価値に還元することに抵抗し、通約不可能性の主張を支持する人は、この議論が必ずしも成り立たない、あるいは一般的に成り立つわけですらない、と主張するだろうし、それによって(3)に同意するだろう。しかしながら、彼（通約不可能性の主張を支持する人）は、必ずしも前述の結論に達することを妨げられているようには私には思えない。前述の結論というのは、煎じ詰めれば、AとBのある衝突において、Aに関して獲得される量はBに関して失われる量よりも（いわば）大きい、というものである。これは、AとBが通約可能であることを明らかに認めているように見えるかもしれない。しかし、私が思うに、この論点が効力を持つように見えるのは、ひとえに、もし所与の事例でAとBが互いにこのような種類の関係を持つならそれは、その事例において、〈Bについてそれが失われた量よりも多くAについてそれが得られた〉と言えるような何かひとつのものが存在するからだ、と仮定されているからである。しかし、この種の結論が健全であるためには、そのような何かが存在する必要はなく、そして、もし通約不可能性の主張の支持者が正しいのなら、そのようなものは一般に存在しはしないだろう。

彼〔通約不可能性の主張の支持者〕は(1)、(2)、(3)のすべてを支持するだろう。そして、健全で尊敬に値する人々がさまざまな価値にさまざまな重要性を付与し、多くの困難な衝突事例の解消法について彼らが同意しないだろうという事実にもまた強い印象を受けるだろう。しかしながら、彼の立場の記述には、先に言及したユートピア主義に対する抵抗が含まれるということもまた重要である。ユートピア主義の理論家は——イデオロギーという概念を用いる人について考えよう——現在の社会を解決不可能な衝突、通約不可能な諸価値などの点から説明することに同意するかもしれない。そして彼は、断固として、我々の道徳性を倫理学理論へと体系化することによってそれらの衝突を解消し不明確さを減らそうとする、分析哲学者やその他の人々に抵抗するだろう——このこと自体がイデオロギーに汚染された企てであるに違いないからである。しかしながら、超越されるべきは現在の社会であると彼は考え、そして、より良い条件のもとでは衝突はより少なくなり、虚偽の価値は捨て去られると考えるだろう。彼はまた、そうした超越を純粋に技術的に達成されるものとは捉えないだろう——ドラッグや脳手術によって、諸価値の衝突を減らしたり、より扱いやすい価値を植え付けたりすることがありうるということには誰もが同意するだろうが。疑いなく、彼は、啓蒙や洞察という観点から——もちろんその啓蒙や洞察は疑いもなく社会的なアクションにもとづくものであるが——その超越を捉えるだろう。ユートピアに懐疑的な人は、この種の啓蒙や洞察がそこから生じるような場所が存在しうるのかということに疑いを持つ。というのも、諸価値の今の姿についての彼〔懐疑的な人〕の理解からすれば、現在の不整合が損失なしに根本的に乗り越えられる望みはまったくないからである。もしかすると、諸価値がそれほど衝突せず、より明瞭に表明され、より効率的であるような社会を生むことができるかもしれないし、人々は、このような状態に一旦到達してしまった後では、損失を感じないかもしれない。しかし、このことは、損失がないということを意味するわけではない。意味しているのは、〈損失の感覚がない〉という別の損失があるということだろう。

　しかしながら、イデオロギーについてのユートピア理論家と、ユートピアについての多元主義的懐疑論者は、少なくともひとつの点で同意しうる。それは、〔道徳的信念を体系化するという意味での〕哲学的な倫理学理論を作ることによって我々の衝突を減らそうとし、道徳的な不確実さを除去するルール作りを行おうとする企ては、見当違いだという点である。このような倫理学理論家は、道徳的信念の衝突を理論的な矛盾の一種と捉え、道徳的理解に対して理論的合理性と妥当性を適用する。ここに含まれる誤りはひとつだけではない。仮に、我々の諸価値の衝突が必ずしも病的なものでないのならば、あるいは、ある種の複数の義務の衝突の場合のようにその状況に問題がある場合でも、衝突が生じるのが我々の思考の論理的な難点ゆえでないのならば、衝突を除去したいという必要性を、理論的体系を適用するような種類の、純粋な合理性の要求だとみなすことが誤りなのである。むしろ、衝突を減らし我々の道徳的思考を合理化しようとする実際に存在する必要性は、もっと社会的で個人的な基礎の上に立つものとして考えるべきであろう。

とりわけ、現在の複雑な社会においては倫理的重要性を持つ機能は公的機関によって実行されている。そして、もしその社会が比較的開かれたものであるならば、それらの諸機関が説明責任を持つ（answerable）ことができる説明可能な秩序によってこの機能が運営されることが要求される。「直観」は、個人的生活や密接に前提を共有しているような場においては役立つだろうが（そしてそれ以外に役立ちうるものはない）、公的で、広く、非人格的なフォーラムにおいては役立たないだろう。このことは「不完全な合理化」を使うとうまく解説できる。「不完全な合理化」とは、それ以上の理由が与えられることなく導入されたある区別が、私的な関係やそこそこ個人的な関係では合意の根拠となるが、公的秩序が公的な答えを要求する場においてはその役目を果たさない、ないし、もはや果たさなくなる、という状況のことである。近年議論されてきている例をひとつ挙げるなら、妊娠中絶――これは許容されている――と新生児殺し――これは許容されていない――の区別は、道徳感情が共有されているある種の文脈においては、さらなる理由を必要とすることなく、おそらく自然に支持されうる区別である。さらなる理由が必要とされていないという事実は、この区別が不合理である（irrational）ことを意味するわけではない。それが意味しているのはただ、この基本的な区別は、それを支持するために提示されうるいかなる理由よりも直接的な説得力を持つものだということである。別の言い方をするなら、「それは子供だよ、殺すなんてありえない」という言明は、その言明がなぜ理由になっているかを示すために提示されうるいかなる理由よりも、理由として説得力があるということである。開かれたシステム（つまり、説明を与えることが求められるシステム）において、公的で説明責任のある機関によって妊娠中絶が実行される際に、このような道徳感情の文脈がなお生き残り、それで十分だ、ということも可能かもしれない。しかし、それで十分だとはみなされず、合理化のさらなる要請があると感じられることもあるかもしれない。もしそういう要請が感じられるなら、それは純粋な理性の請求（demand）ではなく、ある種の社会秩序の請求である。「不完全な合理化」の領域において、この解説は、これと密接に類似した価値の衝突の事例にもまた当てはまる。

しかしながら、社会秩序からのこれらの請求は、私的感情に対しても含意を持つ。私的感情と社会秩序の規則はお互いからあまりに遠くへと流されていくべきではない、というのは、個人にとっても社会にとっても重要なニーズである。仮に、特定の道徳的意義を持つ機能（たとえば医療の機能）がある非個人的で公的な領域で果たされ、重要な価値を表明し奨励する、より多くの活動が公的に行われるとしよう。そのとき、私的な理解――これはかなり多くの「直観」や解消されざる衝突ともうまくやっていくことができる――と、社会的秩序――これは、そうした秩序が説明責任を果たすものであってほしいという倫理的野心を我々が諦めてしまわない限りは、もっと少量〔の「直観」や解消されざる衝突〕としかうまくやっていくことはできない――との間には、何らかの新たな調停がなされなくてはならない。それと同時に、社会秩序は、説得力を持つためには、そしてまた人間の経験を押しつぶしてしまわないためには、私的な感情と――社会規則には真似出来ないレベルで「直観的」であり続け、衝突に対して開かれたままであり続ける私的な感情と――適切に結びつくことのできる方法を見出さなくてはならない。というのも、直観的な条件は、単に私的な理解がそれとうまくやっていくことができる（can）状態だというだけではない。私的な理解は、そのありよう（life）の一部として、その〔直観的な条件という〕状態を持たねばならない。もし、私的な理解というものが、ある程度の密度や説得力を持ち、価値ある種類のありよう――人々が語りうる以上のものを感じ、説明しうる以上のことを把握しているという場合にのみ彼らが持つようなありよう――であることに成功しそうならば、であるが。

ロールズは、〔道徳的確信という意味での〕直観と倫理学理論との間の「反照的均衡」について記し、これが道徳哲学の達成目標であるとされた。むしろ、もし哲学が、現代の世界における衝突と合理化の関係を理解しようと思うのなら、哲学は、私的なものと公的なものの間での均衡――これは実践において達成されるべきものであるが――を目指すべきである。

第六章　美徳としての正義

私はここで、アリストテレスの『ニコマコス倫理学』第五巻での正義の取り扱いの一部の論点を特に取り上げて考えるつもりである。だがその目的は、性格の美徳のひとつとしての正義についてごく一般的な問いを提出することである。私が関心を持っているのは、アリストテレスが「部分的」正義と呼んだもの、つまり、さまざまな性格の美徳の中のひとつとして考えられた場合の正義である。彼が言うには、この性向（disposition）には、ふたつの基本的な適用分野がある。それは、配分的なものと是正的なものである。この区別自体は我々のここでの関心ではなく、またこれからの論議はほぼこのペアの前のもの（配分的なもの）についてのものとなる。部分的な正義と不正義は、ある財（goods）のクラスと関わっている——すなわち、「幸運や不運に依存するようなもの、しかもそれ自体として考えれば常に善きものであるけれども、ある特定の人にとっては必ずしも善きものであるとはかぎられないようなもの」（1129b 3–5）に関わっている。これらの財は 1130b で、名誉、財貨、安全として列挙されている。これらは「分割可能な」財であり、典型的には、ひとりがより多くをとれば、別の人はより少なくとることになるという特徴がある。

そもそもの初めから、アリストテレスは部分的不正義（アディキア *adikia*）を、彼がプレオネクシア

(*pleonexia*) と呼ぶもの——これは、貪欲、より多くを求める欲望、他人より多くを求める欲望などとさまざまに訳しうるが——と結びつけている。この性格特性をアリストテレスは部分的不正義を規定する動機だとしている。

もし利得を得るために姦通しそれによって実際に金を得る人と、欲望のゆえに姦通して金を払い損をする人がいるとすれば、この後者の人は「より多くとる人」（プレオネクテース）であるというよりは放埒な人だと受け止められるが、それに対して前者は、義《ただ》しからざる（unjust）人ではあっても必ずしも放埒な人ではない、と受け止められるであろう。こういうことになるのは、明らかに、利得を得るというその事実によってである。さらにまた、他のあらゆる義しからざる行為についても、それらをいつもある特定の悪徳に関係づけることができる。たとえば、もし姦通を行ったのならそれを放埒に関係づけることができ、仲間の戦士を見捨てたのならば臆病に、また、人を殴ったのなら怒りに関係づけることができる。しかしもし人が利益を得るのなら、我々はその行為を不正義（injustice）の他にはいかなる悪徳にも関係づけることができない。★1

この一節は第二章にある。そこでアリストテレスは部分的不正義を特徴づける刻印を見つけようとしている。「義しからざる」行為に対する言及が、一般的な意味で不正義であるような行為——つまり、おおざっぱに言って不正（wrong）な行為——一般に対するものであることは明らかである。アリストテレスの論点は、一般的な意味での正義に反するような行為全体から、部分的な意味で義しからざる行為を選び出す場合には、プレオネクシア（この言葉は議論のこの段階では金銭的な利得に対する欲望に限定されているが、それはどう見ても行き過ぎである）という動機に言及されることになるのだ、ということである。これがこの一節の意味するところである。しかし、その結論が厳密には何であるかということは明らかではなく、またその論証は、義しからざる行為と義しからざる性格というアリストテレスの区別に十分な注意を払ったものではない。悪徳としての部分的不正義がプレオネクシアという動機によって特徴づけられるかどうか、という問いと、部分的な意味で義しからざる行為がすべてそうしたものによって動機づけられているか、という問いは別物である。このふたつの問いは、かなり複雑な仮定を立てたときにのみ一致するのだが、それを明らかにするのがこれからやろうとしていることである。

この第五巻の後半で、アリストテレスは行為と性格の区別を直接に扱っており、また彼の通例に従って、責任について各種の区別を置いている。第八章で、彼はまず無知からなされた行為を考察し、それらをさまざまに区別している。この種の仕方で非自発的に行為する人物について、彼はそうした人々は偶然的以外には、正しくも不正にも行為していない、と言う。すなわち彼らが行ったことがたまたま正しかったり不正だったりするにすぎない。その他には、無知からでもなく、また熟考の上でもなく、むしろ、何らかの情念から行為した場合、その行為はたしかに義しからざる行為でありうるが、しかしその行為者は義しからざる人物ではない、ということがありうる。熟考の上で不正に行為した人は、完全な意味で不正義の悪徳を持っており、完全に義しからざる人物である。

ここまでのところが、悪しき行為と、それの性格や意図との関係についての標準的なアリストテレス的学説である。無知によって非自発的な（もっと単純に言えば、非意図的な）行為を脇によけるなら、我々は、意図的な行為のうち、情念の産物でありのちに後悔されるような行為と、安定的な性向や性格的な悪徳の一表現であるような行為との区別に集中することができる。適切な点で意図的であり、何らかの望ましくない特徴Vを持つ行為を考えると、その区別は次のようなものの間の区別である。

(A) Vである行為ではあるが、Vである人物の行為ではないような行為

と、

(B) Vであり、かつVである人物の行為でもあるような行為

である。アリストテレスの取り扱い方では、性格の悪徳について通常の状況では、ある行為がVである必要条件は、それがある特定の動機——情欲、恐怖など何であれ——の産物であるということである。

これと並ぶ行為のもうひとつの区別が、その動機による区別である。すなわち、利得に対する欲望（プレオネクシア）に動機づけられたものと、それ以外の動機によるものである。さて、(A)と(B)の間の区別は標準的には次のようになされている。(A)の行為は、後で後悔するようなある種の動機がエピソード的に現れたものであり、そのある種の動機とは、(B)をする人、つまりVである人を通常動機づけているものである。しかし、(A)の義しからざる行為が必ずしも利得への欲求によって動機づけられているわけではないと

いうことは明らかである。アリストテレスの代表的な配分の事例を取り上げてみれば、ある人物が、ある特定の機会に、性的征服への期待や、受け取り人に対する悪意に圧倒されてしまい、それと知りながら義しからざる配分を行った場合、彼の行為はたしかに義しからざる行為であるだろう。

漠然としたものではあるが、アリストテレスの主張のもうひとつもこの結論に結びつく。中庸を正義に適用する、あまりうまく行っていないおざなりな説明の中で、彼は次のように言う。「義しい（just）行為をすることが、義しからざる行為をすることと、義しからざる扱いを受けることとの中間であることは、明らかである。なぜなら、一方は、あまりに多く持つことであり、他方は、あまりに少なく持つことだからである。正義とはある種の中庸であるが、それが中庸であるのは、他のさまざまな徳と同じ仕方によるのではない。正義が中間的な量と結びつくのに対し、不正義が極端な量と結びつくからなのである」（1133b 3以下）。こうした見解にまつわる難点をすべて追及する価値はないが、この一節がぎこちなく認めようとしているのは、次のことであるように思われる。つまり、もしXが義しからざるしかたで扱われたとしたら、誰か別の人（1138a 15）Yが、Xに対して義しからざるしかたで行為している、ということである。しかし、Yが動機づけられているのが、情欲や悪意や怒りなどではなくむしろ利得への欲望だ、ということは、XがYによって義しからざるしかたで扱われることの必要条件ではない。

しかし、アリストテレスは自分の標準モデルによって誘惑されている。それによれば、プレオネクシアが義しからざる人の動機であるので、(A)の義しからざる行為は、プレオネクシアのエピソード的表現でなければならないはずである。この発想が 1137a 1 以下の絶望的な工夫に帰着する。「もし［配分する人が］

配分すべき量を知りながら、不正に配分の判定をしたのであれば、その場合、彼自身もまた、感謝や復讐を不公正に多く得ているのである。だから、略奪に参加した人と同じように、この種の理由で不正に判定をした人もあまりに多くを得ているわけである」。プレオネクシアを、この種のものをより多く手に入れることまで拡張するのは、何かおかしなところがあるはずである。そのようなケースで、義しい量の感謝や復讐とはいったいどのようなものになるのだろうか？

アリストテレスは正しくも次のように考える。

(a)それと知りながら義しからざる配分を実現する者は義しからざるように行為している。

彼はまた次のように明示的に主張する。

(b)不正義という悪徳の特徴的な動機は、利得への欲望である。

それに加えて、彼は次のようなことが帰結する標準モデルを受け入れるつもりのように見える。

(c)不正義については、(A)の行為と(B)の行為の違いは、動機が違うのではなく、その動機の性向的な下地が違うだけである。

これらの主張すべてを受け入れた場合の帰結は明らかに偽である。「部分的な」意味で不正義ではあるが、恐怖、嫉妬、復讐の欲求などの産物であるような行為というものがある。さらに、そうした義しからざる行為は、そうした動機の単なるエピソード的な表現ではないかもしれない。戦場から逃げ出す臆病な男は、臆病な仕方で行為しているだけでなく、不公正にも行為しており、そして彼は臆病さのゆえにそうする。このようにして、不正義という悪徳の表現ではないような義しからざる行為は他の悪徳から生じる場合がある。しかし、そうした他の悪徳に特徴的な各種の動機は、不正義という悪徳の特徴であると想定されているプレオネクシアという動機ではない。したがって我々がこれらが真であると認めるならば、(b)と(c)の両方を受け入れるわけにはいかない。

そうした臆病な男の義しからざる行為は、実は恐怖によってとともに利得への欲望のプレオネクシアによっても動機づけられているのだ、とされるかもしれない。彼は、安全という分割可能な善について不公平な取り分を得ようとしているのだ、と。この記述は、感謝や復讐の不公平な取り分などというものがナンセンスなのに対して、ある程度の真理を含んでいる。しかし、それはアリストテレスの問題の説明の困難を取り除くことにはならない。1130a 17 以降でははっきりと、プレオネクシアは恐怖のような動機とは対照的（contrasted）なものと捉えられており、そうした動機と共存するものだとか、それの産物だといった捉え方をしているわけではないからである。プレオネクシアとは正確にはいったい何であるのか、というより大きな問いについては、この論文の最後で戻ることにする。

(c)は、先に述べたように、次のふたつの問いを結びつけて扱うために必要な前提のひとつである。その問いとはすなわち、義しからざる性格はプレオネクシアという動機によって特徴づけられるのかという問いと、すべての義しからざる行為はこの動機の産物であるかどうかというふたつの問いである。(c)が述べているのは、義しからざる行為はそれぞれ、義しからざる性格の産物である義しからざる行為と同じ動機を持つはずだ、ということである。これが誤っていることは確かである。しかし、我々にその誤りが認識できるのは、我々が、部分的な意味で不正であるような意図的行為を特定できるからであり、そしてその特定はその動機に言及することなしにできるからである。我々がこうした特定を行えるのはアリストテレスのおかげであり、それは彼が分割可能な財を意図的に不正配分するといった基本的事例に注意を促してくれたからである。アリストテレス本人が義しからざる行為が見出されるべき複数の領域の目印を我々に与えてくれている。そうすることによって彼は、彼自身が否定するかどうかはっきりしないにせよ、(c)の想定を否定する上で強い立場に我々を立たせていることになる。

しかしながら、一部の義しからざる行為がその動機を云々しなくとも特定しうるという事実は、すべての義しからざる行為をそうできるということを含意しない。他の義しからざる行為は単にその動機から特定しうるかもしれない。特に、義しからざる性格に特徴的な安定的な性向的動機から生じている、ということによって特定されうるかもしれない。このようなケースでは、その不正行為は、分割可能な財の不正配分の場合のように動機から独立に特定できる不正行為とは同じタイプのものではないかもしれない。たとえば、そうした行為は性的な種類のもの、つまり、もっとよくあるしかたで動機づけられていれば、部分的不正義とは関係がないと思わるるような種類の行為かもしれない。アリストテレスがこの種の行為が存在すると考えていたのは明らかである。彼は不正義（アディキア）という悪徳を、ある種の動機（正確には後で示唆するようにある動機のクラス）であるプレオネクシアと結びつけており、それゆえ、彼は性向的にプレオネクシアによって動機づけられている人をアディコス（義しからざる人）と呼び、第二巻では、そうした人がそうした動機から行う行為はすべて、部分的不正義の行為であると述べている。アリストテレスはもちろん次のようにさらに論じることもできたであろう。すなわち、プレオネクシアによってエピソード的に動機づけられた行為ですら、その種のものはすべて部分的な意味で義しからざる行為である、と。すると彼は、アディキアとプレオネクシアは性格についてだけではなく、行為についても等しいという方程式を完成させることになるだろう。しかしながら、彼が実際にそう考えていたかは私には明確ではない。いずれにしても第二巻では、彼は性向的にプレオネクシア的であるような人間の、そのプレオネクシアの表現であるような行為は、義しからざる行為である、という立場に立っているように思われる。

さて、アリストテレスの議論からはいくぶん独立な形で、性格の状態としての正義と不正義の問題に向かいたい。私が集中したいのは、我々の概念内容がアリストテレスのそれと非常に明白に重なり合う領域、すなわち配分の正義である。美徳としての正義を取り扱うにあたって、このように集中してしまうことは一見すると非常に選択的ではあるが、その結論の一般的な形は、私が信じるところでは、もっと広い範囲に適用できるものではある。配分の正義を論じるにあたって、私はアリストテレスとは違って、我々が関心を持つのはまだ配分されていない財についてであるという想定は行うつもりはない。すなわち、いわば

「誰でも手にしうる」(up for grabs) 状態にあり、一群の受け取り手に対して、何らかの方法によって配分されることになっている財、というようには考えない。それだけでなく、我々は、財がすでに誰かの手に渡っており、むしろ問題はその人がそれを持つことが正当であるか、という事例も想定できる。我々は「配分」という言葉をそうした可能性を含むものとして拡張することにする。*1

配分の問題の場合、我々は「義しい」「義しからざる」という言葉を使うことができる三つの対象を区別することができる。配分者(それが存在するとして)と、方法と、そして結果との三つである。アリストテレスの取り扱い方が基本的に提出している問題は、最初のもの〔配分者〕と残りのふたつ〔方法と結果〕との間の関係に関わっている。しかし、方法とその結果の関係について、少し言っておくに値することがある。それは、正義に関して優先するのはどちらかという問いについてである。すなわち、義しい結果とは義しい方法によってたどり着かれるような結果だと理解するべきなのか、義しい方法とは、より基礎的なことととして、義しい結果に導くような方法なのか。一見したところでは、どちらに対してもそれを支持する事例がある。アリストテレスが好んだ事例は、配分の受け手の持つ関連する功績(merit)やふさわしさ(desert)が(少なくとも配分者によって)すでに理解されているような事例であり、したがって基本的な発想は、義しい結果についてのもの——すなわち、それぞれの受け手が、その人のふさわしさに比例して恩恵を受ける——である。そして、義しい方法とは、派生的に、そうした結果をもたらすような方法だということになる。一方、ある分割不可能な財が、同じような請求資格を持つ人々の間で割り当てられねばならず、人々がクジを引くことに同意している、という事例を取り上げると、話は違ってくる(クジを引くことは請求資格が等しくない場合にも採用されうる方法ではある）。こうした場合は、たとえばロビンソンがそれを得ることになった、という結果によっては正義が正義として行われているとは言えないし、また、その方法を義しい方法にしているものがその結果であるとも言えない。むしろ逆である。

この区別は見掛けよりは脆いものであって、どのように結果と方法が記述されるかに左右されやすい。たとえば、もしその方法そのものが、飢えた者に対して食べ物を割り当てるような方法であると記述されるならば、「ふさわしさ」は、単に結果ではなく、その方法そのものを特徴づけるものとなる。ここにある難点の一部はさほど興味深いものではない。それらは、方法や帰結といった概念に明白な不決定性があることから来ている。しかし、こうした難点を認めるにしても、正義が特定の結果というよりは、非常に限定的に方法の中に存するような一群のケースが存在する。こうしたケースでは、「何がAがそれを得る（あるいはAがその分量を得る）ことを公正（fair）にするのか」と我々が問うたとき、その答えは、Aが当の財を手に入れるようになるプロセスに言及することになる。さらには、そのプロセスに関わりのないAの特徴を、彼のその財に対する請求資格の根拠として持ち出すことも不適切となる。これはノージックの「権原理論」[*2]にも当てはまる。この理論では、誰かがあるものを義しく保有するのは、義しくそれを保有している誰かから、彼がそれを適切なプロセス（たとえばそれを購入するなど）によって受け取る場合、ということになる。そうした理論のもとでは、誰かが何かを受け取るというプロセスは、その人がそれを保有するという正義を構成するものであり、それと独立には結果の正義を評価するものは何もないのである。

これは、方法が重要であるという条件を満たす別種のケース、つまりクジによる割り当てというケースに似ており、示唆的であるとともに政治的にも重要である。もしロビンソンが〔クジで〕長いストローを引いたとすれば、彼がその財を得ることを公正にするのは、単純にそのストローを引いたのがロビンソンである、という事実である。我々はもちろん、もう少し先に進んで、ストローをクジとして引くことは、それ自体が、たとえば事前に同意された方法である、ということをつけ加えたいと思うかもしれない。我々がそうした追加をするからといって、方法の正義が、特定の結果の正義よりも優先的でなくなるわけではない。ロビンソンがその財を得るということの公正さを説明するにあたって、我々はいまだに本質的にはその方法に言及している。しかしながら、クジ引きやそれに類したプロセスのケースにおいては、我々は、その方法は前もって同意されていた、といったことを言うことができるのであり、この点は、権原理論と重要なコントラストをもたらしうる。クジ引きのケースでは、その方法を義しい方法あるいは公正な方法にするものは何であるのか、と問うことが可能なのである。

こうした問いに対する答えが、一般論という形で結果に言及することさえありうる。その答えが特定の結果には言及せず、特定の結果との関係では方法が優先するにしても、方法の結果に対する一般的な関係は重要であるかもしれない。たとえば、分割不可能な財を割り当てる特定の方法に賛成するためによく使われる議論は次のようなものである。その〔分割不可能な〕財をある人物に割り当てることになる確率は、同じ一般的な基準のもとで、分割可能な財をその人が受け取るのであれば適切であるような取り分と同じ比率だった、というようなものである（彼はケーキの五分の一の量と、チェスの盤駒一式を得る五分の一のチャンスがある）。同じような論点は、ある種の状況で、クジ引きに繰り返しの試行の余地があるような修正も可能である、という事実からも立ち現れてくる。たとえば、クジ引きの進行とともにある人の当選のチャンスを高めた方が公正だという考えのために、はじめの方の当選者が後のクジでは除外されるということがあるかもしれない。こうした仕方で、クジ引きのような方法の公正さを、結果の一般的なパターンに言及し、そうした一般的パターンに正義の観念を適用することによって、批判することは可能ではある。しかし、不思議なことに、ノージックの権原理論においてはこうしたやり方は利用できず、確立された譲渡の方法が公正な方法かどうかの問いに影響しうるような他の考慮要因もなさそうに見える。しかし、もし我々が自分たちの好む取引の方法が単に義しいだけでなく、疑いなく義しいと確信するためには、何らかの特別な論証がなされねばならない。特定の事例において、「正義」の概念が先行して方法に適用され、結果には派生的に適用される、というのは真理だが、その真理からこのこと〔ノージックの考える取引の方法が疑いなく義しいということ〕が単純に導けるわけではないのは間違いない。ノージックが推奨する財の譲渡の方法はこの特徴を他の配分方法と共有しているが、それらの他の配分方法に対しての批判はそれにも関わらず可能なのである。

しかしながら、我々の現在の目的のためには、方法と結果のどちらが優先的かという問題は二次的な問題である。中心的な問いは、方法と結果のいずれか一方と義しい人物という観念との関係についてであり、ここから先、私が「義しい配分」と言う場合、方法が当然優先すると考えられるようなケースと、結果に注目するのがより自然なケースの双方を含む。公正な配分という概念は、公正な人物あるいは義しい人物という概念よりも先行する。そうした人物は、義しい配分を促進する傾向があり、それを求め、それを支持するような人物であり、それは公正な配分が公正だからである。そうした人物はまた、よい方法を考え出したり、特定の場面で受け入れ可能な配分を提案することによって、義しい配分を見つけ出す（これはアリストテレスの「エピエイケース（品位ある人）」（1137b 34）、すなわち公正さを特に見分けることが得意な人物の特徴である）。しかし、ここにおいてさえ、その配分が生じる上で彼やそれに類する人がそうした義しい配分を思いつくことが必要であったとしても、その人物の性格とは独立にその配分を公正だと見てとることができるということは重要である。まったく気まぐれなものに見えるある特定の配分が、その人物のそれまでの前歴によって義しいとされるということはありえない（例外として、彼の過去の履歴によって、我々には見えないが彼が理解しているような他の何らかの考慮がこの事例に関わっているのだろうと我々が考えたくなる、という場合がありうるが、現在の問いにとってはあまり意味はない）。

正義という性向によって、義しい人は義しからざる配分に抵抗するようになる。それも、その配分にどういう動機が結びついていようともそれに抵抗しようとするのである。これは自分自身についてもまた中心的なものとして当てはまる。公正な振る舞いには、一時的にも性向的にも多くの敵が存在する。そして義しい性格の人物はそれらにうまく抵抗する。これが意味するのは、そうした人は、アリストテレス自身が主張するように、他の美徳をもまた必要とする、ということである。たとえば、勇気や自己統制である。しかし、正義の性向はそれ自体でも動機をもたらしうる。正義を追求し、不正義に抵抗しようという性向は、それ自体で特別な動機となるような思考を提供する。義しい人物であるためには、その人が性向的にある行動のコースを義しいものとして促進し、他のコースを義しからざるものとして抵抗する、ということが必要にして十分なのである。

では、不正義の性向とはどんなものだろうか。性向的に義しくない、ないしは不公正な人物であるとはどのようなことだろうか。その答えは明らかに、それは正義の性向を欠如しているということなのだ、というものでしかありえない――突き詰めて言えば、すべての人への公正さという考慮要因にまったく影響を受けず動かされもしないということでしかありえないのである。義しからざる人物であるということには、義しい人物がそれにもとづいては行為しないような動機から行為する傾向が含まれており、さらには、そもそも義しい人物が持たないような動機を持つ傾向も含まれている。不正義へ向かう動機のなかでも重要なものは、(めったに言及されることはないようだが)怠惰と軽率さである。何が公正であるかを考えることがあまりに面倒だったり、あるいはそれがあまりに退屈に感じられるために不公正な決定をしてしまう人々がいる。また別にむしろ、そうした不公正な結果が面白いとか気晴らしになると思う人もいる。こうした人々のきわめつけは、不公正だからこそその結果が面白い、ないし他の意味で魅力的だ、と思う人々である。

重要なことだが、今述べた最後の条件は、義しからざる人であることの中心的条件でもなければ最も基本的な条件というわけでもない。義しからざる人々を動機づける思考は、典型的には、正義と不正義の概念をこのようにあべこべなしかたで用いるものではない。しかしながら、こうした概念は義しい人の思考においては本質的なものとして登場する。有徳な人物を特徴づけるのが、部分的には、ある状況についてどう考えるか、そしてどんな概念を使うかということだ、というのは、徳というものについて決して例外的なことではない。正義について他と違うのは、義しい人は、自分自身に当てはめられるような概念を、結果と方法とに、類比的なしかたで適用しようとするということによって特徴づけられるという点である。このことがそれ自体、配分の正義が性格の正義より優先していることと関係している。

この解釈によれば、義しからざる人物を特徴づけるような動機というものは存在しない。それは義しい配分の唯一の敵なるものが存在しないのと同様である。特に、義しからざる人物は、必ずしも強欲であったり、より多くを自分に取りたいと思ったりしている必要はない。したがってアリストテレスが不正義をプレオネクシアに結びつけているかぎりで、彼は間違っているのである。*3 さらには、その間違いは、体系上のレベルでもかなり容易に診断できる。不正義という悪徳は、他の性格の悪徳と過剰に同化させられてしまっており、そのためアリストテレスはそれと結びつく特徴的な動機を探すことになってしまったのだが、しかし実は、他の悪徳とは違って、特別な動機を示さないということ、むしろそうした動機を欠いていることこそが、この悪徳の基本となっているに違いない。

ポイントは、単に「不正義」は動機の名前ではないということだけではない。それ以上に、義しからざる人物が、不正義であるがゆえに必然的に示すことになる特定の動機などは存在しないのである。特に、義しからざる人物が必然的にプレオネクシア——これは、他にどんなことをそれについて述べる必要があるにせよ、自分自身のために何かを欲するという考えはたしかに含む——を示すなどということはないのである。正義に反するように作用し、義しからざる人物において表現を得るような動機のすべてがこのパターンにぴったりと合うわけではない——重要な動機に限ってもそうではない。

しかしながら、それはいいとしても、プレオネクシアとは何だろうか。そもそもそれ自体は一種の動機なのだろうか。誰かをプレオネクテースと呼ぶとき、それはたしかにその人にある動機群を帰することであるのだが、その動機は非常に不決定な形で特定されている。プレオネクテースはより多くのものを欲する。しかし、個々の事例においては、彼は特定の何かをより多く欲しているに違いない。しかし、「より多く」を求めるというのは何と比べてのことなのだろうか。公正な量、あるいは義しい量より多くであるのは確かだが、こうした言い方でそれを求めることがプレオネクテースに特徴的であるわけではない――彼は正義に反したいという特別な熱意を持っているわけではなく、義しからざる人物一般と同じく、そもそも正義や不正義という概念を用いることに特段の関心は持っていないのである。むしろ、彼は自分がそれまで手に入れたものより多くを求める、あるいは、彼は他の人より多くを求めるのである。さて、量の多少がありうる何かを求める人は誰でも、自分が手に入れたもの以上に欲しがるものである、あるいは少なくとも自分が得たと思っているもの以上を欲しがるものである。しかし、これが再帰的な条件となると、それは貪欲さ（greediness）と呼ばれ、これはたしかにプレオネクシアの意味のひとつである。そうした人物は、必ずしも他人との比較に心を悩まされるわけではないし、典型的にもそうではない。しかし、「プレオネクシア」のもうひとつの、おそらく最も重要な意味では、他人との比較がポイントであり、他人よりも多く得たいという観念は、動機付けになる思考のなかに含まれている。金銭、名誉、あるいはノーベル賞のような財に対してそうした観念が適用されることは明らかだろう。

アリストテレスの三つめの分割可能な財、つまり安全の場合は、もっと難しい。他人よりも多くの安全を欲することは、もしそれが最も基本的な意図に関する記述であるとすれば、たしかに奇妙な欲求である。人が求めるのは、できるかぎり安全であることである——つまり、願わくは、自分を安全に保つに十分なだけ安全であることである。もちろん、この状況において安全は分割可能な財なのだから、この欲求を満足させるためにとられる手段は、他の人々の安全を奪うことを含み、またそれを目指すものであるかもしれない（核シェルターから他人を押し出す、など）。このようにして、そうした行為はプレオネクシアのケースと同じようなものを含むのだが、それでも重要な違いがある。アキレス的な名誉に対するプレオネクテースについては、彼が持っているものを他人は持たない、ということが彼の満足の本質的な部分である。一方、安全についてのテルシーテース的★2プレオネクテースは、自分が助かるかぎりは最終的に何人が助かるかには何も関心がない。この理由のために、彼のプレオネクシアは別のものである。重要な点は、プレオネクシアは、彼の場合は、究極的にはまったく動機ではない、ということである。彼は安全というものが分割可能な財であることをはっきりと理解し、正義の感覚を持たないような臆病者なのである。このようにして、分割可能な財に対するエゴイスティックな欲求の事例の一部においてさえも、プレオネクシアは、正義について関心を持たない人において何が問題かを特徴づける方法としては、最も基本的なものでも示唆的なものでもない。一方、競争的である名誉に対する愛は、本質的にプレオネクシア的であり、直接的に、自分ではなく他人がそれを手に入れることがないようにするということを目指している。

「プレオネクシア」は貪欲と競争心の双方をカバーする語である。この語は、単一の動機というよりは、動機のクラスに言及するものだというのは確かである。何かについてプレオネクシア的である人々は、通常、何についてもプレオネクシア的だというわけではない。アリストテレスがよく分かっていたように、名誉に対してプレオネクシア的である人は必ずしも金銭に関してプレオネクシア的ではないし、また逆もそうである。そして、安全についてプレオネクシア的である人がいるとしたら、その人がアキレスでないことは確かである。正義に対する最も確固とした無関心の中に、こうした多様な動機によって不断に強められているものがあるのは疑いない。しかし、不正義という悪徳を構成するものとして、確固とした無関心以外のものを探そうとすること、また、その探索の結果、そうした動機のなかにそれを見つけた、と考えることは誤りであり、この誤りがアリストテレスの説にはつきまとっているのである。

第七章　ロールズとパスカルの賭け

ロールズの正義の二原理を擁護する議論[*1]は、現状においては、不確実性の下での合理的決定との類推の上に成り立っているが、不確実性の条件下で大きな道徳的帰結につながるように組み立てられたもうひとつの議論と目立った類似性を持っている。そのもうひとつの議論とはパスカルの有名な賭けの議論であり、これは、神が存在するかどうかは不確実だという状況において、あたかも神が存在するかのように振る舞うのが合理的な戦略であらねばならないという趣旨の議論である。本章ではこのふたつの議論の類似性を探究したい。結論としては、ロールズの議論はパスカルの議論と欠点を共有するが、それに加えてロールズの議論の前提はパスカルのものと比べてもさらに魅力に欠けている。ふたつの議論を比較することで、ロールズの理論の決定理論的な要素は説得力がないという結論が導かれるだろう。

この議論は、よく知られているように、以下のような直観的に非常に訴えかけてくるアイデアを大幅に練り上げ、洗練したものである。そのアイデアとは、体制ないし規則の集合がある当事者たちにとって公平であるのは、その体制において、あるいは規則との関係においてどの特定の立場に立つことになるかを当事者たちが知るに先立って全員がその体制ないし規則の集合に同意できる場合である、というものである。この理論の意図は（というより、この理論のこの最初の部分の意図は——というのもロールズの理論においてはこれ以外にも他の多くのことが起きるからだが）、このアイデアの線にそって、〈非常に広範囲にわたる——が全面的ではない——無知という条件の下で、社会体制と規則の集合を選ぶ仮説的な（そして完全に概念的な）人々に訴えかける自己利益による考慮という形で、知識を持った状態における実際の人々が使う道徳的配慮を表現する〉ところにある。これらの選択が「無知のヴェール」の背後で行われる状況を原初状態（Original Position）と呼ぶ。原初状態にはかなりの数の条件がついている。これらの条件について議論できることはたくさんあるが、ここでの議論に特に関連する三つの点を指摘するだけに留めたい。この三つはどれも、契約当事者たちによってなされる自己利益による選択とされるものが、ロールズのやりかたでは、基礎的なアイデアから予期される以上に、自己利益によらない選択に近づいてしまっている面に関するものである。

まず、なされる選択への制限として、その選択は最終的なものでなくてはならないとされ、これは、当事者たちは無知のヴェールが取り払われたときに、その選択を撤回する理由を持たないということを意味すると解釈される。ロールズはこの条件からかなり多くのことを引き出すが、彼が言うように、彼の理論の特に契約論的側面が最も働くのはこの点においてである。しかし、彼のこの条件の意味の受け取り方は、私からすると、このモデルをあまりに文字通りに使いすぎているように見える。あたかも無知のヴェールが取り払われたときに当事者たちを社会規則に縛り付けるのは自分たちが原初状態で約束した内容の記憶であるかのようである。しかしこれは虚構である。社会体制とその規則を維持するのは、何であれそうしたものを維持するようなものである――そして、原初状態の当事者たちは、社会科学の一般的原理については知っていることになっているので、何がその維持するものの役割を果たしうるかについても知っているだろう。当事者たちは彼らの合意が定着すると期待する理由を持つはずだ、というのは契約モデルにおける筋のとおった構造的要請であるが、合意が定着するかどうかは彼らが選んだ種類の社会の社会的安定性についての経験的条件の問題であって、その観点から考えられなければならない。ロールズは、実際には、結果としてできた体制がその成員に正義にかなったものだ（to be just）と感じられるかどうかにもとづいて最終性の条件を解釈する傾向にあり、これはさらには、彼らはそのように感じる十分な理由を持つかどうかにもとづいて解釈することになる。しかし、これは原初状態では正義にかなうような（will be just）体制を選ぶべきだという要請に危険なまでに近づいている――そしてこれはもちろん原初状態の選択そのものを道徳化してしまうことになり、最後に出てくるはずのものを最初に入れていることになる。

次の問題は契約当事者たちが事前にさまざまな結果に対して当てはめる物差しに関わるものである。もちろん、当事者たちは自分自身の最終的な立場を知らないのだから、自分自身の立場については物差しを当てはめることができない。問題は、さまざまな結果をその中のさまざまな代表的な立場の視点から順位づけするとき、どのような基準を使うのか、ということである。ロールズは、その物差しは効用ではありえないということ、したがって原初状態でなされる選択は決定理論的な選択とはみなしえず、ただ決定理論的選択からの類推としてしかみなしえない、ということを明確化するのに熱心である。私の理解では、彼はその推論が決定理論における推論と似ているということを否定したいわけではなく（手引きとなるマクシミンの概念は結局のところ決定理論的な概念であるから）、結果の評価に使われる価値観が違う、と言いたいのだろう。確率がまったく利用できないという点——これは後で取り上げる——を除くと、その区別は、つまるところ、当事者たちは無知のヴェールの背後では自分自身の善について何ら特定の構想を持ちえないため、自分たち自身の効用を査定できない、ということである。彼らは基本財（Primary Goods）、つまり他のあらゆるものを得るための条件に（多かれ少なかれ）なるため誰もが欲しがるようなものについてだけはどういうものか分かっている。そこには自由と所有が含まれている。このため、さまざまな結果の利点は、原初状態における当事者たちに対して、基本財の目録という形で与えられ、この目録が、おおまかに、さまざまな結果の内部のさまざまな立場の価値を、基本財に言及する形で与えることになる。これ（つまり基本財のある目録の価値）は金額で（ロールズの煙にまくような表現で言えば、百ドル単位で）表現される。

ここで基本財に頼ること自体には特に間違ったところはなく、このゲームの規則を認めるなら、他にたいしてやりようはない。しかし、これはこのゲームの特殊性を際立たせることになる。実際の具体的な社会的選択はどれであれ、基本財の序列について異なる見解をとる人々を含むだろう。実際、人々がこの問題についてとる見解自体が、彼らの住む社会を特徴付けるとともにその社会の産物であると想定するには、それほど野心的な決定論的理論をとる必要はない。ロールズの考える人々は原初状態においてさえもすべてを基本財に換算することができ、しかも彼らが他の財よりも自由を選好するということが実際最初から組み込まれているのである。しかし、選択状況のこの特徴は結果を偏らせているはずである。自由を選好することはそれ自体としては利他的ではない。というのも、それは自分自身の自由への選好（より正確に言うならば、自分がその人だと判明する人がどんな人であれその人の自由への選好）だからである。しかし、自由への強い選好は人々が本質的に自律的な存在であると全般的にみなされるような世界観の一部であり、ロールズはこれを人間関係についてのカント的な見解にもとづいて展開する傾向を持つ。この見解は契約当事者たちの見解だとされているわけではないが、彼らが行うものとして描かれる選択は――控えめな言い方をするならば――この見解を彼ら自身がすでに持っていると理解されるときに最も意味をなすように見える。彼らがカント的見解を彼ら自身で持っていればいるほど、彼らの見解はすでに道徳化されたものと見えることになる。

最後に、彼らのリスクへの態度という、中心的で多く論じられてきた問題がある。ロールズは、選択される原理は、リスクに対する特定の態度に依存してはならないと強く主張する。これはひとつには、当事者たちは、無知のヴェールの背後では自分がリスクにどういう態度をとるかを知りえないからである。さて、こうは主張するものの、ロールズは、彼らの最終的な選択について、それがリスキーなのか、軽率なのか、保守的なのかについて何も言うことはできないということを意味しているわけではない。彼らの選択は明らかに保守的であり、マクシミンの選択（最も不利な人の立場を最大化する選択）をすることで、選択可能な中で最も安全な選択をしているのである。それ以上に、彼らがこの選択をするのは、まさにそれが最も安全な選択だからである。ロールズがリスクについての特定の立場は含まれていないと言うとき、彼が言わんとするのは、これは異なるリスクへの態度に応じてそれぞれ合理的となるような一連の解があるような場面ではなく、この場合合理的な解はただひとつしかない、ということに違いない。彼がこう考える理由は、問題の構造と当事者の責任という二種類の要因に依拠している。私のすぐ後の論点に関わるのは後者である。当事者たちが安全な選択をしなくてはならない具体的な理由は、ロールズが言うには、後の世代に対するコミットメントを背負っているからである——彼らは、あたかも受託団体に対して責任があるかのように仕事をこなしている。しかしこれもまた、彼らの関心を行き過ぎた形で利他的に拡張して表現しているのは確かだろう。契約当事者たちは、実際、次の世代への自然な関心を持つ、一家の父親たちとして導入されるが、ロールズが彼らのリスクを選ばないコミットメントについて語る語り方からは、子孫への責任というより重い、そしてたしかにすでに道徳化された義務が示唆される。ここでもまた、契約当事者たちが自己利益だけしか見ない存在以上のものであることが議論を助けている。

将来世代への責任の他にも、選択状況そのもののいくつかの特徴もマクシミン解を強いるものとされる。ロールズはそれらの特徴を以下のように要約する。確率は利用できない——当事者たちは、たとえば奴隷制社会において、自分がそれぞれの立場に立つチャンスについてとにかくまったく何も分からない。彼らは最小値を超える利益に対して大きな利害関心を持たない。そして、悪い選択肢の最悪なものは「深刻なリスク」を含み、それは「人がとうてい受け入れることができない」(p. 154) ものである。(第二の、そして明らかに非常に実質的な仮定は、すでに言及した自由への強い選好と結びついており、これについては後で戻ってくる。) これらの命題のうちの最後のものは、非ロールズ的な選択をしたときに起こりうる最悪は、ロールズ的な選択をしたときに起こりうる最悪よりもはるかに悪い、と言っていることになる。これを明白な形で表現すると以下のようになる。

（R_1）$\overline{R}$（min）はR（min）よりはるかに悪い。

最小値を超えた利益に大きな利害関心を持たないという第二の命題は、現在の目的のために単純化すると、最小値を超えた利益は彼らにとって最小値まで到達することの利益と同じほど大きな利益とはみなされないという言明になる。これは、彼らが利益とみなすものと、彼らがその利益に対して持つ利害関心との間のロールズが持ち込む区別を取り払うことができるということを意味する。この第二の命題はそうすると以下のようにまとめることができる。

（R_2）$\overline{R}$（max）はR（min）よりはるかによいというわけではない。

さて、ここで我々はパスカルの賭けにたどりつく。[*2] パスカルの議論はいくつかの仮定に依拠している。そのひとつは関係する選択肢はふたつだということである。すなわち、ひとつは、キリスト教の神は存在しない、もうひとつは、キリスト教の神は存在し、信者を天国に、非信者を地獄に送る、というものである。次に、パスカルは信仰につながる何らかの行為があると仮定する。すなわち、もしあなたが不誠実に、神が存在するかのように行為するところから始めたとしても、最終的には誠実にそう行為する、つまり神を信じることになる、という仮定である。賭けの議論は、態度が決まらない人に対してそのように行為することが合理的だと示すように組み立てられている。彼は神が存在しないということに確信が持てない。しかし、非信者にとっては、もし最悪のことが起こり、神が実は存在した場合の不利益（すなわち地獄に行くこと）は、信者だった場合の最悪の結果――神が存在せず、教会に行くことで時間を無駄にし、いくつかの楽しみを見逃すなど――に比べれば明白にはるかに大きい。言い換えるなら、以下のように定式化できるだろう。

（P_1）$\bar{B}$(min) は B(min) よりはるかに悪い。

他方、非信者としてあなたが手に入れる最善のもの（楽しみ、教会に行かないことその他、および地獄がないこと）は、信者にとっての最悪の結果（教会、楽しみが減ること、そして天国も地獄もないこと）よりそれほど悪くはない。すなわち、

（P_2）$\bar{B}$(max) は B(min) よりはるかによいというわけではない。

したがって、このような大変不確かな状況においては信仰戦略をとるのが合理的だとパスカルは論じる。この議論は構造的にロールズのものと同じである。ここで、パスカルの議論の前提は非常に疑わしい。特に、可能性の分割の仕方はかなり不当である。我々は、他の種類の神様――仮にいたとして、とりたてて

キリスト教徒を好んだりしないような神様――がいるかいないかという場合に分割することも同じようにできただろう――ちょうどディドロが言ったように「イスラム教の教主（イマーム）もまったく同じように推論できただろう」。また、仮にキリスト教の神が存在したとしても、彼の報酬がこのやり方で与えられるとどうして分かるのだろうか。たとえば、彼は、こうした戦略の結果自分を信じるようになった者をあまり好まないかもしれない。

ロールズの議論にもこの後者の欠点と並行的な欠点がある。それは、実際上は、特に最終性の議論において前にすでに登場しているものである。パスカルの場合の反論は、彼はこの行為の流れの結果が、戦略的な思慮そのものと独立だと考える理由がないというものだった。ロールズの場合も同じことが言えるはずである。ある社会的状況において人々がどういう選好を持つかはたしかに部分的にはその社会体制がどのようなものかに依存し（これは一般的真理なので、無知のヴェールの背後にいる当事者たちにさえも知られているだろう事実である）、そして彼らがどの社会体制の中に居るかは戦略的選択に依存するだろう。だから、ロールズの議論はこの点について未決定でなくてはならないのだが、すでに見たように、ロールズは実際には、異なる選択肢において基本財の間での選好についての実質的な仮定を一定に保つことで、この未決状態を除去している。これは「自己利益」モデルの力を弱めるだけである。

パスカルの議論は、これらの前提が受け入れ不可能であるという点をくぐりぬければ、それほど悪いものではない。これは、不等式（P_1）に結びついた特別な値のおかげである。というのも、地獄の悪さは無限であり、そしてどんな有限の差も無限の差と比べれば消え入りそうなくらい小さいのだから、この基準によれば（P_2）はたしかに真である。（もし神が存在しなければ（P_2）で言及された項目間の差が存在する中では最も大きな違いである、というのも考慮すべき点だが、この単純な形式の議論で取り扱うのは難しいので除外されているのは認めてもよいだろう。）それ以上に、最悪の結果が無限にひどいものであることのおかげで、パスカルは可能な限り最も弱い確率前提、すなわち神の存在の確率はゼロではない、という前提に依拠することができる。もし、ある確率を無視することのコストが無限大ならば、最小限の確率ですら十分なのである。

しかし、（R_1）と（R_2）については、そのような根拠は存在しない。ここでは有限と無限に訴える議論は存在せず、それに応じて、最小限の確率に頼ることもない。確率についての何らかの前提なしには、（R_1）と（R_2）は行為のための十分な基盤を与えない。仮に両方が真であったと仮定しても、$\bar{R}$における諸結果がRにおける諸結果と比較してしかじかの確率の値を持っていたら$\bar{R}$を選ぶことが合理的になる、というような確率の値はたしかに存在するはずであり、ロールズは少なくともそのような確率の値は得られていないということくらいは仮定しているはずである。

さらに、すでに事実上見たように、（R_2）は、契約当事者たちがどちらかというと聖人君子のようなものの見方をするということと、彼らは$\bar{R}$社会で最高の地位にいるとしてもその聖人的な見方を保つだろうというかなり筋の通らない信念の両方にもとづいているはずである。ロールズは（R_2）に同意するだろうが、ツタンカーメンも（R_2）に同意すると考える理由はなさそうであるし、自分がツタンカーメンであるチャンスについての何らかの情報なしには、自己利益のみを考慮する契約者にとってもマクシミン解を受け入れる理由はない。パスカルの議論は、欠点があるのは認めるとしても（その少なくともひとつはロールズの議論にもある仕方で当てはまる)、無限を利用することから力を得ている。これに対し、ロールズにはそうしたリソースはない。この比較から、無知の下での合理的な選択とされるものがいかに力のないものであるかを明らかにすることができる。

ロールズの理論は、実質的に、政治を道徳とリンクさせ、道徳(ないし少なくともその関連する部分)を不確実性の下での自己利益のみにもとづく選択にリンクさせようと試みている。彼はたしかに政治を道徳についてのカント的な捉え方とリンクさせているが、不確実性の下での選択とされるものは実際には道徳性をすでにつめ込まれているように見える。そして、決定理論——ないしそれに類するどんなものであれ——の利用として見ると、まずい賭けであることがよく知られているパスカルの賭けと比べてすら見劣りがするものなのである。

第八章　内的理由と外的理由

「Aはφする理由を持つ」（A has a reason to φ）あるいは「Aにはφする理由がある」（There is a reason for A to φ）（「φする」は行為の動詞を意味する）という形式の文章には、一見したところふたつの異なる解釈があるように思われる。ひとつ目の解釈では、この文が意味するのは、非常に大まかに言えば、Aにはφすることによって満たされたり促進されたりするような動機がある、ということである。そして、もしそうした動機がないとすればこの文は偽である。つまり行為者の目的と関連する条件があり、その条件が満たされていなければ、この解釈では、彼にはφをする理由があると言うことは真ではない。ふたつ目の解釈では、そのような条件はなく、理由についての言明は、適切な動機がないということによっては反証されないだろう。第一の解釈を「内的」、第二の解釈を「外的」解釈と呼ぶことにしよう。（このような二種類の解釈があり、二種類の形式の文があるということからすれば、第一の文は自然に内的解釈を受け、第二の文は外的解釈を受けると想定するのはもっともなことである。しかし、どちらの形式の表現についてもどちらか一方の解釈しか認めないと言うのは誤りだろう。）

また、そのほうが便利なので、私はときどき、本章のタイトルのように「内的理由」や「外的理由」と言うことにする。しかし、これは単に便宜のためだと考えてほしい。行為の理由が二種類あるかどうか――人々の行為の理由について二種類の言明がある、というのと対照されるような意味で――というのはそれ自体調査すべきことがらである。実際、最終的に分かってくるように、この後者の解釈ですらひとつの事例においては問題をはらんでいる。

私は最初に内的解釈を考え、それがどこまで拡張できるかを考えたい。次に、もっと懐疑的に、外的解釈に何が含意されているのかを考えたい。最後に、こうしたこと全体を公共財（public goods）とただ乗りの問題に結びつけるような非常に簡単なコメントで本章をしめくくる。

内的解釈の最も単純なモデルは、次のようなものになるだろう。「〈自分がφすること〉で満足されるであろう何らかの欲求をAが持っているとき、そのときに限り、Aにはφする理由がある」。あるいは「〈自分がφすること〉で満足されるとAが信じている何らかの欲求をAが……」という言い方もできる。この違いは後で関係してくる。このようなモデルはヒュームに帰せられることがあるが、実際のところヒューム自身の見解はこれよりもっと複雑なので、これを「準ヒューム的モデル」（the sub-Humean model）と呼ぼう。準ヒューム的モデルはたしかに、単純にすぎる。私の目的は、追加や改定をすることによって、このモデルを徐々により適切なものへと作り上げることにある。そうした努力の過程で、内的理由言明について真であると思われる四つの命題をまとめたい。

基本的に、そして定義上も、内的解釈をとるどのようなモデルも、行為者の主観的動機の集合（subjective motivational set）と相対的な理由言明を示さなければならない。これを行為者のSと呼ぼう。Sの内容は後で見るが、〔今の段階でも〕次のように言える。

(i)ある内的理由言明は、Sの中に何らかの適切な要素が欠如していることによって反証されうる。

最も単純な準ヒューム的モデルは、Sの中のあらゆる要素が内的理由を与えると主張する。しかし、これを否定する根拠がある。その根拠とは、Sの要素のうちで後で悔やむようなもの、無思慮なもの、常軌を逸したものがあるからというのではなく――それらはこの問題とは別の種類の問題を起こす――偽なる信念にもとづいたSの要素があるからである。

その行為者は、この液体がジンであると信じている。しかし実際はガソリンである。彼はジントニックを飲みたいと思っている。彼はこの液体とトニックウォーターを混ぜて飲む理由（reason）――あるいはひとつの理由（a reason）――を持つだろうか。この先の進め方は二通りある（このことは、準ヒューム的モデルの定式化にふたつのやり方があることからすでに示唆されている）。一方で、「彼はこの液体を飲む理由を持つ」と言うことは非常に奇妙であり、「彼が自分がそれを飲む理由を持っていると信じているけれども、彼はそれを飲む理由を持たない」と言うことは自然である。他方、仮に彼がそれを飲んだなら、我々は単に彼がそうすることの説明（なぜ彼がそうしたのか）を持つというだけでなく、行為の理由という形式（reason-for-action form）の説明を持つことになる。この説明の次元は非常に重要であり、我々は何度もこの点に戻ってくることになる。もし行為の理由があるのなら、ときに人々はそれらの理由のために行為する、ということが事実でなくてはならないし、そして彼らがそう行為するのなら、それらの理由は彼らの行為について何らかの正しい説明の中に登場しなくてはならない（それらの理由が彼らの行為の正しい説明のすべてに登場しなくてはならないということまでは導けない）。行為者の観点から見て真なる信念か偽の信念かという違いは、彼の行為に対して適切となる説明の形式（form）を変えるはずはない。このように考えると、我々は、最初に気づいた直観を無視して、〈ジンを飲みたいこの行為者の場合、彼は――ガソリンである――その液体を飲む理由を持つ〉と単に裁定したい気になるかもしれない。

しかしながら、私はそうすべきではないと考える。この考え方は、〈内的理由という概念は事実上単に説明に関わるものであり、合理性とはまったく関わらない〉と示唆することによって、間違った方向に向かっている。そして、このために、彼の合理性に関係する他の種類の理由を探そうという動機を与えるかもしれない。しかし、内的理由という概念は、行為者の合理性に関わっている。三人称の内的理由言明において我々が正しく彼に帰属させることができるものは、あとで分かるように、彼が自分自身に熟慮の結果として帰属させることができるものでもある。したがって、私はむしろ次のように言うべきだと考える。

(ii) Sの中の要素であるDは、もしDの存在が誤った信念に依存しているか、ϕすることがDを満足させることと関わっているというAの信念が誤りである場合、Aにϕする理由を与えない。

（この二重の定式化については、ジンとガソリンの事例を使って解説できる。すなわち、第一の定式化の方ではDを

「このボトルの中にあるものを飲みたい」という欲求として捉えればよく、第二の定式化の方では「ジンを飲みたい」という欲求として捉えればよい。）それにもかかわらず、もし彼がそうした状況下でφするのなら、なぜ彼がφをしたかの理由があるということが真であるだけでなく、φすることは彼が――偽なる信念に対応する形で――合理的に行為していることの表れとなっているということもまた真である。

我々は、この認識論的帰結をこう記述することができる。

(iii)(a) Aは自分自身についての内的理由言明を誤って信じているかもしれない。そして（と、付け加えることができる）

(b) Aは自分自身についての何らかの真の内的理由言明を知らないかもしれない。

(b)には二種類の異なる源泉がある。ひとつは、Aが知らないある事実があり、その事実をもしAが知っていたなら、Sの何らかの要素のために、彼がφする傾向を持つ、というものである。この場合、「彼は知らないが、彼はφする理由を持つ」と我々は言うことができる。しかしながら、実際にそのような理由を持つということが事実であるためには、その事実と彼の行為との関係は、かなり密接で直接的なものでなければならないように思われる。そうでなければ、単に「もしAがその事実を知っていたならば、彼はφする理由を持っただろう」と言えるだけだろう。私は、どういうときにどちらを言うかという条件の問題を追及するつもりはないが、この条件についての問いは、無知が「Aが実際に何を行ったのか」という説明の構成要素となるのはどのような場合かという問いと密接に結びついているはずである。

(iii)の第二の源泉は、Aが、Sの中のある要素を知らないかもしれないという場合である。しかし、Sの中のある未知の要素Dが、Aに行為の理由を与えるのは以下の場合だけだということを気に留めるべきである。その場合とは、φすることがDと合理的に関係している、すなわち、大まかに言えば、φするという計画が、部分的にはDによって形成された熟慮的問い（deliberative question）への答えである、という場合である。もし、Dが無意識の領域にあるためにAがDのことを知らないならば、Dがこの条件を満たさないことは十分ありうる。その場合でも、Dは彼がφすることの理由を与えるかもしれない、つまり、彼がφすることをDが説明したり、説明するための手助けになったりするかもしれない。このような場合、φすることはDと記号的に関係しているだけかもしれない。

私はすでに以下のように述べた。

(iv)内的理由言明は熟慮的推論（deliberative reasoning）の中で見出されうる。

すでに暗黙の前提になっていることだが、内的理由言明は熟慮の結果唯一のものとして選好される行為にだけ当てはまるというわけではない、という点は改めて述べておく価値がある。「Aはφする理由を持つ」という言明は、「Aが、それをする全体的な――すべてを考慮に入れた――理由を持つ行為は、φすることである」ということを意味するわけではない。彼は、それをしない他のより強い理由を持つような多くのことがらについて、それをする理由を持ちうる。

準ヒューム的モデルでは、φすることとは、Sの中にある何らかの要素と、因果的な手段と結果として関係していなくてはならないと仮定されている（例外は、おそらく、φすることが直接的に、それ自体がSのその要素であるようなある欲求を実行する、という場合〔つまり、φすること自体が望まれている結果であるために手段と結果の区別が成り立たないという場合〕である）。しかし、これは事例のひとつでしかない。実際、ある行為の過程がある目的に対する手段となっているということをただ発見することは、それ自体ではひとつの実践的推論（practical reasoning）ではない。[*1] 実践的推論の明らかな例は、「φすることがSの中のある要素を最も都合よく、効率よく、快く、等々のしかたで満たしてくれる方法だから、ある人はφする理由を持つ」という結論を導き出すことである。そして、もちろんこの結論は、必ずしも非常に明白または決定的なしかたでというわけではないにしても、Sの中にある他の要素によって制御されうる。しかし、熟慮にはもっと多くの広い可能性がある。いくつか例を挙げよう。Sにある諸要素の満足はどのように――たとえば時間的な順番をつけることで――組み合わせうるかを考えること。Sの諸要素の間での解決不可能な衝突がある場合に自分がどれに最もウェイトを置くかを考慮すること（重要なことであるが、こうした考慮をすることは、それらの要素が、何か同じ財（commodity）を異なる量で与えている、ということを含意しない）。あるいはまた、建設的な解決を発見すること――たとえばある人が娯楽を欲しているという条件下で、夕方を楽しいものにするのは何だろうかということを決めること、などである。

これらの過程の結果として、ある行為者が、それまで自分がそれをする理由をまったく見出せなかったことについて、それをする理由が自分にはあると考えるようになることがありうる。このようなやり方で、熟慮の過程は、所与の行為に新しい内的理由を付け加えることができるのとまったく同じように、内的理由を持つ新しい行為を加えることができる。熟慮の過程によって、Sから要素を取り去るということもありうる。内省によって、行為者はある信念が偽であると考えるようになり、そのためそれまで自分が為すべき理由を持つと考えていたことに実際は何の理由も持たないと気づいたりするようになるかもしれない。もっと微妙な例としては、彼は、ある方向への展開が実現したらどうなるか十分に想像力を働かせていなかったために、その方向への展開を促進する理由を持つと考えているかもしれない。〔その場合、〕誰の助けも借りない自分の熟慮的理性の下で、あるいは他人の説得に促されて、彼は何が起きるかの感覚をより具体的につかみ、それに対する欲求を失うかもしれない――ちょうど、積極的に、そうした想像力が新しい可能性と新しい欲求を作り出すことができるのと同じように。（これらは個人の行為と同様に政策にとっても重要な可能性である。）

したがって、Sを静的な所与として考えるべきではない。熟慮の過程は、Sにあらゆる種類の効果を与えることができるのであり、内的理由の理論はこの事実を非常に快く取り入れるべきである。そしてまた、Sに含まれうる諸要素について、幾人かの理論家たちが考えてきたよりも、より寛大であるべきである。私はSを主に欲求という言葉を使って論じてきたし、形式的には欲求という語はSのすべての要素について使うことができる。しかし、Sには評価の傾向性、情緒的反応のパターン、個人的な忠誠心、多様なプロジェクトなど――抽象的には行為者を具現化するようなコミットメント（embodying commitments of the agent）と呼ばれるようなもの——を含むことを、この用語法は忘れさせてしまうかもしれない。とりわけ、行為者の欲求やプロジェクトが利己的でなければならないという前提はもちろんない。人は、望むらくは、さまざまな種類の非利己的なプロジェクトを持つだろうし、それらのプロジェクトも同じように行為の内的理由を与えうるだろう。

　しかしながら、Sの内容に関して、さらなる問いがある。それは、内的理由の一般的な考えかたに沿うように、ニーズ（needs）を含むと受け取るべきだろうかという点である。たしかに単にAはXというニーズを持つという根拠から、彼はXを追求する理由を持つと言うのはきわめて自然である。しかし、内的理由の理論の中でこれを自然に導出できるだろうか。このことに関しては、その行為者が自分のニーズに動機づけられなかった場合にのみ、特別な問題がある。ここで私はニーズの本性について論じるつもりはないが、私の理解では、確定的に認知できるニーズというものが存在する限り、自分にとって実際にニーズであるものを獲得することに一切の関心を持たない行為者が存在しうる。さらに、私の理解では、この関心の欠如は熟慮の後にも残りうるし、そしてまた、そうした関心の欠如が常に偽の信念にもとづいているはずだというのは誤りだろう。（それが実際に偽の信念にもとづいている限りにおいては、すでに論じたやり方で(ii)の下で処理できる。）

　仮に、ある行為者が本当に自分のニーズを追求することに関心を持たないとしよう。そして、これは偽の信念の産物ではないとしよう。さらに、彼は、すでに論じた熟慮の過程によっては、自分の持つ動機から、ニーズに対するいかなる動機にも到達できないとしよう。この場合、内的な意味では、それらを為すいかなる理由も実際彼は持たないと言わねばならない。しかしながら、こう言うときに、どれだけこれらの仮定が強いものであるか、そして、我々がそれらの仮定が真であると知っていると考えることがどれだけ稀なことになりそうかということを心に留めておかねばならない。我々がある人について、本人が自分の健康を維持することに関心がないと首尾一貫してかつ説得的に否定しているにもかかわらず、「その人は自分がニーズとしている薬を飲む理由を持つ」と言うとき、我々が、「本当は、あるレベルで彼はよくなりたいはずだ（must）」と考えて、なお内的な意味でそのように言っているということは十分ありうる。

　しかしながら、仮に、我々がそのように考えていないということがはっきりしても我々が「彼はそうする理由を持つ」と言うことに固執するとしたなら、我々は別の意味で語っているはずであり、これが外的な意味である。人々は実際、外的解釈で受け取ってもらうことを求めているような語りかたをする。ブリテンがオペラ化したヘンリー・ジェイムズによるオーウェン・ウィングレイヴの物語[★1]では、オーウェンの家族は、ウィングレイヴ家の男たち全員が兵士であり、オーウェンもそうなることが一家の誇りであるのだから、彼も軍隊へ入隊することは必然であり重要だと力説する。オーウェン・ウィングレイヴには入隊する動機はまったくなく、彼のすべての欲求は別の方向を向いている。すなわち、彼は軍隊生活とその意味するものをことごとく憎んでいるのである。オーウェンの家族は、「オーウェンには入隊する理由がある」という言い方で自分たちの思いを表現することも十分ありえただろう。オーウェンのSの中には、熟慮的推論を通したとしても、彼を入隊するよう仕向けたかもしれないものは何もない、と家族が知っていたとしても、家族はこの主張を撤回しなかっただろうし、誤解からこの主張をしたのだと認めることもなかっただろう。家族はこの主張を外的意味のつもりで行っているのである。外的意味とは何なのか。
予備的に指摘しておくと、これは、定言命法とされるもの――すなわち、カント的な意味の、自分がたまたま欲することとは独立に行為者に適用される「べし」(ought)――の地位に関する問いと同じ問いではない。より正確には、同じ問いだということに疑いがないわけではない。第一に、定言命法はしばしば、カントがそう考えたように、必然的に道徳的命令であると考えられているが、外的理由言明は道徳と必然的に関係しているわけではない。第二に、「Aには……する理由がある」と「Aは……すべきである」との関係に曖昧な問題が残る。幾人かの哲学者たちはこのふたつが等しいと考えた。この見解では、外的理由についての問いはもちろん定言命法についての問いとより近くなる。しかしながら、ここではそのような同等性についていかなる仮定も置かないこととし、「べし」についてはこれ以上論じない。*2

外的理由言明の意味を考える際、我々は可能な説明の次元(the dimension of possible explanation)を、すなわち行為のどのような理由にも適用できる考慮を再び思い出さねばならない。もし何かが行為の理由になりうるのなら、それは特定の機会の誰かの行為の理由になりうるだろうし、その理由はその行為の説明に登場するだろう。さて、いかなる外的理由言明も、それ自身では誰の行為にも説明を与えない。たとえ、オーウェンに軍隊に入隊する理由があるということが(それがどんな意味であると分かるにせよ)真であるとしても、その事実それ自体では、オーウェンの為したことを決して説明しない――彼が入隊することさえも、である。なぜなら、仮にこの言明が真であったとしても、それはオーウェンが軍隊に入隊するよう動機づけられなかった場合に真だったのである。外的理由言明の肝となるのは、それが〈行為者の動機とは独立に真となりうる〉ということにある。しかし、行為者の（意図的な）行為を説明しうるのは、彼を行為へと動機づけるもの以外にはありえない。したがって、行為を説明するためには、外的理由言明が真であることに加えて、何か他のもの、すなわち心理的なつながりが必要である。そしてこの心理的つながりは、信念であるように見えるだろう。Aが自分自身についてのある外的理由言明を信じることは、彼の行為の説明に役立つかもしれない。

外的理由言明は、ここまで単に「Aには……する理由がある」という一般的な形式で導入されてきたが、今や我々は、この形式から、理由の特定的な言明へとさらに進む必要がある。疑いなく、行為者が、その理由が何であるかについての信念を何も持っていないにもかかわらず、自分にはφする理由があると信じているためにφするという場合は存在する。自分が信頼する何らかの権威に依存している場合や、それが何であったかを覚えていないが、自分にはφする何らかの理由があると知っていたということを思い出すという場合である。これらの点で、行為の理由は信念の理由と類似している。しかし、信念の理由の場合と同様、これらは明らかに二次的な事例である。基本となるのは、自分にφする何らかの理由があると単に信じているからAがφするという事例ではなく、何かはっきりとした考慮要因について、それがφする理由を構成すると信じているからAがφするという事例でなければならない。たとえば、オーウェン・ウィングレイヴは、彼の家族が軍において誉れある伝統を持つということが自分が入隊する理由となる、と〈今や〉信じるようになったために、入隊することになるかもしれない。

〈ある考慮要因が、ある仕方で行為する理由であると信じること〉は、行為の動機を与えたり、実際に動機を構成したりするだろうか。もしそうでないのなら、我々は一歩も前進していない。それは動機を与えると認めてみよう。この主張は実際もっともらしく思われる——少なくとも、このような信念と行為の傾向性の連関を不必要なまでに強くして、アクラシア（akrasia）〔つまり意志の弱さ〕を排除してしまわないかぎりは。この主張は、それどころか非常にもっともらしいので、この信念を持った行為者は、今や、その人についてなされるある内的理由言明が真となるような行為者であるように思われる。すなわち、彼は自らのSの内に適切な動機を持つ行為者である。家族の名誉についての考慮が行為の理由を構成すると現に信じている人は、行為への特定の傾向性を持つ人であり、そして是認、感情、情緒的反応などの傾向性もまた持つ人である。

さて、このことから、外的理由言明は無内容だという結論が導けるわけではない。導ける結論は、外的理由言明の内容は、そのような言明を信じる人の状態を単に考えることによって明らかにされるわけではなく、その状態がどのように行為を説明するかということを考えることによって明らかにされるわけでもない、ということである。なぜなら、それは単に、その状態についてなされるある内的理由言明が真になるような状態にすぎないからである。むしろ、外的形式の言明の内容は、そのような言明を信じるようになるとはどのようなことであるのかを考えることによって明らかにされなければならないだろう——そこにこそ、もし存在するならば、外的理由言明の特徴的な点が立ち現れるはずである。

ここからは、求められる仕方でまだ動機づけられておらず、そのため、その人についてなされる内的言明も真となりえないという——オーウェン・ウィングレイヴのような——人について外的理由言明がなされるという事例を（ここまでも暗黙のうちにそうしてきたが）取り上げよう。（外的言明と内的言明の違いは話者にとって受け入れられた含意次第なのだから、外的言明は、もちろんすでに動機づけられた人についてもなされうる。しかしこれは面白い事例ではない。）この行為者は、外的言明を現在信じていない。もし彼がそれを信じるようになったなら、行為へと動機づけられるだろう。では、外的言明を信じるようになることは、本質的に、新しい動機を獲得することを含むのでなければならない。いかにしてそれは可能なのか。

これは、いかにして「理性は動機のもととなりうるのか」という、ヒュームが否定的に答えたことで有名な、古くからの問いと密接に関係している。しかし、この形式では、問いそれ自体が不明確であるとともに、この議論との関係も不明確である――というのも、もちろん理性すなわち合理的なプロセスは、熟慮についての説明で見てきたように、新しい動機のもととなりうるからである。さらに、この問題の伝統的な定式化は、また、（私としてはこう言いたいのだが）何が「純粋に合理的なプロセス」とみなされるべきかについての挙証責任という重荷を引き受けてしまう。この挙証責任は、ただ引き受けるべきでないというだけではなく、ヒュームの一般的な結論に反論し、外的理由言明を最大限利用したいと思う人たち――「外的理由理論家」（external reason theorist）と呼ぼう――が本来引き受けるべきものである。

基本的な論点は、ある動機の獲得と理由言明を信じるようになることとの間のつながりを、外的理由理論家が特別な仕方で（in a special way）捉えなければならないということを認識することにある。というのも、もちろん、ある行為者がその動機を持つようになり、かつ、その理由言明を信じるようになる手段でありながら、間違った種類の手段であるために外的理由理論家の興味を引かないものというのはいろいろあるからである。オーウェンは家族の感動的なレトリックに説得されたことによって、動機と信念の両方を獲得したのかもしれない。しかし、この事例では外的理由理論家が本質的に求めるひとつの要素が排除されている。その要素とは、彼がその理由言明を信じるようになったから（because）その動機を獲得するのでなくてはならないということであり、さらに、何らかの仕方で事態を正しく考察しているからその理由言明を信じるようになったのでなくてはならない、というものである。もし外的理由理論家がこれらの条件にこだわるのなら、私が思うに、彼らは、行為者がその動機を適切に持つようになる条件もこれに似たものにしなくてはならないだろう——すなわち、行為者が正しく熟慮しているのでなくてはならないという条件にしなくてはならないだろう。そして、外的理由言明それ自体が、〈もし行為者が理性的に熟慮したなら、本来持っていた動機がどのようなものであろうと、φするように動機づけられるだろう〉という主張と大まかに等しいか、少なくともこの主張を必然的に伴うと考えられなければならない。

しかし、もしこのことが正しいのなら、まさにヒュームの基本的な論点に大きな力があるように思われるし、すべての外的理由言明が偽であると想定することが非常にもっともらしくなる。なぜなら、議論の想定上（*ex hypothesi*）、行為者がそこから熟慮を始め、この新たな動機へと到達するような動機は存在しないからである。行為者があらかじめ持つすでに存在する動機と、この新たな動機とを仮定するなら、外的理由言明が真となるために維持されねばならないのは、この解釈路線上では、すでに存在している動機を仮定することで、この新たな動機に何らかの仕方で合理的に到達しうるということである。けれども同時に、この新たな動機とあらかじめ持つ動機との合理的関係は、熟慮についての以前の議論に出てきた種類のものであってはならない――というのも、この場合には、そもそも何らかの内的理由言明が真となったただろうからである。これらの条件が満たされうると仮定する理由はまったくないと私は考える。

外的理由言明が持つ力は、次のような仕方で説明できると言われるかもしれない。このような言明は、〈合理的行為者は、〔その理由に応じて〕適切に行為するよう動機づけられるだろう〉ということを含意し、そして、この言明がそうした含意を持つのは、合理的行為者とはまさしく、自分になすべき理由がある〈と彼が信じている〉ことを行うような一般的な傾向性をSの中に持つ人だからである。したがって、〈自分にはφする理由がある〉と彼が信じるようになったとき、たとえ以前はφする動機を持たず、あるいは熟慮の説明において考えられた仕方のどれかでφすることに関連する動機を一切持たなかったとしても、彼はφするよう動機づけられるのである。

しかし、この答えは問題を単に先延ばししているにすぎない。この答えは、問題となっている行為の説明についての（大まかに言うと）欲求と信念のモデルを再び適用しているが、そこで使われる欲求と信念はまさにその内容が問題となっているものなのである。彼が〈自分には〔その理由に応じて〕適切に行為するよう動機づけられるだろう〉という命題であるか、あるいはこの命題を必然的に伴っている、というのではないとしたなら、一体彼は何を信じるようになったのだろうか。我々が問題にしていたのは、いかにして真なる命題がこの内容を持ちうるのかということだった。その問いに答えるのに、まさにその内容を持つ信念によって活性化されたと仮定される欲求に訴えることは役に立たない。

〈外的理由言明を受け入れるとはどのようなことか〉という議論は、〈すでに与えられた熟慮の説明のもとで可能なものは何か〉そして〈この説明によって排除されるものは何か〉についての何らかの考えを含んでいる。だがここで、以下のような反論がなされるかもしれない。すなわち、この熟慮の説明は非常に曖昧であり、たとえば行為者のSの内容を拡張したり制限したりする想像力の使用を認めている。しかし、もしそうであれば、行為者がすでに存在しているSから理性的な熟慮によって到達するかもしれないものの範囲は不明確となる。

こうしたものはまさに不明確である。そして、実践的推論についての理論にとって、この不明確さを保持し説明することは基本的に望ましい特徴であると私は考えている。「何が合理的な熟慮のプロセスであるとみなされうるか」ということには、本質的に非決定性（indeterminacy）がある。実践的推論は発見的プロセスであり、想像力に富むものであるし、したがって、合理的思考からインスピレーションや転向へとつらなる連続性の間に固定された境界線は存在しない。行為の理由は基本的に内的理由モデルを使って理解されるべきだと考える人にとって、これは難点にはならない。実際、内的意味での「Aはφする理由を持つ」には一種の曖昧さがある——その曖昧さは、Aの現在のSからφするよう動機づけられた状態に導く熟慮のプロセスを、非常に野心的にイメージすることも、野心的でなくイメージすることもできるという限りにおいて生じる。しかし、これは行為の理由の内的な捉え方を基本的なものとして考える人にとって困ったことではない。それは単に、Aがφする理由を持つと考えうるさまざまな状態には、普通に想定されているかもしれないよりも、より広い範囲があり、その範囲も想定されているほど定まっていないということを示すだけである。

この点で問題に直面するのは外的理由理論家の方である。もちろん、ある話者がある行為者について、その人はφするよう傾向づけられるべきなのにそうなっていないと考えた場合、その話者はその行為者について、〈彼は無思慮だ〉〈残酷だ〉〈利己的だ〉〈自愛の思慮に欠ける〉（imprudent）とか、あるいは〈もし彼がそのように動機づけられていたら、状況ははるかにましだったろうし、彼もはるかにましだったろう〉とか、いろいろなことを言うかもしれない。これらはどれもよく分かる発言である。しかし、この批判を外的理由言明の形式で述べることが大事だと思う者は〈この行為者が特に間違っているのは、彼が不合理だということである〉と言うことに関心を持っているように思われる。このような理論家こそ、この非難を特に正確に述べる必要がある。それは、とりわけ、彼がいかなる合理的行為者にも、合理的であるからには当該の行為をするという要求を認識するよう求めているからである。

オーウェン・ウィングレイヴの家族は「理由」という言葉を使って自分たちの意見を表明したのではないかもしれないが、我々が想像したように、彼らが外的理由の定式を用いることもありえた。この事実それ自体が、外的理由理論家にある困難をもたらす。この理論家は、外的理由言明が真であるならば、そのことがその言明を無視する行為者を不合理だと非難する潜在的な根拠になるとみなしている。したがって、この理論家は、〈オーウェンに対する不満をウィングレイヴ家の人々がこの形式で述べるなら、彼らはこの特定の場合には偽である主張をしている確率がかなり高い〉と言いたくなるということは十分にありうる。この理論家にとってもっと大変なのは、ウィングレイヴ家の人々が使った言葉が、それらの言葉が正しく発話された——と彼がみなす——場合の意味とは異なることを意味していたと示すという作業である。しかし、そうした言葉が家族によって発言されたときに意味していることは、明らかに〈理性的な熟慮によってオーウェンは軍隊に入隊するよう動機づけられるだろう〉ということではない——これこそが（ごく大まかに言えば）、もしそれらの言葉が外的理由理論家たちがそれらに与えたいと望んだ種類の重みを持つならば、それらの言葉が持つはずだと我々が見出した意味や含意である。

この種の考慮が強く私に示唆するのは、外的理由言明は、それ自体としてはっきりと分離された場合、偽であるか不整合であるか、さもなければ本当は別のことを紛らわしく表現したものだということである。実際のところ、人々の発言に見られる外的理由言明を分離することは、本章の冒頭での外的理由言明の紹介が示唆するよりもはるかに難しい。これらの言葉を使う人々はしばしば、どちらかといえば楽観的な内的理由の主張を考えているように思われる。しかし、ときにこの言明は実際、明らかに行為者のSや、彼がSから理性的熟慮によって到達しうるものの外部にあるものとして提示される。そのとき、私が示唆したように、意味されていることは非常に不明確である。ときには、意味されているのは、もし行為者がそう行為していたら状況はもっとよかっただろう、という以上のことではない。しかし、理由という言葉を使っての定式化には効果があり、特に、行為者が不合理であると示唆するという効果がある。そして、行為者が不合理であるというこの示唆は、内的理由言明の根拠となるようなものをはっきり脇によけるなら、はったり（ブラフ）である。もしそうであるなら、行為の理由についての本当の主張は内的主張のみであろう。

目下の主題に非常に密接だと考えられてきたひとつの問題は、公共財、ただ乗りなど、（ごく大まかに言えば）個々人が特定の財を提供してもらうことを欲する利己的な理由を持つが、しかし同時に、各人はその財の提供に参加しない利己的な理由があるという状況に関わることがらである。私はこの問題を論ずるつもりはないが、単純に、行為の理由についての私の見解を明らかにし、他の見解との対比をはっきりさせるために、以下のようなことをするのが助けになるかもしれない。それは、最後に、この問題と関係する問いのリストを、（ざっくりとした言い方をするなら）「内的理由の合理性だけが行為の合理性である」と考える人がそれらに与える答えとともに提示することである。

1. 純粋に利己的ではない合理性の概念を定義することはできるか。
できる。
2. 純粋に手段 - 目的関係ではない合理性の概念を定義することはできるか。
できる。
3. Aにとって合理的な行為が、Aが現に持っている動機といかなる仕方でも関係していないような合理性の概念を定義することはできるか。
できない。
4. 利己的な動機だけしか持たない人が、非利己的な目的を追求しないのは不合理だと示すことはできるか。

必ずしもできるわけではないが、特別な事例の場合はできる。（利己的な人についての問題点は、典型的には不合理性だというわけではない。）

ある財Gと、人々の集合Pを仮定し、Pの各成員がGが提供されることを欲する利己的理由を持っているが、Gを提供するためには、あるコストを伴う行為Cが、Pのある真部分集合に属する各人によって行われる必要があるとしよう。さらに、AはPの成員であると仮定しよう。このとき、

5．もし、Pの成員のうち、Gの提供のためにCを行うだろうという人があまりに少ないだろうとAがほどほどに確信している場合、あるいはPの中の十分な数の人々がGの提供のためにCを行うだろうとAがほどほどに確信している場合、AはCをする利己的な理由を持つだろうか。持たない。

6．この種の状況の中で、AがCを行う利己的な理由を持ちうるという状況はあるか。ある。Cをする人の数が臨界に達するかどうかが彼がCをすることにかかっているという場合、あるいは彼がそのように考える理由を持つ場合。

7．たとえちょうど言及されたような状況でないとしても、AがCを行うことを合理的にするであろう動機はあるか。ある。もし彼が純粋に利己的ではないのならば、たくさんある。たとえば、表現的な動機（expressive motivation)——これはたとえば、よく知られた投票の事例にふさわしい——がある。*3

公正さの感覚から生じる動機もまたある。これはまさに、「誰かが、しかし特定の人を除外する理由はないので全員が」という形式の議論によって「無益かさもなければ不必要」というジレンマを乗り越える。

8. ある行為者がそのような動機を持つことは不合理か。
この問いが理解可能であるようないかなる意味においても、不合理ではない。

9. それらの動機を持つ人々を育成することは社会にとって合理的か。
この問いが理解可能な限りにおいて、合理的である。そして、たしかにそれらの傾向性を持つよう人々を促す理由を我々は持っている。たとえば、自分たち自身がこれらの傾向性を持つ場合がそうである。

実を言うと、一般的なこのレベルで、これらの主題に影響する他の主要な問いを私は見出すことができない。これらのすべての問いには、行為の内的理由という概念にもとづく実践的合理性の捉え方と完全に両立する明白な答えがある。そしてまた、それは完全に筋の通った答えであるように私には思われる。

第九章　〈べし〉と道徳的責務

英語の〈べし〉（ought）という語の色々な意味を分別しようとする試みは、さまざまになされている。[★1] たとえばハーマン[*1]によれば、「ジョーンズは休暇をとるべきだ」（Jones ought to take a vacation）という文は、直観的には少なくとも次の四種類の解釈ができる。〔第一に〕見込み（likelihood）。[★2]〔第二に〕たとえば「世界にはもっと多くの愛があるべきだ」という文に出てくるような、何かが「適切である」という意味での望ましさ（desirability）。〔第三に〕ハーマンが「道徳的意味」と呼ぶもの。そして〔第四に〕ハーマンが「自愛の思慮に関わる（prudential）意味」と呼ぶものである。このなかで最初の解釈はたしかに存在しているものの、上の特定の文例に適用すると若干ぎこちなくなる。しかしここではそれにはこだわらない。多くの他の点と同様これについても、この議論ではこの語に完全な説明を与えているふりをするつもりはまったくない。いわゆる「自愛の思慮に関わる意味」についても後で戻ってくることにするが、このフレーズでは〔この解釈を〕うまく浮き彫りにすることができていないのは確かだと思われる。私が議論したい最初の問いは、ハーマンが区別したなかで二番目と三番目のものに関わる。このふたつのラベルづけの方法では、実は問題の要点が明らかになっていない。明らかに、「道徳的な意味」というラベルは、二番目の〔望ましさという」意味から完全に区別されたものを何も示すことができていない。なぜなら、道徳的な望ましさ・適切さといったものが存在するからである。実際、世界にもっと多くの愛が存在することに対する欲求という例自体、まさに道徳的感情を表現していると言われる。もしここで分離されるべき観念があるとすれば、それはもっと制限された道徳的観念、たとえば責務（obligation）の観念と関係があるように思われる。

ハーマンは〈べし〉を使った文について、論理形式の違いによって上のふたつの種類を判別することができると主張している。彼の想定によれば、この判別は、能動／受動の変換の適切さを用いたテストによって行うことができる。例として、次の文の関係を考えよう。

(1)ジョーンズはスミスを尋問するべきであった。（Jones ought to have examined Smith.）

(2)スミスはジョーンズによって尋問されるべきであった。（Smith ought to have been examined by Jones.）

〈べし〉の用法の一部では、(1)と(2)は同義である。また別の一部の用法では(1)は適切だが(2)が不適切だということがありうる。特に、もし(1)がジョーンズの責務を表現しているのならば、(2)は適切ではないと主張される。ハーマンはこの事実の「自然な説明」を提示している。これによれば、「少なくとも二種類の、論理的な性質が違う〈べし〉の用法がある」という。ひとつの用法では、〈べし〉は事態（a state of affairs）の性質を表現しており、もうひとつの用法では、行為者と、その可能な行為のコースとの関係を表現している。前者については能動／受動の変換を行っても文が同義であることが予想される（こうして関連づけられたふたつの文は、同一でない文が同一の事態を表現するということがありうる限りにおいて、同じ事態を表すからだ）。後者ではそれは期待できない。

〈べし〉に行為者の属性を表現していないような用法が存在することは争えない。たとえば

(3)この部屋は掃除されるべきだ。(This room ought to be swept.)

のような文は、O(p)という形式で表現することができ、〈べし〉は命題についての演算子（operator）として使われている。こうした〔O(p)という〕表現は、次の文にも適用できる。

(4)誰かがこの部屋を掃除するべきだ。(Somebody ought to sweep this room.)

(4)は多義的であって、この多義性が作用域《スコープ》についてのよく知られた多義性にあることは明らかである。したがって、少なくとも、〈べし〉が表現できる、ある人物についてのある導出的属性が存在するに違いない。すなわち、〈彼が〜するという事態が成立するべきであるような人物である〉という形式の属性である。これは、完全に不透明なコンテクストを生み出さないどんな命題演算子からでも導出できるタイプの属性であり、〈べし〉はそうしたタイプの命題演算子のひとつである。

しかし、ハーマンたちのように、〈べし〉には行為者の属性を表現するような意味があると主張する人々は、こうした可能性のもっと先を見ているのは明らかだと思われる。先のようなことは、この〔O(p)という形の〕命題演算子が一般に持つ性質であって、この〔〈べし〉という〕演算子の使用について他にどんな辞書的な区別が行えるかということには関わらない。むしろハーマンが主張しているのは、〈べし〉には、辞書的根拠にもとづいて区別されるべきであり、かつまた、命題の演算子としては読まれるべきではない用法が少なくともひとつある、というものだと理解されるべきである。彼はこうした条件を満たす〈べし〉が道徳的責務を表わす〈べし〉だと主張しているのである。

私はまず、道徳的責務についての主張を考察して、道徳的責務の〈べし〉を命題的演算子以外の何かだと考える必要はないと主張したい。我々に必要なのは、論理形式の違いを導入することではなく、むしろ、成立するべき事態にはいろいろな種類があるのでその区別をすること、また、どうしてある事態が成立するべき事態となりうるのかの複数の仕方を区別することである。その次に私は道徳的責務の〈べし〉とは別の意味の〈べし〉を区別するが、これも論理形式の違いを持ち込むものではない。

次の文の対を考察してみよう。

(5)誰かがあの老婦人を助けるべきだ。(Someone ought to help that old lady.)
(6)ジョーンズはあの老婦人を助けるべきだ。(Jones ought to help that old lady.)

よくあるのは、(5)のような主張に加えて、ジョーンズを特に選び出すような何らかの考慮事項があることで、(6)のような主張が支えられているという場合である。その考慮事項とはたとえば、ジョーンズが、求められている援助をする能力を持ち、手の届く距離にいる唯一の人物である、といったものである。(5)の〈べし〉は命題演算子として登場しており、それが(6)において別の何かに変えられることを要請するものは何なのか、そもそもそれを許容するものは何なのか、ということは理解しにくい。(6)は多くの人が、おそらくは広い意味であれ、「道徳的責務」と呼びたいと考えてきたものを表現している。

(6)を支持する根拠には、ジョーンズから話が始まる別種の理由があってもおかしくない。それはたとえば、ジョーンズはその老婦人が困ったときに援助する約束をしているとか、彼は彼女の甥である、といったものである。そうした場合、我々は最も厳密で非学術的な意味で、ジョーンズにはその老婦人を助ける道徳的責務がある、と表現する。こうした内容のことも、先と同じように(6)の文で表現されるものであって、このふたつの別種のコンテクストで使われているからといって、その〈べし〉が別々の〔論理的〕構造を持っていると考える理由は私には見当たらない。もし(6)が「O(p)」という形式のものであるならばそれは能動／受動の書き換えができるはずだという論点は、どちらのコンテクストでも単に受け入れられるものであるように私には思われる。ジョーンズは老婦人を援助する道徳的責務を負っているから彼はそうするべきである、というのならば、老婦人はジョーンズによって援助されるべきであるということが実際論理的に導出できる（ただし、これが正しいとしても、このことから、老婦人は、たとえば彼女に対して特別な責務は負っていないがもっと近くにいるあなたに助けられるのではなく、ジョーンズによってこそ助けられるべきである、ということまでは導出できないということには注意を促しておく価値がある)。もちろん、老婦人にはジョーンズによって助けられる責務がある(under an obligation)ということまでは導出できない。それは、そうしたことがありえないということではなく(彼女は軽率にも、お節介なジョーンズの〈援助しますよ〉という申し出を受け入れる約束をしてしまっていたかもしれない)、そうしたことは老婦人についての特殊な事実から帰結することであって、ジョーンズについての特殊な事実から帰結することではないからである。そうすると、もともとのハーマンの例で、責務の場合に(1)の文の方が(2)の文より「適切」である理由は、相当に明白である。(2)よりも(1)を選ぶということは、その状況がまさに責務に関する状況であるということ、そしてそれがジョーンズの責務に関するものであるということを示している。

こうしたことが正しければ、責務は、〈べし〉を含む文に新たな論理構造を必要としない。必要なのは、ある人がある特定の行為をするということが成立するべきだという特別な理由だけである。しかしながら、こう反論されるかもしれない。そうした提案は表面的なもので、責務という観念をもっとしっかり検討してみれば、責務は最終的に命題演算子以外の何ものかとしての〈べし〉を導入することを要求するものなのだ、と。約束という特定の例を取り上げてみよう。AがXをすると約束すれば、Aは自分自身をXをする責務のもとに置いたことになり、それゆえAはXをするべきである。つまり、ここまでで受け入れてきた構造においては、○(AがXをする)、ということである。しかし、AによってXがなされさえすれば、彼はするべきことをした、ということが成り立つのだろうか。明らかに、AによってXがなされるならど、うやってでもよいというわけではない。まず少なくとも、AがXをするのが意図的であることが要求されるだろう。しかしこれ以上のことが要求されていると主張されうる。もしAがするべきことをしたとすれば、彼はXを意図的になしただけでなく、ある特別な動機から、すなわち自分はXをするべきだという思いからしたのでなければならない。これを「カント的要件」(Kantian Requirement)と呼んでよいだろう。もし我々がこのカント的要件を受け入れるならば、たしかにまた別の意味論的構造が必要になる。というのは、ここまでの提案では、Aがまさに彼がするべきことをするという観念は、まさにある成立すべき事態が成立するとだけ言えば表現できた。しかし、もしカント的要件が効力を持つならば、成立するべきなのはどのような事態であるかをこうした事例でははっきりと特定することができない。というのは、こうした事態では行為者の思考がその成立すべき事態の一部でなければならないわけだが、その思考を特定する際にさらにまた同じ問題が生じることになり、避けようのない無限遡行や不確定性という厄介ごとに巻き込まれてしまうからである。

私見では、この議論はある重要な結論につながるのだが、ともかく現在の考察のかぎりでは、この議論は〈べし〉が統一的構造を持っているという発想を覆すまでには至っていない。行為者を動機づける思考についてのカント的な種類の要件が、こうした事例でどの程度まで成り立っているかは、何にせよ全体としては明白ではない。しかしながら、それが成り立っている限りにおいては、次のように考えればその論点には答えられることになるだろう。すなわち、そこで要求されている動機は、一般的な〈べし〉を還元不可能な形で導入するような思考を含んでいる必要はない、と。むしろ、そうした〔カント的〕条件が約束を実行する人について成り立っているならば、〔事態として〕成立すべきことは、Aが〈自分は約束したのだ〉という思考から意図的にXをなすという事態なのである。そして同じような考え方が、他の形の責務についても適用できる。〔それどころか――さらに検討が必要ではあるものの――実はこうした説は〔上述の議論とは〕独立に動機づけられるかもしれない。つまり、「約束は守るべきである」といった規則を習得するときに人々が習得しているのは正確に言ってどんなものなのかを調和的に説明するという動機があるかもしれない。〕

次の点は非常に重要である。もし、「Aがある責務を負っている」ということから帰結するものを表現するために、「O（Aが X をする）」以上のことは必要ないということに同意したとしても、だからといって、義務論的な見方の代わりに帰結主義的な見方を採用しなければならないわけではない。もしAが約束を守るべきであるとするなら、上の分析からは、Aが約束を守るということが成立するべきだ――つまり（そう言いたいならば）特定の事態が生じるということが成立するべきだということになる。しかし、だからといって、彼が約束を守るということが成立すること以外の、約束を守ることに関連する何事かのゆえにこうなるのだ、という想定にコミットしたことにはならない。帰結主義やそれに類する問題は、「O(p)」を使った分析の長所には関わりがない。そうした問題が関わるのは、「O（Aが約束を守る）」が、それ以外の何らかのpについての「O(p)」にどう関係しているかである。[*2] たしかに、「約束は約束なのだ」ということ以上には、約束を守るということやそのメリットについて何も言うべきことがないなどということになれば大変奇妙なことだが、しかしその理由は、この〔〈べし〉の〕分析のみからは帰結しないような理由である。

道徳的責務についてのさらなる問いについては後述する。しかし最初に、「私は何をするべきか」（What

ought I to do?）という熟慮の問いに現れる〈べし〉の問題を考察しなければならない。こうした「実践的な」べしを、一般的な命題的〈べし〉から区別する論拠となる考慮事項はたしかに存在するように思われる。このように区別する理由としてすでに提案されている[*3]ことのひとつは、実践的な〈べし〉は現実での実際性によって厳しく統制されているのに対し、一般的な命題的〈べし〉は話者の単なる気紛れによるものであることが許されているというものである。そのため、（実践的な）「AはXをするべきである」は、AがXをすることが可能であるということを含意する。しかしながら、一般に、「O（AがXをする）」はそうした含意を持たない――もしAがXをすることが可能ではないとしても、話者はせいぜい、AがXをすることが可能であるということが成立するべきだ、と譲歩しさえすればよい。さて、熟慮の〈べし〉が実行可能性（possibility）を含意するからといって、それだけでは、論理形式の区別をもたらしはしない。特に、命題演算子としての〈べし〉と、行為者の関係的属性を表現する〈べし〉との区別を生むものではない。命題形式が使われていることに疑いがない場合でも、実行可能性の含意はさまざまに異なる形で存在しうる。そうした含意はコンテクストや、その談話の目的や、その他の語用論的な考慮事項に難なく帰することができる。たとえば、

(7)この場所は鉄道の駅であるべきだ。（This place ought to be a railway station.）

という発言が、審美的なコメントとしてサンピエトロ大聖堂について言われたものであれば、この発言に

対して「それはありえない」(it can't be) と答えるのは的外れである。他方で、

(8) この場所は店舗に使われるべきだ。(This space ought to be used for a store.)

という発言がコンサルタントから会社経営者に対してなされた場合、「それはありえない」という答えは的外れではない。しかし、(7)と(8)が同じ論理形式を持つものとして扱われるべきなのは間違いない。仮に、道徳的責務についての言明に現れる〈べし〉を命題演算子であると考えるのが正しいとしよう。すると、「〈べし〉は〈できる〉を含意する」ということを道徳的責務に適用しようとすることについても、上と同じような語用論的な考察がなされなければならない。この点については後で戻ることにしよう。

実践的な〈べし〉には一般命題的な〈べし〉にない——また私の意見では、道徳的責務の〈べし〉にもない——もうひとつの特徴がある。[*4] 実践的な〈べし〉は、「私は何をするべきか」という問いへの「すべてをあわせた上で」(all-in) の、あるいは「最終的な」(conclusive) 答えとみなされるべきであり、そして、この役割を果たす〈べし〉は、「排他的」(exclusive) と呼べる性質を持っている。すなわち、もし私がXをするべきであり、また私はYをするべきでもあるならば、私がXとYの両方をすることが可能でなければならない。この特徴は、「私は何をするべきか」への答えを否定によって絞り込むことが熟慮のプロセスそのものに含まれているという考えと密接に結びついている。

〈べし〉の〕この用法においては、〔道徳的責務の場合について私が議論したこととは違って〕能動態/受動態

の変換を適用するとたしかに疑わしいものになるように思われる。たとえば、私は道を知るために近隣住民と思われる人に尋ねなければならないとしよう。私は住民に道を訊くべきであると結論するわけだが、ここから、この住民は私によって道を訊かれるべきである、と結論するのは非常に奇妙に思われる。このことは、ここで我々が扱っているのは実は命題的演算子ではない、と示唆しているように見えるかもしれない。しかしこの示唆はミスリーディングであり、この能動態／受動態の現象に説明がありうるならば、その説明は他のところに求めなくてはならない。というのはこうである。数人で一緒に熟慮した結果、ひとりが

(9)我々の誰かひとりが上司に情報を伝えに行くべきだ。(One of us ought to go and inform the manager.)

と結論したとする。実践的あるいは熟慮的な意味における〈べし〉の解釈をそのまま保つならば、(9)はいまだにふたつの読み方が可能であり、そのうちひとつは〔上のような〕命題的演算子を要求する。[*5] これによれば、あたかも、〈べし〉には一般にさまざまな意味の区別が必要ではあるにしても、こうした意味の区別は先に想定されたような論理形式の違いには結びついていないと結論してもよいように思われる。

実践的・熟慮的な意味においては、「AはXをするべきだ」は、「AにはXをする理由がある」(A has a reason to do X) を論理的に随伴しており、これは〔理由についての〕主張の「内在的な」意味と私が呼ぶも

のである。[*6] しかしながらこのふたつの文は同義ではない。なぜならば、「AにはXをする理由がある」は排他的ではないからである。実践的な意味での「AはXをするべきだ」は行為者の目的やプロジェクトや目標などの集合（これにはもちろんAが認める道徳的な制約やその他の制約も含まれる）に相対的であるから、もしこの種の主張が、Aがある目標を持っているとすれば、という想定にもとづいていて、しかもその目標をAが持っていなかったなら、そして彼が実際に持っている目標から健全な熟慮によってその目標まで辿りつくルートが存在しないならば、その主張は間違っているということになる。

こうした構造を受け入れるなら、〈行為者が、先ほど区別した第一の意味、すなわち命題的意味においてなすべきであることが多々あると認めつつも、熟慮の結果、そのどれひとつとしてすべきではないという結論に至る〉という場合は明らかにありうる。これは別に驚くべきことではない。また、本章の分析によるならば、自分にはあることをする道徳的責務があると認めつつも、熟慮した結果、そうすべきでないという結論に行為者が至ってもそこに何の矛盾もない場合もあるだろう。もし、熟慮すれば道徳的責務が必ず最優先されるのだという説を論証しようとするのであれば、その論証は別に提供されねばならない。また、次のことも同じように導かれる。すなわち、実践的な熟慮の末に到達した〈べし〉が、熟慮を進めるなかで受け入れていた何らかの道徳的責務の〈べし〉と一致したときにも、その最終的な〈べし〉は、それまでに考慮した道徳的責務の〈べし〉を最後にもう一度繰り返しただけのものではない。

すると、この説によれば、実践的〈べし〉は実行可能性を含意し、排他的であり、当の行為者のプロジェクトに相対的であるということになる。すべてを含んだ上での〈べし〉、という実践的熟慮の〈べし〉

の機能をふまえれば、なぜまさにこうした特徴を持つべきなのかは明白である。おそらくたったひとつの点を除いた他のあらゆる点で、実践的熟慮の〈べし〉は道徳的責務の〈べし〉とは異なっている。あるいはむしろ、実践的熟慮の〈べし〉という概念そのものは、道徳的責務の〈べし〉とは異なっていると言うべきかもしれない。というのは、道徳的な動機を持っている行為者がめぐらす熟慮や、そうした行為者に与えられる助言においては、道徳的責務の〈べし〉と実践的な〈べし〉とが一致することも当然ながら多々あるからだ。さらにいえば、道徳的考慮事項が効力を持つ実効的なシステムが存在すべきであるならば、かなりの程度までそうなっていなければならない。行為者たちの相当数がたいていのとき、熟慮するにあたってこうした道徳的な考慮事項に効力を認めるからこそ、こうした道徳的考慮事項が効力を持つことになるからである。

道徳的責務についての言明は、「〈べし〉は〈できる〉を含意する」という点で、実践的〈べし〉に似た特徴を持っていると広く認められている。すなわち、責務は実行可能性を含意する。これが——少なくとも、契約や地位といったものに関連するより狭いクラスの責務についてはそれ以外の事例に比べて、行為者がそれを実行できることは明白だとはとても言えない。こうした事例では、それ以外の事例に比べて、行為者がそれを実行できない場合にも彼がその責務を負っていることがあると人々は認めがちである。行為者自身もそう考えてときに後悔を感じることがあり、こうした後悔は解決不能な衝突の特徴にもなっている。[*7] こうした可能性を支えているのは、こうした事例では、特定の行為者と特定の行為を選び出すことになる考慮事項が存在していて、それは彼がそれを行為する実行可能性とは（少なくともある程度）独立しているということである。

〔しかし〕これはある程度そうであるにすぎない。というのは、もし実行不可能性が予見できるなら、そんな約束は約束とみなされないとか、結局それは彼の役割に付随する責務ではないのだと言うもっともな理由があるだろうからである。しかし、実行不可能性が予見できなかったり、実際に予見されなかったとすれば、そして約束や役割に付随する期待が作用する場合には、仮に当の行為者が当の責務を実際には実行不可能だったとしても、その行為者が責務を負っているという慣習的な根拠があれば、それだけで彼は責務を負っているとするに十分であるであるとしばしば考えられるのである。こうした事例を離れ、また道徳的責務の観念を広いものにすればそれだけ、こうしたことが生じる余地は少なくなる。というのは、責務が〔約束や地位などによって〕公式に導入されていない事例では、Aの道徳的責務を表現するものとして、Aについてのある〈べし〉言明を選択するということそのものが、彼がその行為をする立場にあるかどうかという考慮事項を含んでいるからである。こうしたことになるのは、道徳的責務というカテゴリーは、ふたつの観念と結びついており、さらにそれらが互いに結びついているからである。そのふたつとは、非難という観念と、〈熟慮を通してその人の性格が表現されるような行為〉という観念である。道徳的観念の集合にはそれがどんなものであれ後者の観念が必要だが、すべての道徳システムが非難の観念を必要とするると、あるいは、道徳的責務の広い方の観念を必要とすると決まっているわけではない。しかしながら重要な点は、我々がそうした観念を使用する限り、まず〔広い意味での〕道徳的責務についてのはっきりした観念を持って、それに後から非難やそれに関連する反応が加えられる、ということにはなっていないということだ。広い意味での道徳的責務のクラスとは、まさに、非難や他の同様の反応が加えられた行為者の行為についての〈べし〉のクラスである。ここから、私が論じてきた結論、すなわち「道徳的責務」は論理形式によって選別することができるような〈べし〉のカテゴリーではない、という結論が帰結する。

道徳的責務という観念を用いている人々の信念システムの外にいる行為者についてはどうだろうか。少なくとも契約にまつわる事例に関しては、そうした行為者であっても、ある意味で、完全に他の人々の信念システムの外にいることはできない――もしまったくシステムの外部にいるならば、そうした行為者が何を言おうとも、それは契約とはみなされないだろう。しかし、地位にまつわる事例においては、また、「道徳的責務」の広い意味においては、こうした道徳的に考慮すべき事項は〔少なくともある種のケースでは〕それに答えることを拒否しようとする行為者にも妥当すると考えられている。そうした〔道徳的責務を拒否しようとする〕行為者にも何らかの責務が適用される（apply）という考え方には、どれほどの重みと内容があるのだろうか。

責務に関する言明は、たしかにそうした行為者に言及（refer）はしているが、この当たり前の真理は、問題になっている考えそのものは捉えていない。さらにいえば、もしそうした行為者がこうした考慮事項を気にかけないならば、彼はそうした考慮事項を気にするべきだと周囲の人は感じるだろう。これが〔道徳的〕責務を〔全部ではないにしても〕他の種類の〈べし〉から区別するものであるが、究極的には行為者に対する「拘束力」（hold）を〔他の〈べし〉以上に〕持つものではない。というのも、前者の〔他の〕〈べし〉について生じる問いは、後者の〔道徳的〕〈べし〉についても生じるに違いないからである。[*8] しかしながら、こうした事実以上のものは何もないのである――あるのは、ある人が、自分たちはするべきではないと思っていることを、別の誰かが確信を持って、あるいは平気な顔で行うのを見たときの憤激や失望や悲しみや恐怖などだけである。ある種の事例では、こうした〈べし〉をそうした行為者にべったりと貼りつけてしまいたいと批判者たちは深く願う。しかし、この目的に使える糊は、社会的・心理学的なものしか存在しない。

重要なことであるが、「O(p)」については、最も認知主義的な解釈も含め、ほとんどの解釈の上で以上のことが成り立つ。これは、情動主義や指令主義のいつもの議論を持ち出すよい局面であろう。その議論とは、「O(p)」が「O（AがXをする）」という特定の形をとっているとしても、それがこの世界についての何らかの事実を述べているだけなのであれば、なぜAはその特定の事実について気をとめるべきなのかについてさらなる説明が必要である、というものである。

O（AがXをする）について、Aとこの文の真理の間の関係をもっと密接なものにするとそれ自体で期待できるようなある解釈があり、私が考えるにはこれが唯一のものである。それは、O（AがXをする）をAが行為する「外的理由」[*9]を表現しているという意味にとる解釈である。この解釈は、彼が合理的であろうという関心を持っているのは確かだとした上で、もし彼がそれを無視すれば不合理になってしまうという形で〈べし〉を行為者に「貼りつけて」しまおうとするものだ。こうした提案が日常的な道徳意識が道徳的責務の〈べし〉に求めているものを実際に捉えているかどうかは、私には非常に疑わしい。どちらかというと、〔そういう解釈は〕合理主義的な理論的構築物によって道徳的責務の〈べし〉のなかに読み込まれているように見える（もしかすると、あのまぎらわしい名前の「定言命法」にカントが求めていたものはこれなのかもしれない——私自身は疑わしいと見ているが）。しかし仮にこれが日常的な道徳意識によって求められているものであるならば、道徳的責務などというものは幻想であると考える十分な理由があることになるだろう。というのは、行為の外在的な理由など存在しないと考える十分な理由があるからである。

第一〇章　実践的必然性

日常的な状況で熟慮を行っている人は、ある行為について、自分がなさねばならない（must）、ないししないといけない（has to）ことだと結論することがあるだろう。カント的な道徳的行為者とは自分がなさねばならぬことについての捉え方によってコントロールされている人のことであり、したがって彼なりの必然的に例外的な仕方で、ソフォクレス劇の主人公である。これらの考え方は普通に想定されるよりもお互いに近い関係にあり、日常的な熟慮とある様相概念、すなわち実践的必然性（practical necessity）の概念を共有している。この概念はもっと注目するに値する。[*1]

〈べし〉（ought）から始めるのが実際一番いいだろう。〈べし〉には他にもいろいろな用法があるかもしれないが、[*2]少なくとも熟慮の結論における表現としての用法があることは分かる。「これは私がするべきことだ」という文は、ある行為の道筋（course of action）が、すべてのことを勘案した上で、その状況に関連する理由、動機、制約などに照らして適切であるということを行為者が認識しているということを表現している。この結論の意味が、その結論が答えとなる疑問、すなわち「私は何をするべきか」にも意味を与える。

この結論的な〈べし〉については、それが実践的な〈べし〉であることは明らかである。これは、単にそれが行為に関するものであるという意味においてだけでなく（〔つまり、〕たとえば、単に望ましい事態に関するものであるというわけでなく）、当該の行為が行為者にとって可能なものでなくてはならないという意味においてもそうである。いずれにせよ、ここにおいては、〈べし〉は〈できる〉を実際に含意するのである。そのような〈べし〉は、さらに、もし私がAとBを両方行うことができないなら、私がAすべきであり、かつ、私がBすべきである、ということはありえない、という意味において排他的である。[*3]

この〈べし〉が道徳的責務と特に関係がないということは非常に明らかだろう。「私は何をするべきか」という問いは道徳的責務の問題がまったく状況に絡まない場合でも問うことも答えることもできる。そして、実際に道徳的責務が考慮の対象となっている状況に絡んできた場合でも、私にそれをする責務があるということは、すべてを考慮に入れた際に、私がそれをすべきだということではないかもしれない——たとえ（これが唯一の場合ではないが）私に何かそれと対立することをする道徳的責務もあるから、というだけの理由であっても。

ある行為者にとって何をするのが理にかなっているのかをアドバイスしたり議論したりするような場合には、事実上この〈べし〉にあたるものの重要な二人称や三人称での用法があるということは触れておく価値がある。このような用法においては、この〈べし〉が、広い意味で、当該の行為者のプロジェクトや動機といったものに相対的であることも明らかになる。仮に、AがBにあることをするべきだと言ったのだが、AはBが基本的に望んでいることや目指していることについて誤解していたという場合、Aの言明は、この意味で言っているのなら、撤回されなくてはならない。

ちょうど最善の（best）が唯一の（only）と関わるのと同じ仕方で、〈べし〉は〈ねばならない〉と関わっている。これはこれらの語の一般的な特徴のようで、実践的な熟慮とも道徳性とも離れた文脈（たとえば推論を表現する場合）でさえも見られる。これに関連して言うと、プリチャードは、行為者の意図に対して「条件的」（hypothetical）な〈べし〉は、行為者がその目的に到達するために必要な手段を表現する、と主張したが、[*4] これは間違っていた。誰かに対して、もしYを望むならXをするべきだ（ought to do X）、と言うときに我々が普通表現しようとしていることは、XはYのための最善の、ないし好都合な手段だということである。もしそれがYのための唯一の手段なら、彼がYを望むならそれをせねばならない（must do it）。


定言命法と仮言命法の区別とされるもの——これは非常に大きな混乱を引き起こしてきたトピックだが——について、ここで何かを言おうというつもりはない。ここで必要なのは、もしAがXを望み、かつ、彼がXを望むなら彼はYをせねばならないというのがもし真だとした場合、これらのことからは、彼はYをせねばならない、という結論は導けないということだけである。この結論が導けるのは、これに加えて、Xが彼が追求すべきものである場合だけである。したがって、一人称で言うなら、もし私が、私はYすべきであると結論するなら、これは、Yは自分の何らかの目的のための唯一の手段だと私が理解した、というだけでなく、Yは私にできる唯一のことである、と理解したからである。

しかしながら、ここに困難が生じる。私にできることがたったひとつしかなく、他の選択肢となる行為の流れが――容易に論点先取になりがちな表現を使うなら――文字通り不可能である、というのが事実だということはめったにない。普通は、他の選択肢ははるかに大きなコストがかかるか、何らかの道徳的制約によって排除されるかである。熟慮に組み込まれているさまざまな考慮要因が、好ましい行為の流れを唯一選び出す。他の選択肢が除外され、ひとつだけが残り、それが私のなすべきことである。困難は、これが、ひとつの行為の流れを唯一選び出すようないかなる熟慮にも当てはまる記述であるように見えるということである――唯一の結論に落ち着くようないかなる熟慮にも当てはまるということであり、言い換えれば、成功したすべての熟慮に当てはまるということである。そのため、なぜ結論までたどりついた実践的決定なら何でもこの形式になるというわけではないのか、そしてそれゆえ、なぜすべての熟慮的な〈べし〉が〈ねばならない〉だということにならないのかが、はっきりしない。しかし、すべての〈べし〉が〈ねばならない〉だというのは真ではない。なぜそうならないのか。

この問いには、どちらかといえば退屈な答えしかなかったのかもしれない。たとえば、〈ねばならない〉という表現が選ばれるのは、選好された行為の流れが非常にはっきりと他の選択肢よりも好まれる場合であるとか、理由の重みが圧倒的に一方を支持する場合である、といった答えである。この退屈な答えに類するものが正しい事例もある。それは、一組の目標や制約が単に当然の前提とされ、それと相対的に特定の行為の道筋が非常にはっきりと選び出されるような事例である。そして、普通ならばその行為をやめさせるような何らかの考慮要因があるような場合には、必然性にまつわる言葉がさらに適切になる。しかし、一般には、この退屈な答えは誤っている。必然性は決定的であることと同じではない。また、他の分野における必然性以上には、この必然性は確信（certainty）と同じではない。ある行為者がある道筋を自分が選ぶべき道筋だと結論するのは他の選択肢を長く熱心に考察した結果かもしれず、そしてその際に、その行為者がこの信念について確信を持てず、他の道筋に強力な利点があることをなお非常にはっきりと理解しているということはありうる。

しかしながら、最も大事な点は、〈結果を決定する一組の目標や制約がその行為者によって受け入れられている、ないし当然の前提とされている〉ということが、〈その行為者が——この熟慮に関するかぎりは——そうした目標や制約を変更しようと思っていない〉という意味であってもこの退屈な答えにとっては十分だ、ということである。しかし、〈ねばならない〉が本領を発揮する実践的必然性の深刻な事例においては、これは成り立たない。そうした深刻な事例においては、必然性の概念は目標や制約そのものに当てはめられる。

この論点は、レトリックや欺瞞の言語を使って例示することができる。取引やゆすりや脅迫をしている人は、相手方の不十分な反応のために、不愉快な行為をする「以外の選択肢がなくなってしまった」といった言い方をする。これはただの言葉にすぎないが、その言葉で示唆することが意図されている内容から学べることがある。それは、もし彼らが単に、この行為は彼らが圧倒的に最も好むものであると言いたいのであれば、こういう言い方はしないだろうということである。他の選択肢の不可能性か、行為者の不能性といった何らかの概念が働いているのである。彼が装っているものが我々が探し出そうとしているものであり、それは単にある一組の理由が決定的な重みを持っているというのとは違う何かなのである。

必然性のいかなる概念もそれと対応する不可能性の概念を伴っていなくてはならず、一方を使った言明は、他方を使った言明に作り直すことができるはずであるが、どちらが最初により自然に出てくるかは重要かもしれない。熟慮の場合には、私の思考の構造の中に必然性が入ってくるふたつの仕方の間には重要な違いがある。私は自分がXをしないといけない（have to do X）と結論する際に、その結論はたとえばXが私が圧倒的に重要だとみなす項目だからかもしれないし、Xをしなければすべてがだめになるだろうからかもしれない。その場合、その結果として、X以外の選択肢YやZは、もはや選択肢ではなくなる――YやZは、〈私にはできないこと〉になる。別の場合には、不可能性の方が優先する。X以外のただふたつの選択肢YとZは、どう考えても私にはできないことであり、そのため除外される。この場合、その結果として、Xは〈私がせねばならない、ないししないといけないこと〉になる。

　このように思考の構造を表現することに暗黙のうちに含まれる論点のひとつは、義務といったものと特に関係して「道徳的」という表現が狭い意味で使われる際のどの意味においても、道徳的必然性には何ら特別なことはない、ということである。もちろん、「道徳的」という言葉の何らかの広い意味においては――性格と行為に関わるという究極的に広い意味においては――必然性という言葉が使われる本当にまじめな事例のすべてが道徳的必然性だと言えるかもしれない。ある行為者が認識する制約や要請や不可能性の中には、明確に道徳的な理由によって成り立つものがある。とりわけ、〈どんなことが（多かれ少なかれ）あろうと彼にはできないこと〉のクラスには、彼が他人の権利とみなすもののゆえに、彼が他人に対してできないことや、選択肢から除外される行為の道筋が含まれる。

「私はせねばならない」という言葉の前では、他の選択肢はもはや選択肢ではない。つまり、他の選択肢は〈自分にはできないこと〉になるのだが、それはちょうど、もう一方の構造において、ある選択肢がどうしても自分にはできないことであり、その考慮が「私はせねばならない」を導き出すのと同様である。しかし、いったいどうしてある選択肢が〈私にできないこと〉であったり、そうなったりすることが可能なのだろうか。ここで、人によっては、意味を区別するという武器に手を伸ばし、〈できない〉にはふたつないしそれより多くの意味があって、その中にはある行為者の熟慮において具体化されるあらゆる拒絶を指す意味もあれば、ある人が「文字通り」できないことを指す意味もある、という言い方をするだろう。しかし、なぜ我々はそのような意味の区別に頼らなくてはならないのだろうか。なぜこの種類の〈できない〉は〈できない〉以外の何ものかでなくてはならないのか。この種類の〈できない〉は、たとえば、中心的な特徴として、ある行為者があることができないと考えたり結論したりしたときに、それが正しいなら——後で見る重要な限定はあるが——彼はそれをしない、という特徴を持つ。

それは必然性が関わるからではなく、その状況には実践的な受容が含まれているからだ、と言えるかもしれない。たとえば、もしある行為者が実践的な意味において自分はXをするべきであるということを受け入れたなら、彼は——一般的に、そしてアクラシアの問題を棚上げするなら——Xをする。しかし、これは、人々は自分たちがそれをなす最も大きな理由を持つと考える行為を（少なくとも）一般的にするからであって、〈べし〉という言葉の単なる含意によってするのではない。たとえば、ある助言者がAはXをするべきだと言うかもしれないが、少なくとももしその助言者が相対的な実践的な助言というモードで話しているのであれば、彼はたしかに、Aが「私はXをするべきである」と言うときに言うのと同じことを言っているのであり、Aが「私はXをするべきではない」と言うときとは逆のことを言っているのである。しかし明らかに、「AはXをするべきである」は、この相対的な実践的意味において言われる場合でさえ、Aが何をするだろうかについては何らの実践的含意も持たないし、もしAが何か別のことをしたとしても、助言者は「AはXをするべきだったのに」という形式でもともとの判断を保つことができる。

しかしまさにこれが、〈ねばならない〉との対比をはっきりさせる。実際この領域にはかなりの多義性があり、英語話者が「あなたにはできない」(you cannot) と言うときに意味しているかもしれないことの中には予測とまったく関係のないことも含まれる。たとえば、そうした表現は「あなたは許されていない」(you are not permitted to) を意味するかもしれない。もしある観察者から見て、この意味である行為者には「できない」ことをその行為者がしたとしても、その観察者はもともとの意見を保持し続けることができる。しかし、相対的な実践的助言の必然性の場合には状況はまったく違う。この状況を最もはっきりと表す英語の言い方はおそらく「あなたはそうしないといけないだろう」(you will have to) か、実は、「あなたには他の選択肢はない」(you have no alternative) だろう。これらの言い方は〈ねばならない〉と違って過去形を持つが、過去形での利用が実際にその行為者が当該の行為を行ったということを含意するのは印象的な事実である。〈べき〉に対して〈べきだった〉(ought to have) が持つのと同じ関係を実践的な〈ねばならない〉に対して持つ表現はない。助言者や観察者といった他の人々の言語そのものが、実践的必然性は「文字通り」の〈できない〉との間に単なる言葉遊びで結びついているわけではないという考え方を真剣に受け取らせる特徴を持っている。すなわち、実践的必然性の〈できない〉は、それ自体ある種の不能性を導入するのである。

熟慮の末に自分にはあることができないと私が結論するとき、私が見て取っているのは私自身の何らかの不能性である。私はその行為の道筋について考えることができるかもしれないが、それを真剣な選択肢と捉えることができない。あるいは、私はそれを選択肢と考えることはできるが、最終的にそれを選んだり実行したりはできない。こうした不能性は観察者にも見て取ることができる。観察者は、それだけでなく、この種の不能性の諸次元のうち、行為者自身が必然的に自分の熟慮では気づくことができないような次元も見て取ることができる。それは、その行為者がこの行為の道筋についてそもそも考えることができないとか、思いつくことができないといった不能性である。行為者は、あるものを「考えられない」と言って却下することで、自分の熟慮の中でいわばこの条件ににじりよることができる――しかしあるものが考えられないと考えることは、それについて考える能力がないということと比べれば、それが考えられないということの証拠としてはそれほど直接的ではない。

私は、もしある行為者がXをすることについてのこの種の不能性を持つならば、彼はXをしないだろう、という主張には限定が必要だと述べた。これはむしろ、彼は意図的にはそれをしないだろう、と言うべきだろう。あることをすることができないとかそのことを排除するような他の何かをしなくてはならないと心から言う行為者は、限定なしには、この世界は彼がそれをする状態を含まないだろうとは言えないし、それは観察者にもできない。というのも、そうした主張は、行為者にとっても観察者にとっても、行為者が意図せずにその行為をするかもしれない――たとえば無知のために――という信念と、たしかに両立可能だからである。

この不能性と行為者が「文字通り」にできないこととを対比する際に意図されていることがもしあるとすれば、この論点であろう。ある行為者が単にできないことは、意図せずにであってもできないのであり、我々の現在の用語法において物理的が心理的と対比される限りにおいて、彼に物理的にできないことすべてに当てはまると推定される。ここで我々が関心を持っているような不能性は、「性格における不能性」というラベルをつけることができるだろう。もっとも、熟慮のモデルで導入されるすべての事例をカバーするには、これを相当拡張し洗練することが必要であろうが。こうした不能性は意図的でないものにまでは及ばず、こうした事例の多くで、行為者がその行為を意図せずに行うことはありうるし、彼がそうしたとしても彼にはそれができなかったという主張は反証されない。もちろん、もしその行為が表面的にのみ意図的でないように見えるのであり、その行為のある記述――その記述の下で、彼が実際にしたことが彼にはできないと信じたような記述――に相対的にそれは偶然ではないと我々が信じるなら、彼は――自分ではそう思っていなかったかもしれないが――実際にそれをすることができたのだと我々は信じることになるだろう。

この種の不能性と標準的な「物理的」不能性の間には、何かをしようとする（trying）という概念と関連してもっと根源的な非対称性が見られる、と示唆する人もいるかもしれない。その根拠とされるのは以下のようなことである。Aには物理的にXができない場合には、そこから、もしAがやってみようとした場合には失敗する、ということが導けるが、これに対し、現在考察しているような事例では、明らかに、これは真ではない、あるいは少なくともそのすべてについて真だというわけではない。しかし、多くの場合、何かをしようとしていると認めてよさそうなものがまったくないのだから、この〔もしAがやってみようとした場合には失敗するという〕ことが「Aには物理的にXができない」から導けるというのは単純に正しくない。他方、もし、AがXをしようとしていると認めてよいような何かが存在するくらいにこの世界と違った世界であれば、その世界はたぶんAがXをすることができるような世界でもあるだろう。「AにはXができない」から導けることは、せいぜい、もしAがXをしようとするならば失敗するか、あるいは彼がXをしようとすること自体が不可能であるか、いずれかである、ということである。そしてこの選言は、ここで議論の対象となっている不能性の場合にも同じく当てはまる。

我々は、〈自分にできること〉が熟慮に限界を設定し、そしてその限界の範囲内で、自分にできることの中で、何を選択するかによって性格があらわになる、というモデルに従う。しかし、性格〔手始めには個人の性格だが、類似の論点は集団や伝統にも当てはまる〕は、それらの限界がどこに設定されるかによっても同様にあらわになるし、ある人が、場合によっては熟慮そのものを通して、自分にはあることができず、他のことをせねばならない、と決断することができるというまさにその事実からもあらわになる。

ある人があることをせねばならないという結論にたどりつくということは、典型的にはある発見をするということである。その発見は——最小限の意味で発見という言葉を使うときには常に、そしてときには内容のある実質的な発見という意味においても——自分についての発見である。にもかかわらず、この文脈は実践的な推論の文脈であり、この事実と、問題の不能性が広い意味において性格に関する不能性であるという考察とを合わせると、この種の不能性が非難をそらすことができないという重要な事実を説明する助けになる。以前に、「私には他に選択肢がない」という表現の不誠実な用法に言及した。この表現の欺瞞的なところは、部分的には、話者が今やろうとしていることは彼にできる唯一のことなのだから、それについて話者を非難してはならない、という含意を持つ点にある。しかし、ある行為者がその地点にたどりついたという事実は、たとえ実際にたどりついたとしても、非難をそらすには十分ではない。ここで考察している不能性は性格を構成する一助となる不能性であり、もしある人が何かに対して責任を認めるのであれば、自分の性格の表現としての決定と行為についての責任を認めねばならない。ある行為が性格の表現であるというのは、おそらく、最も実質的なしかたにおいて、その行為がその人自身のものだということなのである。

深刻な問題について真剣にたどりついた実践的必然性の結論は、実際、その人が責任を負うもののパラダイムである。このことは、多かれ少なかれ、そうした結論が自分自身についての発見となるという事実と関連している。しかしながら、その結論にたどりつくまでの思考は、大部分は自分自身についての思考ではなく、世界や自分の周囲に対する思考である。まだ哲学においてよく理解されてはいないが、これはパラドックスではない。すなわち、自分自身から独立に存在する世界について考えることで自分についての発見があるというのは、実践的推論だけではなく一般に真である。実践的必然性の認知には、自分の力と不能性、そして世界が何を許容するかを同時に理解することが含まれる。単純に自分にとって外的でもなく、かといって意志の産物でもないような限界を認識することは、そうした決定に特別な権威ないし尊厳を与えうる。これは、たとえばルターの有名な格言の中にも聞き取ることができるだけでなく、ルター[*5]やカントや我々が「義務」と呼ぶものから遠く離れた世界においても、アイアスの自殺前の言葉の中にも聞き取ることができる。「私は今、私の道が行かねばならないところへ行く」[*6](now I am going where my way mast go)。

第一一章　相対主義の含む真理

本章はある種の諸問題を相対主義の議論の中に位置づけることを目的としており、そのどれかひとつを掘り下げて扱うことはしない。本章で提起される疑問はいかなる分野における相対主義的見解についても——異なる文化の世界観についてであれ、科学的パラダイムの転換であれ、倫理的なものの見方の違いであれ——問われねばならないものであるという意味で、本章はどんな種類の相対主義とも関わっている。本章では一般的に当てはめるつもりで作られた仕掛けが導入される。しかし、私が相対主義に真理があると主張したいのは、倫理的相対主義の領域についてのみである。これは、他の領域における相対主義の真理性に私が反論しようとしているという意味ではないし、私は倫理を他の領域と切り離すことに関わる無数の問題のどれかを探究しようとしているという意味でもない。

《1》問題の条件

(a)ある程度自足的なふたつ以上の信念体系（複数のS）がなくてはならない。「信念」という言葉の命題的な含意にはあまり重点はないし、それらの体系（以下、例となる信念体系をS_1、S_2と表す）のすべての関連する違いが命題の違いという形で十分に表現できるという含意にはなおさら重点はない。この含意がどのくらい成り立つかの度合は事例が異なれば違ってくるだろう。この構造を適用する際にはいつも、Sの整合性や一様性についてのある程度の理想化が行われる。しかしながら、これらの〔整合性や一様性という〕特徴を与える方法はひとつだけではなく、与え方の違いは、結果として生じるSがどういう仕方で（おそらくはどういう意味で）の理想化なのかに影響する。

この特徴は複数のSの特定そのものに関わるかもしれない。たとえば、同時期に競合するふたつの科学理論は、部分的には、知識の集まりのどれがつじつまが合うかという観点から取り出されるかもしれない。しかし、この場合でさえも、複数のSは、その内容の調和にもとづいて外側から構成された単に知的な項目というわけではない。というのも、実際に、それらの理論（ないしリサーチプログラム）の内部で仕事をし、その理論に整合性を与えようと試みる科学者の集まりが存在するだろうからである。もし、整合性を与えることに失敗することがアプリオリに不可能だとみなされるなら、さまざまなSを使った記述の構造は説明的な価値を大いに損なうことになるだろう。

異郷の文化の場合には、あるSの同定は最初は他の特徴（地理的な隔離や人間集団の内的な相互作用）を通して達成され、Sの整合性は、どちらかと言えばその集団の信念の理解のための理念的な極限として作用する。この考え方は、実際、少なくとももし何らかの客観的な意味における理解を示すものと受け止められるなら、問題含みである。というのも、いかなる人間の集団も完全に整合的な信念の体系を持たないだろうというのは、理解しやすく、またもっともらしい仮説のひとつだからである。にもかかわらず、この要請は、その集団についての理論構築に対する制約として働く。というのも、もし、理論的に構築されるSの中に不整合がどれだけあってもいいのであれば、データによる理論の決定不全はより根源的なものになってしまうからである。

相対主義の問題は、S_1とS_2の間のコミュニケーションやそれらと第三者との間のコミュニケーション、そして、とりわけ、それらのどれを選好するかというテーマに関わっている。異なるSが複数存在するという考え方の応用においては、問題状況の構築においてすでにかなり多くのことが当然の前提とされているということに注意を払う価値がある。たとえば、それぞれのSの内部では、そのSの内部の他者を各人が理解できるということが前提されている。また、人々がある仕方で情報を得るのであって他の仕方ではないということや、彼らが特定の仕方で文化に同化されていくといったことなども前提されている。ある形態の相対主義は、これらの前提そのものに照らして偽であることが示せるかもしれない。これは、「文化」という考え方の起源が——「相対主義」という考え方それ自体と同じように——ある種の文化の中にあるから、という根拠によって示せるということではない（それは何も証明しないだろう）。そうではなく、「文化」のような概念を適用する際に、ある種の関係の集合全体がその主題において具現化されているということが前提となっていて、その関係の集合全体を十全に表現するには、他でもないある特定の文化の諸概念を使うしかない（たとえばある種の因果性の概念を使うしかない）、という根拠にもとづいて示せるかもしれない、という意味である。そもそも問題を設定するために使われる概念の非相対的な妥当性を拒否するどんな相対主義も論駁されるだろう。この問題のこの側面についてはいくらか注意が向けられてきているので[*1]、ここでは私はこの問題をさらに追究はしない。

(b) S_1とS_2はお互いに排他的でなくてはならない。これが何らかの意味で成り立つことは、相対主義が答えを提供することになっている問題が発生するための必要条件である。実際これは、それ自体、この問題に関連するあらゆる意味において、S_1とS_2を同定する上での条件と見ることができる。たとえば、ふたつのSとされるものが、ふたつの異なる時間や場所の歴史や地理にすぎないとしよう。その場合、それらのSとされるものは結合させることができるから、この問題の意味における異なるSではないことは明らかである。

しかしながら、ふたつのSがお互いを排除するための（最も一般的な）条件は何かと問うことで、はるかに難しい問題が提起される。最も単純なのは、S_1とS_2が対立する帰結を持つ場合であり、この条件を、まずは、S_1の帰結C_1が何らかの「はい」か「いいえ」の問いに「はい」と答え、S_2の帰結C_2が「いいえ」と答えることを求めるという形で考えることにする。この条件下では、S_1とS_2は（問題の側面においては少なくとも）比較可能でなくてはならない。

相対主義がそれに対して答えを与えていると想定される問いは、対立する帰結の事例によって提起されるかもしれないが、しかしある他のことが真なのでない限り、相対主義はそれらの問いにまとわりつくことはできない。そのある他のこととは、この種の「はい」か「いいえ」の問いに一方ではなく他方の仕方で答えることが、S_1の保持者ないしS_2の保持者がそれぞれにS_1とS_2を特徴づける（そして両者の違いを特徴づける）立場を放棄することを含まないということである。もしこのさらなる条件が成り立たないなら、

S_1とS_2の間の選択には単純な決定手順があることになり、相対主義は消え去ってしまうことになるだろう。科学の例で言えば、C_1とC_2がS_1とS_2の帰結であると認めた上でこの条件が成り立つ可能性があるのは、その帰結がその体系やその体系を特徴付ける立場から見て周辺的な素材だけを使って導き出すことができるという場合である。この状況は観察によっては理論を決定できないという〔決定不全の〕問題としてよく論じられている状況である。

しかしながら、もし理論の観察による決定不全が根源的なものであるなら、異なるSがこの控えめな比較可能性ですら持つということが要求されうるのだろうか。たとえば、はやりの議論の線の精神で言えば、もしあらゆる観察言明が理論負荷的で、もしすべての理論負荷性が意味のばらつきを示すものであるなら、S_1とS_2に求められたような関係を持つ「はい」と「いいえ」の問いがどのようにしてありうるのかははっきりしない。S_1とS_2が対立する帰結を持つということから含意されることがどれほど小さいかを理解するのは非常に重要である。要求されることは、ある可能な結果について以下の条件を満たす何らかの記述があるということである。その条件とは、その結果の記述がS_1とS_2の両方にとって受け入れ可能だということと、その記述にもとづいて、一義的な「はい」と「いいえ」の問いが形成できるということである。ただし、（ある意味において）同じ出来事についての比較不可能な他の諸記述があるということは十分ありうるが。もしこの最小限の要請が満たされないなら、Sのもともとの記述にとって――科学理論の場合には特に――深刻な問題が生じる可能性が高い。その深刻な問題とは、観察によって理論が決定不全になると言っていたその観察の概念そのものがコントロールできなくなってしまうということである。そしてまた、こうした説明の対象であるとともに、ある面においてはその動機ともなった科学史のある一節を記述できなくなってしまう。（大雑把に言えば、代替パラダイムの選択だけでなく、その選択の場面そのものが、完全に社会的に決定されたものとして現れるかのように見え、科学理論の変化の主な決定要因は退屈なものであるかのように見えてしまうのである。）

しかしながら、科学理論においては、対立する帰結について、まったく比較不可能なくらい異質な体系の可能性を排除するのは賢明とは言えないだろう。社会人類学者の中には、伝統的（前科学的）社会のSについて、それらが近代の科学的な社会のSとはかなり通約不可能だということをほのめかすように見える説明をする者もいる。私はここで、そうした説明が真でありうるかという問題には立ち入らない。[*2] 問題は、どちらかと言えば、もしそうした説明が真であるなら、伝統的なSと科学的なSがお互いに排他的であるという考え――社会人類学者を含め、誰もがそれらは排他的だと言いたいわけだが――にどういう内容が残りうるかということである。ここで言えるのは、両方のSの中に生きることは不可能だということだけであるが、これがどのような仕方で不可能なのかは分析を要する。この曖昧な考えを受け入れるなら、我々は異なるレベルにおいて、対立する帰結という言い方を使い続けることができる。というのも、もしS_1とS_2の両方の内に生きることが不可能ならば、それはS_1（を信じること）の帰結のなかには、S_2（を信じること）の帰結となるような行為や実践と両立不可能な行為や実践が含まれているということだからである。

私にはこれが非常に示唆的な理解のしかただとは思えない。というのも、「帰結」の理解に必要ならばつきは説明されないままだからである。しかし、この捉え方は、限定を常につけたりせずに広い範囲の事例を扱う助けになる上に、特に害はない。そしてそれだけでなく、この捉え方は積極的にひとつのことを明るみに出す。それは、この極限的な事例（これを通約不可能な排他性（incommensurable exclusivity）の事例と呼ぼう）においてすら、排他性の場所（locus）として同定できる何かがなくてはならず、したがってふたつのSは完全に通約不可能というわけではないということである。この場所はS_1とS_2の中で生きることの帰結であるような行為や実践の場所ということになるだろう。これらに対しては、次の広い意味で倫理的な事例に目を向けたときに別の光が当てられることになるだろう。

（広い意味で考えたときの）倫理的な事例においては、対立の条件が、たとえば科学理論の際にそうした対立の条件がとる形態とは違った現れ方をするというのは十分明白である。最も単純な事例は、実践的な問い――あることをするかどうかについての問い――であるような「はい」か「いいえ」の問いに対する答えの間の対立の事例である。ここで、そうした問いは、あるタイプのことがあるタイプの状況でなされるべきかどうかについて尋ねるような、一般的な、言い換えればタイプとしての行為についての問いかもしれない。この場合、S_1がそうした問いに「はい」と答え、S_2が「いいえ」と答えるということが可能である、というような形式化をすることになる。これは、ふたつの理論が対立する予測を生みながらも、どちらかに対してその予測が実際に検証されるかどうかの問いがまだ提起されていないという事例と並行的である。実際の観察が行われたのと類似した構造になるのは、特定の状況で特定の行為者が問う特定のトークンとしての行為の問いという考え方に移行するときだけである。ここでは実践的な問いは実際の事実によって答えられ、この出来事はもちろんトリビアルに条件を満たす。すなわち、たとえばS_1の帰結と対立するような形でこの意味で問いに答えが与えられることは、S_1の保持者が自分の立場を放棄するということを含まないのである（彼はおそらく、その行為者はその決定をすることで誤りを犯したのだと言うかもしれない）。実際に行われたことは、何がなされるべきかについての信念の体系に対してトリビアルな形で決定不全となっているのである。

行為の決定は、倫理的な事例において対立する帰結が生じる可能性のある唯一の場というわけではない。さまざまな形の是認、感情等々がここに入ってきうる。こうしたものについては、そして行為の記述についても、比較可能性の条件を充足することについての困難が再び生じる。この条件はヘアの理論などにおいては簡単に充足される。ヘアの理論は、科学についての実証主義哲学と強い類比性を持っていて、倫理的なものの見方や価値の体系（理論にあたる）は原理（法則にあたる）の集合から成り、その集合の内容はそれらの原理がどのような命令（予測にあたる）を生むかによって完全に特徴づけられる。しかし、これより複雑などんな見解においても、非常に深刻な比較可能性の問題が生じる。ここにおいてもまた、理論の事例においてなされたのと同じ弱い要請に訴えることができる。すなわち、（言うなれば）それを用いて一義的な「はい」と「いいえ」の問いが定式化できるようなある行為の記述が存在するという要請である。たとえば、複婚制社会においてふたりの人と結婚することは、単婚制社会において重婚をするのと同じ状況ないし行為ではないとか、人間を生け贄に捧げることは強盗の際に殺人をするのと同じ行為ではないというのは、たしかに真実であり重要である。しかし、これらの例のそれぞれについて一義的な「はい」と

「いいえ」の問いを立てることができて、S_1とS_2が異なる答えを出すような記述というのはあってもおかしくはない。つまり、体系に基礎を置く対立というものがありうる。ふたりの人物が、行為や是認についての同じ問いに反対の答えを出し、その際にそれぞれの価値体系に動機づけられている（これはそれ自体としては価値体系から命じられない動機によって生じる言い争いを排除するための条件である）、というような対立の状況にいるということはありうる。

通約不可能な排他性の事例（そういうものがあるとして）を記述するための路線として私が素描してきたものの含意として、通約不可能に排他的なSのペアのどれにおいても、ある合意のとれる記述があるはずである。それは、その記述の下で、異なるSを保持する者の間で不一致の場となるような何らかの行為、実践等々が存在するような記述である。もしこの条件が満たされないなら、排他性の概念が——そしてしたがって相対主義の問題が——成り立つどういう余地が残されているのかは、はっきりしない。

《2》ばらつきと紛争

所与の種類のSについて、通時的にも共時的にもばらつきが存在しうる。科学史・科学哲学や人類学等において、これらの種類のばらつきの相互関係と限界について討論する余地はかなりある。たとえば、ある共時的なばらつきが何らかの通時的なばらつきを反映したものなのかどうか、つまり、ある場所における文化的なばらつきが他の場所の過去の文化が生き残ったものなのかどうかという問いがある（ホッテントットは石器時代の文化を持つか、など）[★1]。また、Sの何らかのクラスの定義がばらつきを制限することがある。

たとえば、あるものがその範囲内にあれば科学的理論とみなされるような範囲設定は論争の対象としてよく知られているし、そうした制限を通時的なばらつきを制限するために用いること（つまり、科学の歴史を構成するために用いること）が単なる遡及的な評価の問題なのか、という問いも同様に論争の対象としてよく知られている。（共時的なばらつきについては、統一的で制度化された国際的科学文化が存在することを考えに入れるなら、この問題は別の様相を帯びることになる。）

通時的なばらつきのすべてとは言わなくとも多くにおいて、後の時代のSは、少なくとも直前の先駆者についての意識を持つというのは重要な事実である（もちろん、必ずしもその先駆者や、またはSの後継者が同意するような仕方で意識するわけではないにせよ）。この点において、「客観的」な文化史を書く上での重要な問題があるが、私はこの問題を取り上げるつもりはない。実際、私としてはこれ以降、S_1との何らかの意識的な関係を含むような形でS_2が生じる事例を無視することにし、相互に対する意識が、原理的にはS_1とS_2の存在と独立に発達したものとみなせるような事例だけを考えようと提案したい。この単純化は大胆なものではあるが、ここでの目的には十分役に立つ。

この単純化の下で、S_1とS_2の間の何らかの可能な関係、ないしは関係の欠如について考えよう。まず、S_1とS_2がお互いのことを知らない原初的な状況がある。その後で、S_1とS_2の少なくとも一方が他方と出会うという事例が存在する。これは、Sのうちのどれかを保持している人が他のSを保持している人と出会う、という直接的なものかもしれないし、一方を保持する人が他方について単に聞き知るという間接的なものかもしれない。

そうした何らかの出会いを、現実の紛争（real confrontations）と呼ぶことにしよう（「紛争」という言葉が現在の政治学で持つ含意のすべてを意図しているわけではない）。どんなSについても、そのSに同意すること、全面的に受け入れること、その中で生きることとみなすことができるような何か——つまり、何であれ、それぞれの種類の事例において、その種類のSをある人のS（*somebody's S*）にするような何か、があるはずである。この関係全般を「保持する」（holding）と呼ぶことにしよう。もし、ある時点でS_1とS_2がともに現実の選択肢であるような集団があったなら、その時点においてS_1とS_2の間に現実の紛争がある。これには、S_1かS_2をすでに保持している集団の事例も含まれるが、それに限られるわけではない。その集団にとっては、問題は、もう一方のSに移行する（go over）かどうかということになる。「現実の選択肢」（real option）とは何かという問いはすぐ後で取り上げる。

この状況と対比されるのは、概念的な紛争（notional confrontation）である。[*3] 概念的な紛争は、S_1とS_2の存在に気づいていて、両者の違いに気づいている人々がいるという点では現実の紛争に似ている。違うのは、S_1かS_2の少なくともひとつが彼らにとって現実の選択肢ではないという点である。S_1とS_2が現実の紛争と概念的な紛争の両方の状態にあるということはもちろんありうるが、同じ人たちに対して同じ時点で両方ということはありえない。S_1とS_2がかつて現実の紛争状態になったことがないとしても、両者が概念的な紛争状態になることはありうる。たとえば、S_1とS_2のどちらかが現実の選択肢を提示しなくなるまで、両方を知っている人が誰もいなかった、ということもあるかもしれない。また、S_1とS_2が概念的な紛争状態になったことが一度もなくても、両者が現実の紛争状態にあるということはありうる。たとえば、他方との（おそらくはうまくいかなかった）格闘のときが過ぎた後、他方について誰ひとり考えることがない、ということがありうる。

あるSが現実の選択肢だというのはどういうことだろうか。異なるSが集団に属するという出発点に沿って言えば（これは、Sを保持するのが個人だということを否定しているのではなく、集団に言及するような記述と説明を要するような形で個人がSを保持しているということを述べている）、現実の選択肢の概念は社会的な概念である。S_2があるグループにとって現実の選択肢であるのは、S_2がそのグループのSであるか、彼らにとってS_2へ移行することが可能であるかのいずれかの場合である。ここにおいて、S_2へ移行する、ということが含意するのは、第一に、彼らにとって、S_2の中で生きる、ないしS_2を保持しつつ、現実とのつながりを維持することが可能であり、そして第二に、S_2と彼らの現在の立場との合理的な比較が可能である限りにおいて、彼らはそうした比較に照らしてS_2への移行を認めることができるということである。[*4] それぞれの条件において使われている概念が含意しているのは、あるSがある集団に対してある時点で現実の選択肢かどうかは、少なくともある範囲においては、程度の問題だということである。この結果は好ましくないものではない。

これらの条件のそれぞれについて、説明のために少し言っておくべきことがある。第二の条件をまず取り上げよう。この条件の目的は、あるSが現実の選択肢かどうかという問いが、（最初の条件が満たされているという前提で）心理学的工学の現状の問題ではないということを保証することである。ある科学者の集団が、投薬や手術の結果としてある奇抜な科学理論を信じるようになったからといって、それが彼らにとっての現実の選択肢だとは言いたくはない。S_1とS_2が比較可能であったり、一方より他方を支持するような実験にかけることができたりする範囲において、これらの評価方法は、S_1からS_2のアクセス可能性とみなしてしかるべきである。あるものが現実の選択肢かどうかというのは社会的な問いではあるが、それと同じくらい、与えられたタイプの課題について利用可能な限り最大の合理性に根ざすものでもあるのである。

通約不可能な排他性の極限的な事例においては、この条件は事実上何の影響も持たない。そのような事例においては改宗以外のものの余地はほとんど残っていない。しかし、改宗ですら、正気を保ってその改宗を生きることができるようなものであるに越したことはなく、これが最初の条件の力である。「現実とのつながりを維持しながら」S_2を受け入れた人々について語るということは、以下のようなことを含意している。まず、S_2が彼らのSとなることが可能であること、S_2の中で生きることが彼らにとって可能であること、そしてその際に全面的な自己欺瞞をしたりパラノイアになったりせずにすむということなどである。この条件がどの範囲で成立していなくてはならないかは、ある程度は、彼らの現存する社会的な状況の持つ特徴のうちのどれが、S_2に移行するという仮定の下で一定に保たれるか、に依存する。たとえば、S_2はある集団にとって、現在の社会状況の特徴をふまえるなら現実的に可能ではないが、それらの特徴が変わるなら可能ということはあるかもしれない。ということは、結局のところ、S_2が彼らにとって現実の選択肢かどうかという問いは、これらの特徴が変更可能かどうかという問いを含んでいるのである。

ある集団にとってあるSが現実の選択肢であることに対して、彼らがそれが現実の選択肢だと思うことは必要条件でも十分条件でもない。これが十分条件でないのは、彼らに十分な情報がないとか、想像力が欠けていたとか、自分たちがそのSの中で生きるとはどういうことかについて自覚的でなかったり楽観的だったりしたということがありうる（そしてこれは単に個人的な過ちでなく、社会的ないし政治的な過ちかもしれない）からである。これが必要条件でないのは、Sへ移行することがどんな可能性を提供するかについてよく理解していないかもしれないからである。改宗の心理学は、もちろんこの問題に関わっている。私はあるSがある集団にとって現実の選択肢かどうかという問いを、基本的に客観的な問いだと考えている。もちろん、「現実とのつながりを維持する」とはどういうことかといった問いについて人々の意見は食い違うだろうし、よく知られているように、特定の種類のさまざまなSがどの程度の合理的比較可能性を示すかについても食い違うだろう。今問題となっている構造について言えば、そうした不一致は、それらの人々がどの範囲のSを自分たちやほかの人たちにとっての現実の選択肢とみなすか、に影響するということが十分ありうる。

この意味において、これまでに保持されてきた多くのSは現在は現実の選択肢ではない。ギリシャの青銅器時代の族長や中世のサムライの人生と、それらの人生に伴うものの見方は、我々にとって現実の選択肢ではない。それを生きることなどできないのだ。これは、こうした価値体系について反省することが現代の生活に欠けている要素についての思考にインスピレーションを与えることがないという意味ではなく、それを自らのものとはできないという意味である。熱狂的な小グループによるユートピア的な計画ですら、その生活を再現することはできない。さらに、現実の近代の産業的生活の文脈で社会的なスケールでそういうものを生き返らせようという計画には何らかの社会的ないし政治的過ちが含まれているし、実際大きな幻想である。近代の産業的生活の条件を全部取り除こうというもくろみは、また別のことである——違った意味においてではあるが、これもまた不可能事である。

この関連で重要なのは、非対称的な形で関係づけられた選択肢があるということである。現代の技術にもとづく生活とそのものの見方は、いくつかの伝統的社会の成員にとって現実の選択肢となっているが、彼らの生活は、多くの人が強いノスタルジーを感じるにも関わらず、我々にとって現実の選択肢ではない。そうした非対称性の本性や範囲についてある人が持つ理論（これはヘーゲル主義者ならば歴史と意識の両方における非対称性が基礎にあると言うだろうが）は、その人が急進的な社会的・政治的活動の客観的可能性についてどういう見解を持つかに影響する。

《3》相対主義

仮に、我々が何らかのSと現実の紛争状態にあるとしよう。そのとき、その紛争についての思考や発話において使われる、しかも本質的な仕方で使われる、何らかの評価語彙（vocabulary of appraisal）——「真-偽」、「正-不正」「受容可能-受容不可能」など——があるだろう。もちろん、そうした語彙の使われ方や、そうした語彙が組み込まれる考慮は、どんなタイプのSが問題になっているかによって——たとえば、そのタイプの複数のSの間にどの程度の比較可能性が成り立つかによって——違ってくる。そうした違いが何であれ、「評価語彙」について語る際に私が指しているのは、あるSないしあるSの要素を自分が受け入れたり拒絶したりしているということを表現するために少なくとも使えるような表現のみである。そのような語彙は、現実の紛争状況の中で反省的思考を行う際に本質的に使用される。というのも、反省する際に、人は、自分にとって現実の選択肢であるような異なるSについて考え、それらに対する自分の感情を明確化することができなくてはならず、また、あるSが自分自身のものになることについて肯定面・否定面のそれぞれで何を言うべきかを整理できなくてはならないからである。異なるSは、単にそれに従うだけのものではなく、保持したり受容したりするものだから、あるSに対して肯定的・否定的に言われねばならないことは、その内容の評価のうちに足場を持っていなくてはならない。

我々はまた、我々のSと単に概念的に紛争状態にあるSについて、評価語彙を使うこともできる。しかしながら、あるタイプのSについては、この語彙の生命はもっぱら現実の紛争に限られていて、与えられたSが我々にとっての現実の選択肢から遠いものであればあるほど、そのSが「真である」か「正しい」か、などの問いはより実質的な問いでなくなるように見える。この場合にこうした語彙を当てはめても言語学的に不適切にはならないというのは疑いもないが、こうした用法のメリットはあまりにも少なく、現実の紛争の文脈でそうした評価に内容を与えているものがそうした用法にはあまりにも少ない。その結果として、そのタイプのSが純粋に概念的な紛争状態にあるときには、反省的な人にとっては評価の問題は本当には起きない、と言ってもよいだろう。

我々は、問題のSは我々のものではなく、我々にとっての現実の選択肢でもない、とはっきり述べることができる。実際、これについては多くのことを語ることができるし、その内容は我々の関心にも関わっている。たとえば、ある異質な生き方のある特徴は我々にとって、ちょうどフィクション作品の扱いと同じ仕方で、ある行いや性格――我々がそれに対して我々自身の社会においてある態度をとるような行いや性格――を象徴的に表す図形としての役割を果たす。社会的・歴史的にかけ離れたものは、いつでも、自己批判的ないし自己激励的な空想の重要な対象となってきた。しかし、今考察している立場から見ると、反省的な人にとっては、この文化を具体的な歴史的現実と捉えた上で、それについて真剣に評価語彙を使った問いを立てることは不可能である。そうしたSの事例においては、単に概念的な紛争状態にあるということは、我々の関心との関係――それのみが評価に意味や実質を与えてくれるような関係――が欠けているということである。そうした関心においては、現実に評価が問題になるのは、現実の選択肢についてだけなのである。

今素描したような立場があるタイプの複数のSに対する適切な立場だと考えるということは、あるはっきり見て取れる意味において、そうした複数のSに対して相対主義的な見解をとるということである。相対主義とは――あるタイプのSについての相対主義とは――ある人の持つSに対してそうしたSが純粋に概念的な紛争関係にしかない場合、そのSについての評価の問題は本当には生じない、という見解である。この形態の相対主義は、他のたいていの相対主義と違って、整合的である。[*5] 相対主義における真理――これについては以下で単に言明するだけにして、それを擁護する議論はしない――とは、少なくとも倫理的なものの見方についてはこの立場が正しいということである。

この形態の相対主義が（構造としては――特定のタイプのSへの応用はもちろんまた別の問題になる――）整合

的だというのは、たいていの他の形態の相対主義と違って、この相対主義は、現実の紛争と概念的な紛争を区別することで、共に正しいふたつの命題とうまいこと整合的になるからである。第一の命題は、我々は我々自身の現存するSに相対化されないしかたで〔つまり「我々のSから見れば」という限定をつけずに〕、我々が関心を持つ他のSについて考え、その関心を表現するための思考の形態を持たねばならないということである。第二の命題は、我々は、それにもかかわらず、我々の判断が何か影響を与えるにはあまりに遠く離れたSが多くあることも認識でき、その一方で、他の人――すなわちそれらのSがその人にとって現実の選択肢であるような人――の判断がそれらのSに影響を与えるということも認識できるということである。

最も伝統的な形態の相対主義は、これらふたつの命題の第一のものに十分な敬意を払ってこなかった。最も単純な形態の相対主義は、単に評価語彙を相対化して、「我々にとって真」「彼らにとって真」などにしようとしてきた。これらの定式化がうまくいかないこと、とりわけ現実の紛争におけるこの語彙の基本的な用法を表現できないことはよく知られている。この見解は評価語彙の全体を紛争の記述のための表現に還元していると言うことができそうである。この見解と関係しているのが、私が他のところで[*6]「粗野な相対主義」と呼んだ倫理学における立場である。これは道徳語の意味ないし内容についての相対主義的な扱いと非相対主義的な寛容の原理を結びつけたものである。この見解を論駁するのは難しくない。この立場は広く保持されているので議論する価値はあったと思うが、これを処分することでそれほど話が進むわけではない。おそらく今はこの見解をより明確に理解できる。粗野な相対主義がやろうとしていることは現実の紛争を概念的な紛争のように扱うことであり、その結果、現実の紛争がそもそも存在するということを否定するか、さもなければそれらを解決するには不適当な原理——これはその原理が、現実の選択肢の間で決定を行うための原理に見えながら、本当は現実的ではない選択肢の間で選択を行うことの不可能性ないし無意味さの表現であるものだからであるが——を関わらせることになっている。

これらの種類の見解と対立するのは、評価語彙の用法を、あるSが話者自身のものであるか否かを表現する（言明するのではなく）用法だけに限るものとして描く見解である。そうした見解（たとえば「真」についての純粋な余剰説ないし「言語行為」説を思い浮かべてほしい）にとっては、相対主義者の関心を引きつけてきた話題は蒸発する——というのも、それを表現する方法がないのである。しかし同時に、相対主義者の関心を正当に引きつけてきたものも蒸発してしまい、本章の説がそれを取り込むように設計されている第二の真理とのつながりを失ってしまうのである。話者自身のSとそうでないSという複数のSの間の区別は、決してこの領域で最も重要な区別というわけではない。その区別が最も重要だ、という仮定が、破棄された形態の相対主義と、それと見かけ上対立しているように見える蒸発説とに共通している。

相対主義が真ではないようなタイプのS〔つまり我々から見て絶対的な評価の対象となるようなS〕の中で、現実の紛争と概念的な紛争の区別がないというわけではなく、概念的な紛争状態にある複数のSの間でも本来の意味での評価の問題は生じうる。しかし、もしこれが成り立つのなら、それらのSがどういう状態にあるかというのは、現実の紛争と概念的な紛争を区別するための関連する基準——すなわちあるSがある時点のある集団にとって現実の選択肢か否かを決めるときに考慮に入れられるもの——の中にも姿を現すだろう。これは科学理論の場合に重要である。私の理解するところでは、フロギストン理論は現在では現実の選択肢ではないが、これが意味するのは要するに、確信を持ったフロギストン理論家としての人生を現代の王立協会で生きるのは、一九三〇年代のニュルンベルクでチュートン騎士団の生活を送ろうとするのと同じくらい不整合な企てだということではないかと思う。フロギストン理論が現実の選択肢ではないのは、ひとつには、我々が真だと知っていることの多くとその理論がうまく合わないからである。

こうした考察を追究していくなら、実在論の話題につながっていく。倫理学に適用された限りでの相対主義において私が説明しようとした種類の真理が存在するためのひとつの必要条件（十分条件ではない）は、倫理的実在論が偽だということであり、倫理的な複数のSは、それについてSが真であるような何かは存在しないということである——もっとも、それらのSがそれについて真であるようなものもあり、そのために多くの選択肢が現実的でなくなるわけであるが。しかし、科学的実在論は真でありうるし、もし真であるならば、科学理論についての相対主義は偽であらざるをえないのである。

第一二章　ウィトゲンシュタインと観念論

《1》独我論と『論考』

『論理哲学論考』5.62節で以下のように述べられていることはよく知られている。[★1]「独我論の言わんとするところはまったく正しい。ただ、それは語られえず、示されているのである。世界が私の世界であることは、この言語（私の理解する唯一の言語）の限界が私の世界の限界を意味することに示されている」。この後半は、5.6節で要約されたことを繰り返して述べている。「私の言語の限界が私の世界の限界を意味する」。そして、「独我論にどれだけの真理があるか」という問題の鍵が5.61節の考察で与えられている。

論理は世界を満たす。世界の限界は論理の限界でもある。

それゆえ我々は、論理の内側にいて、「世界にはこれらは存在するが、あれは存在しない」と語ることはできない。

というのも、一見すると、「あれは存在しない」と言うことでいくつかの可能性が排除されるようにも思われるが、このような可能性の排除は世界の事実ではありえない。もし事実だとすれば、

> 論理は世界の限界を超えていかなければならない。そのとき論理は世界の限界を外側からも眺めうることになる。
>
> 思考しえぬことを我々は思考することはできない。それゆえ、語りえぬことも我々は思考することができない。[★2]

さて、ウィトゲンシュタインは「思考し表象する主体は存在しない」(5.631) と言っており、このもの (item) はおそらく5.641節でおおざっぱに、しかし包括的に、「心理学が扱うような人間の魂」と呼んだものと同じものだと思われる。つまり、このものは実際には存在せず、世界の中にある思考し知識を持つ魂であり、心理学が扱う現象の主体として人々が探すものなのである。私のこの解釈は、実質的にP・M・S・ハッカーの『洞察と幻想——ウィトゲンシュタインの哲学観と経験の形而上学』(Oxford University Press, 1972)——この本はこれらの問いについて非常に私の助けになった——における解釈と一致していると思う。[★3] しかしながら、ハッカーとはやや違った仕方でこの立場を述べたい点もいくつかある。ハッカーは、ブラックやその他の人々に反対して、ウィトゲンシュタインがしているのは世界の中における知識を持つ自我の存在を否定することだと言い、さらに、ウィトゲンシュタインは、経験の中で出会うことがありえないからだ、という趣旨のヒューム的な根拠[*1]においてその否定を行っている、と言う。同時に、ウィトゲンシュタインは、ショーペンハウアーの影響の下で、もうひとつの形而上学的ないし哲学的な自我の存在を信じており、これは「世界の——部分ではなく——限界」(5.632, 5.641) であり、そのような何らかの意味で彼は本当に独我論者である。ただ、もちろんそのことは語られえず、示されているだけなのである。ウィトゲンシュタインはこれらの自我の第一のものを拒否し、何らかの意味で第二のものを受け入れるので、彼がそれらは同一だというつもりだったはずはない。

ウィトゲンシュタインのここにおける思考が強度に逆説的で皮肉な性質を持っていることは確かであり、それを解説する際には、どんな場合であれ、異なった強調のしかたのどれかを選ぶことになる。しかし、私はハッカーの説明にふたつの限定を付け加えたいと思う。第一に、知識を持つ自我に関して言えば、ヒューム的な探索の失敗だけを扱っているわけではない。ウィトゲンシュタインは言う。

> 思考し表象する主体は存在しない。
>
> 『私が見出した世界』という本を私が書くとすれば、そこでは私の身体についても報告が為され、また、どの部分が私の意志に従いどの部分が従わないか等が語られねばならないだろう。これはすなわち主体を孤立させる方法、というよりむしろある重要な意味で主体が存在しないことを示す方法である。つまり、この本の中で論じることのできないもの、それが主体なのである。(5.631)

彼は視野の比喩の直前で以下のように付け加える（視野の比喩についてはここでは考察しない）。「世界の中のどこに形而上学的な主体が認められうるのか」。これは、私には、我々が探していて、世界の中には実際に見つからないことが分かる何かがある、ということを言っているだけには見えない。——それはヒュームの口調である。とはいえ、ヒュームの否定的な発見の完全な内容もまた、ウィトゲンシュタインが自分が発見したかもしれないものを発見しなかった、ということの中には見出せないのだが。むしろウィトゲンシュタインは言う。私が探し始めたときに混乱しながら思い描いていたものはそもそも世界の中に存在しえない何かだった、と。ハッカーは以下の点を強調する。ひとつの明細書があり、これは可能な経験的事物の明細書であり、事実問題としてこの明細書と対応するものは何もない。しかし、非経験的事物の疑似明細書的なものはあり、これには、ある仕方で、何かが対応している。しかし、どちらかと言えば、我々が当初探していたものは、決して可能な経験的事物ではありえなかった。というのも、その事物は、私が経験する以上は世界の中の何かであるという条件を満たさなくてはならず、しかも同時に、何かが存在するときには常にそれも必然的にそこにあるのでなくてはならず、そんな性質を持つものはありえないからである。この理由により、ウィトゲンシュタインはこれとの関係で自分の考えを以下のように説明できる（5.634）。すなわち、我々の経験のいかなる部分も同時にアプリオリではない（「同時に」と訳された句がここでは大事である）。このため、ウィトゲンシュタインの思考は、実際ハッカーが言うように、デカルトの〈考えるもの〉（*res cogitans*）に対してカントが行った批判ととても似ている。

他方の限定はその議論の残りの半分に影響する。我々はどんな率直な意味においても、形而上学的な、超越論的な自我が代わりに存在するとは言えないし、そうしたものの存在を信じるとも、受け入れるとも言えない。というのも、それが何であるかも（*what it is*）、それが存在するということ（*that it is*）も述べることができず、それについて語ろうとしたり、それが存在すると述べようとしたりする努力は間違いなくナンセンスであらざるをえない。だから、我々がすでに見たように、『私が見出した世界』という本の主体が現れないということ（non-occurrence）が「ある重要な意味で主体が存在しない」ということを意味するのである。これが制限であるということの意味は、同時に、限界においては、それはおよそどんなものでもないということを意味する（5.64）。

> ここにおいて、独我論を徹底すると純粋な実在論と一致することが見てとられる。独我論の自我は広がりを欠いた点にまで縮退し、自我に対応する（co-ordinated）実在が残される。

実際、これを認めるなら、私はなぜウィトゲンシュタインが、自我について心理学的にではなく論じうる意味がたしかにある、と言う（5.641）ことができるのかに当惑する。しかし私はこれを、『論考』の最後において、哲学が何かについて語ることができることを見出した唯一の方法——すなわち意味を伴わずに語るという方法——で哲学が語るという意味だと受け取る。

　これを正確なところどう理解するにせよ、自我と独我論についての『論考』の議論から、以下の議論の参照点として特に重要な三つのアイデアを回収することができる。それは、私の言語の限界が私の世界の限界でもあるということ、これらの限界を両側から仕切ることができるようないかなる方法も存在しないということ——むしろ、言語と思考の限界は、あることがナンセンスであるという事実の内に現れるということ。そして（最初の二点から導かれることではあるが、強調しておくことが大事な論点として）これらの発言の中に登場する「私」（me）や「私の」（my）は、世界の中のある「私」（an 'I'）とは関係がなく、したがって経験的な調査の問題として（『論考』が好む言い方をするなら、「自然科学」の問題として）〈私の世界がなぜ他のあり方ではなくこのあり方なのか〉とか〈なぜ私の言語が他の特徴ではなくある特徴を持つのか〉などといった問題を思い描くことはできない。そうした調査がどんな意味で可能であるとしても、それは、私の言語の限界が私の世界の限界である、というときの「私の」という言葉の意味——また、実際、おそらくは「言語」という言葉の意味——ではないだろう。

これらの考えはウィトゲンシュタインが後期の著作で放棄したものの最たるものに思えるかもしれないし、これらの考えと、それらを生んだ困惑の形態は、『哲学探究』の批判が特に標的としていたもののように思えるかもしれない。ある意味でこれは真であり、ハッカーは、私的言語の不可能性や公的基準の必要性といったものが独我論を追い祓うという——消滅しかかっている語りえない超越論的避難所からすらもそれを追い払うという——長期的な計画とどのように関係しているかの説明に自著のかなりの部分を捧げている。自己と他者についての後の議論は、他のことともに、独我論的な方角を向こうと絶望的な努力をする必要性すら取り除くように設計されている。この必要性は『論考』にはたしかに存在している。後期の著作における「私」から「我々」への明示された移行は、この必要性をなくそうとする、ひとつの、そして最も明白な努力の現れである。同様にして、『論考』において言語というものが無時間的で場所を持たず無人称的に呼ばれるのに対し、後期の著作では言語が肉体化された、現世的な、現実の社会的活動であり、人間の必要を表現するものであるということが強調される。この強調は、初期の著作の超越論的でショーペンハウアー的な側面の拒否でもあると考えるのが自然である。それは、ウィトゲンシュタインが他の文脈で一九一八年にエンゲルマンに書き送ったように、transcendentales Geschwätz, すなわち「超越論的たわごと」なのである（ハッカーの八一ページに引用されている）。

しかしこの問題はそれほど単純ではなく、私の主な目的は、「私」から「我々」への移行は超越論的観念論への関心を捨て去ることをそれほど明瞭に伴っているわけではない、と示唆することである。私が言及した三つの考えは、ある程度は、置き去りにされたというよりは、「私」から「我々」への転換にそれら自体参加したのである。つまり、「私」から「我々」への転換は、超越論的な考え方それ自体の中で生じたのである。『論考』は（ハッカーが適切にまとめたように）経験的実在論と超越論的独我論の組み合わせだったが、この移行は単に後者の要素の欠落からなるのではない。むしろ、その移行は、観念論の重要な要素をそれ自体含むようなあるものへの移行である。その要素は隠され、制限され、他のもので覆われているが、私はそれがそこにあると示唆したい。私はまた、この要素が後期の著作の特異な特徴、すなわちウィトゲンシュタインの「我々」という言葉の使い方にはっきりと表れるまんべんない曖昧さや不明確さを説明する助けになるかもしれないと示唆したい。

《2》独我論と観念論

ハッカーは自著のひとつの目的について、「私の示したいことは、ウィトゲンシュタインが一九三〇年代に着手しはじめ、低い調子で『探究』に組み入れた独我論、従ってまた観念論の詳細な論駁という仕事は、実は彼が若き日に抱懐していた見解に向けて定位されているということである」と言う（p. 59）。「独我論、従ってまた観念論」の論駁（a refutation 'of solipsism and *hence* of idealism'）。この観念連合は見るからに明らかというわけではないが、この本を通してハッカーが行うものである。たとえば二一四ページでハッカーは次のように言う。

> 独我論者は、現在の瞬間が唯一無比のものであり、彼は特権化された存在であり、見ているのは常に彼自身であり、彼が見ているときに彼が持っているものは唯一無比のものであり、彼が見るということは比類なきものであり、「これ」は比較不可能なものである、と主張した。これらの主張の何れの部分も非妥当（illegitimate）である。そしてそれらの各々の部分の非妥当性は、独我論だけではなく、現象主義やどんな形態の観念論さえも破滅させる（damn）ものである。

しかし、私的言語の土台を掘り崩すことで、独我論の根拠となる特権的な一人称的直接性とされるもの——それが表明されているものであれ暗黙の前提であれ——を取り除くような議論によって、観念論の一形態だと呼んで意味のあるもののすべてや、実際哲学史の中で観念論と呼ばれてきたもののすべてが必然的に論駁されるということは、まったく明白ではない。

　ハッカーが言及する現象主義に対しては、そのような批判は実際に拡張できる。そして、現象主義についてのいくつかの論点を最初に考察しておくと、そのような批判が拡張できないある種類の観念論を素描するという業務に向けた助けになるだろう。現象主義者は、自分たちの立場を観念論の何らかの形態だとみなすのははなはだしい誤解だと頑強に主張していたものだった。もし彼らの主張に正しいところがあったとしても、彼らの拒絶はせいぜい非超越論的観念論にしか当てはまらない——これを、カントにならって、経験的観念論と呼ぶことができるだろう。経験的観念論は、現在の目的においては、物質的な世界は心に依存するが、その心というのはそれ自体世界の中の存在であり、それが存在するかしないかが偶然的な事実の問題であるような経験的存在である、という、観念論の一形態だと定義できる。[*2]

実際のところ、現象主義が経験的観念論を回避できているかどうかもはっきりしない。回避できているかどうかは、ある仮想的な観察者の地位の問題に依存する。その仮想的観察者というのは、その観察者自身と同様に仮想的なセンスデータが、物質世界の観察されていない部分についての言明の——現象主義的な翻訳の下での——内容を構成するような存在である。もし彼らが経験的な事項（empirical items）とみなされるのなら、現象主義が経験的観念論をうまくよける上で困難が生じるかもしれない。というのも、もし現象主義が経験的観念論をよけ、経験的なレベルで実在論的理論を公式の立場として保ちたいなら、物質的対象の心への依存を否定する理解可能な経験的命題をすべて現象主義の言語に翻訳できなくてはならないはずである。したがって、現象主義者は、岩などについて、それらを観察する者が登場する前から、それらが空間内に存在すると述べる命題も自分たちの言語に望むように翻訳することに何の異議もないはずである。しかし、以下のような、物質的対象の言語で述べられた、一見したところ理解可能で、実際真である経験的命題はどうであろうか。「観察者がまったくいなかったとしても、ある種の物質的対象は存在しているだろう」。もし現象主義的観察者が経験的な事項であるなら、彼らが存在するかどうかも経験的な問いである——そしてこの問いは、先の条件文の条件節が提起するのと同じ経験的問いなのである。こうして、この条件文の現象主義的な翻訳は以下のような形をとらなくてはならない。〈もしPが事実でなかったとしたら、もしPが事実であるならQである〉。控えめにいっても、この翻訳が満足のいくものかどうかははっきりしない。

もしこれを満足のいくものにできないのなら、心への依存の基本的な経験的な拒絶を構成するような命題を、現象主義者は自分たち自身の言葉で十分に表現できないことになる。したがって、現象主義は経験的観念論の一形態ということになるだろう。これを処理できたとしても、現象主義はなお超越論的観念論の一種だろう。仮に、現象主義的な文の中で、観察者の存在について仮説を立てるだけの——したがって単に分析の普遍的な条件としてそこにあるだけの——条件節を消去したとしよう。このとき、我々は、観察者の存在と呼ばれるものを、センスデータの発生の余分な条件として扱っている。その場合、観察者の存在ないし非存在についての本当に経験的な言明——たとえば先ほどちょうど考察した物質的対象についての言明の条件節——は現象主義の言語に翻訳できる。たとえば、おそらくは、センスデータのヒューム的な集積の存在についての言明といった形態に翻訳できるだろう。そうすると、現象主義的な翻訳の素材となるセンスデータは（観察者の経験的存在を構成するようなセンスデータの集積も含めて）そういうものとして見たときには主体を持たないだろうし、なぜそういうものとして見たときに主体を持つことができないかは今述べたことから明らかである。現象主義が認識することができる主体の唯一の候補は経験的な観察者だろうが、そうした観察者の存在は、いまや、すでにセンスデータとしての性格を持つ事項の偶然的な集積として表現され、そしてそれらの事項はそうした集積の外側でさえもセンスデータとしての性質を持つのである。カルナップが『世界の論理的構築』で述べたように、'das Gegeben ist subjectlos'である。すなわち、「所与は主体を持たない」のである。

しかし、それはなお所与である。そして、仮に、人をこれらの事項に引き合わせる仕方は基本的に認識論的な方法であるということを現象主義者が放棄せず、さらにこれらの事項が観察である、ないしはそれと関係しているということを放棄しないとしよう。そのとき、これらの事項が何らかの意味で心的なものだというのでないかぎり、我々はそれらを十分理解できないまま取り残されるだろう。中立的一元論はおそらくこの含意を取り除く試みだと思われるが、この立場がこの試みに向けて前進した範囲は限られていて、しかもその範囲において、問題の事項との十分な関係をまったく保ってくれていないように見える。しかしそれならば、世界が心に依存するということはいかなる形態においても現象主義的な言語の内では真に主張することはできない反面、その言語の素材がこうした性格を持つという事実、そしてその言語が基本的には他ならぬ言語(*the* language)であるという事実[*3]、これらの事実が、世界は心的なものであるということを示すのである。我々は、(経験的に言う場合、そして誤って言う場合を除いては)この世界が経験の世界だと言うことができない。むしろ、その世界が経験の世界であることが、我々の述べるあらゆることの前提条件となるのである。現象主義が超越論的観念論の一形態であるというのはこういうことであり、ウィトゲンシュタインが独我論に直面した際に意味の経験主義的理論などに対して行ったのと同じ反論が当てはまるのである。これらの反論は、一人称的直接性とされるものから出発することに向けられたものであり、現象主義がこの反論を招くのは、現象主義が世界を表すために用いるものは、一人称的直接性を使ってでなければ理解できないからである。

したがって、現象主義は観念論の何らかの形態であり、どの形態にしても、独我論と同じく、後期ウィトゲンシュタインの議論にさらされるのである。しかし、現象主義を離れて考えるとした場合、観念論と呼びうるものは何でもこの性格を持たざるをえないものなのだろうか。ハッカーは、すでに言及したように、そうだと考えていた。彼がそう考える理由は、彼が「そのほとんどの形態における観念論」(p. 216)——これは彼がつける限定である——は単に熱心でない独我論——独我論の整合性について徹底的に考えていない独我論——にすぎないと述べるところで明らかになる。こうして彼はまた、ショーペンハウアーによる独我論の「口達者な排斥」(p. 71)[*4]にも言及する。観念論は、単に集合的な独我論とみなされているのである。これは実際ばかばかしいが、もし私の言語の限界が私の世界の限界を意味するという考え方が超越論的独我論を指し示すなら、こうも言えるだろう。すなわち、個々の人の言語の限界が個々の人の世界の限界を意味するという実際混乱した考えではなく、我々の言語の限界が我々の世界の限界を意味するという考え方によって示唆されるおそらくある形態の超越論的観念論が存在する。これは独我論に止めを刺した議論に屈したりはしないだろう。というのも、それらの議論は基本的に「私」から「我々」へ移行することについての議論だが、このバージョンの観念論ではこの移行はすでに許容されているからである。

私はウィトゲンシュタインの後期の著作のいくつかにこうした見解が暗黙のうちに存在していると考え

る。そうした見解がどんな感じかを理解するために、この、一人称複数の見解と、すでに触れた一人称単数の超越論的見解の間の類推を追いかけてみよう。第一に、そして最も基本的に、我々の言語の限界が我々の世界の限界であるという命題は、意味のないトートロジーでもなければ経験的主張でもないということは本質的である。もしこの命題の意味が以下のようなことであれば、それは意味のないトートロジーになるだろう。それは、「我々」で意味されるのが誰であれ、我々が理解するものを我々は理解するし、我々が聞いたことがあるものや語りうるものについて我々は聞いたことがあり語りうるし、我々が語りえないものについて我々は語りえない、というのはすべて真である、というような意味にとった場合である。これらはたしかにそのとおりである。しかし、これらのありふれた事実を単数形にしたものは、私の言語の限界が私の世界の限界だという言葉のもともとの意味と同じではない。また、もともとの事例において、我々は、自分たちを世界の中の何かだと捉えるとともに世界が自分に依存する、というような経験的な思考を意図してはいなかった。これこそがまさに、我々が超越論的観念論を経験的観念論と区別した際に置き去ってきたものだった。ここでも、我々はそうした経験的な偏執狂の複数形の類比物を意図してはいない。これが、我々の言明が経験的な言明ではないと言う際の意味のひとつである。

　他の、そして重要ないくつかの点においても、我々の言明は経験的言明ではない。たとえば、我々の言語の限界が我々の世界の限界であるという主張を経験的な主張として解釈する方法としては、言語を狭く受け取って、コミュニケーションの体系や文法的カテゴリーを指すと考え、世界を広く受け取って、世界が一般的に人にどう見えるかや人が物事に当てはめる理解の一般的な枠組みを指すものと考えることができる。このとき、「我々」をさまざまな言語グループに相対的に考えれば、おそらくウォーフが考えていた仮説、すなわち、異なるグループにとっての物事の見え方は、彼らの言語がどのような言語かに深く依存するという仮説を得るだろう。[★4] そうした理論が提起するある相対主義的な問いについては後で検討する。今のところの目的は、我々のスローガンの観念論的な解釈の非経験的な性格を対比によって明らかにする、という一般的な目的である。もし我々が「ウォーフ主義」的な真に経験的な理論を扱っているのだとすれば、ある与えられたグループの言語が、そのグループがどのように世界を見ているかについての何らかの説明を――非常に弱いものかもしれないが――与えるはずである。これと関連して、ある特定の人物の世界の見方や、その何らかの側面も、彼ないし彼女が属する言語グループとの関係で説明できるだろう。しかし、こうしたことすべてが、我々が扱っている本質的に一人称的な――複数形ではあるけれども――定式化の力を打ち消してしまう。観念論的な解釈というものは、「我々」なら何でもいいからそれを世界の中に置いて、その我々を横から眺めるようなどんなやりかたでも対応できない。観念論的解釈の下で問題となっているのは、我々が他のものと並ぶ世界の中の一員（one lot）だと認識することではないし、我々の言語が我々の世界の見方を条件付けている――他の人の言語は他の人の世界の見方を異なった仕方で条件付けている――ということを（少なくとも原理的には）理解し、説明できるようになるということでもない。むしろ、我々にとって世界がどのようなものであるかは、我々があるものは理解できて他のものは理解できないということによって示される。いや、むしろ――経験的・三人称的な見解の最後の名残をとりはらって言うなら――それはあるものが意味をなし、他のものが意味をなさないという事実の内に示される。我々が自分の世界の見方について自分で行うことができる経験的な発見はすべて、それ自体我々の数詞や何かの使用法に条件付けられているのだから、それ自体、我々自身の世界の見方にもとづいて、そしてそれにもとづいてのみ理解できる事実だろう。そして、我々の言語の範囲外にあるために我々が根本的に理解できないものについて、我々がなぜそれを理解できないかを我々が説明できるようになったりはしないだろう——それの何がおかしいのか、あるいは我々がおかしいのかということが我々にとって明らかになることはありえないだろう。

こうして、単なるトートロジーと対照することで、そして非常に基本的なところで経験的な見解と対照することで、我々は複数形の見解と、もともとの一人称単数の超越論的見解との類比を理解し始めることができる。しかしまだ問題は残る。なぜ観念論なのか。これについては、すでにまとめた考慮要因の中に、荒っぽいものではあるが、十分な理由を見つけることができるだろうし、この理由は後期ウィトゲンシュタインの関心の中のある特定可能な部分とこの立場を結びつける役にも立つだろう。我々の言語がかくかくのものであるという事実は、したがって我々が住んでいる世界が現にそうであるような世界であるという事実は、この解釈によれば超越論的な事実であり、経験的な説明を持たない。経験的に説明可能なものはすべて、我々の言語の世界の内部にあり、したがって超越論的な事実ではない——これには、世界のある外的な特徴がなぜあのようではなくこのようなのか、ということや、我々が（ホピインディアンと違い、あるいは猫と違い）なぜ他の仕方ではなくある仕方でものを見るのか、他の仕方ではないある仕方でものを扱うのか、ということが含まれる。とりわけ、今我々が「我々の言語」について語っているその意味においては、我々の言語についての説明も、その言語と世界の相関関係についての説明も、社会学的にであれ、動物学的にであれ、唯物論的にであれ――この表現は現在いくつかの意味があるがそのどの意味においてであれ――存在しえない。それどころか、「観念論」という言葉はたとえばマルクス主義者によってしばしば説明的な意味において――条件付けとなる観念や思想を使って行う説明に関して――用いられるが、その意味における観念論的な説明も存在しえない。というのも、我々の言語の外側には、それを条件付けするような観念も思想も存在しないからである。しかしながら、我々はこれらのどの仕方においても我々の言語を説明できない一方で、我々は、自意識的に行使するときには、ある意味で自分たちの言語を自分たち自身に対してより明確にすることはできる。これは、実際、他の選択肢について考えることによって得られるのではない――というのも、今考察しているものは、それに対して考えうるような対案が何も存在しえないようなものだからである。そうではなく、我々のものの見方の内部を反省的に動きまわっているうちに、自分が端の方に近づき始めているということを――自分が風変わりな視点を採用せざるをえなくなり、そしてその視点から見たときに物事がどんどん理解不可能になっていく、ということから――感じ取ることによって明確にすることができるのである。このように反省するときに我々が意識的になるのは、何かしら、我々がどのようにやっていっているか（how we go on）、のようなことである。そして〈我々がどのようにやっていっているか〉は、我々がどのように考え、どのように話し、そして意図的にまた社会的に、我々が自らをどのように処しているか（conduct ourselves）という問題、すなわち、我々の経験の問題なのである。

現象主義は、超越論的観念論の一形態として考えたときにはあらゆるものを心的なものとの関係で与えたが――ただし、すべてのものが心的であるとこのタイプの現象主義が言いうるような唯一の意味においてであるが――そこにおいてこの言明は偽であった。同様に、我々の言語は、この意味においてはその言語が今ある状態にあるということについて経験的な説明が存在しないのだが、その意味において――我々の利害や関心や活動に対して見えているような姿であらゆるものを我々に見せるのである。とはいえ、我々の利害や関心や活動がすべてを決定すると有意味に言うことができる唯一の意味においては、その言明は偽となるだろうが。このようにして、あらゆることがただ人間の利害と関心――これらは心の表現であるようなものであり、それ自体は究極的に他の言葉で説明できないようなものである――を通してのみ表現できるという事実、この事実が、そうした見解をある種の観念論と呼ぶ（そしてこの観念論は馬鹿げた「集合的」な種類のものではない）根拠となるのではなかろうか。いずれにせよ、カント以降の哲学の歴史からすれば、こうした見解にも存在の余地があるということは予期できることである。

《3》相対主義

ここで、曖昧な素描の形で、我々はある見解の概略を得た。しかしまだ、ウィトゲンシュタインがこの立場を取っていたという主張の根拠は何も提示していない。実際私は彼がこの立場を取っていたというような強い主張をするつもりはない。この見解の性質と、後期ウィトゲンシュタインの資料の性質の両方が、その種の限定なしの主張を実質化することを困難にしているように私には思える。このモデルと、そしてそのモデルの含意としてそれが初期の著作に対して持つ関係を、後期の資料を見たり評価したりする際のひとつのやり方として私は提案する。しかし、私は、私が素描した種類の見解の影響が後期の著作の中で感じられると示唆したり、そうした著作の奇妙で不満足なある特徴を説明する上でその見解を参照することが役に立つかもしれないと示唆したりする考慮要因をいくつか提示する。とりわけ、この見解は、ウィトゲンシュタインの「我々」という言葉の使い方を理解する助けになるかもしれない。この問題についていくばくかでも理解するためには、人を寄せ付けない相対主義の土地を通って接近しなくてはならない。

少し前に、「我々の言語の限界が我々の世界の限界を意味する」というフレーズの超越論的なバージョンを経験的なバージョンから区別しようと試みた。その際、私はありうる経験的なバージョンのひとつを提案して、それにぞんざいにウォーフ的仮説というレッテルを貼ったが、これは実質的には（狭く解釈されたにせよいないにせよ）言語が（広く解釈された）世界を条件付けるという仮説だった。これは（ウォーフの立場を表現しているにせよいないにせよ）事例として有用であった。さて、ここで、この仮説が三つの異なる要素を含んでいることに注目しよう。第一の要素は、言語を狭く解釈するということであり、第二の要素は、この立場がその意味での言語を世界観に対する説明として提示するということである。第三の特徴は、そこで説明されるもの（ないし、もしそのような理論の中で真なるものがあったとしたら説明されるであろうようなもの）[*5]は、人間の異なる部分集合が保持しているさまざまな異なる世界観だということである。つまり、自分を「我々」と呼ぶ世界の構成員は一組だけではないのである。さて、このことはもちろん最初のふたつの要素から導ける。というのも、狭い意味での言語は人間集団ごとに関連するとされる諸側面において異なっているからである。しかし、経験的理論を提示するという枠組みの中にとどまりつつも、第一の要素を外して第二と第三の要素だけを残すというやり方もある。つまり、各地における世界観の違いを経験的に説明することはできると想定しつつも、狭い意味での言語の差の中にそうした説明をする要素があるとは考えない、という立場が可能なのである。

さて、第一の要素については、私の理解ではウィトゲンシュタインはこの話に関しては狭い意味での言語にはあまり興味がない。彼は、どちらかと言えば、「言語」という言葉を世界観そのものも含むくらいに非常に広く捉えており、狭く、世界観と対照されるようなものとしては捉えない。彼が「言語ゲーム」という表現を気前よく何にでも使うというのは悪名高いが、それもこのためであるし、逆方向には、「生活形式」をごくありきたりの言語実践までも指す言葉として使う傾向もこのためである。パトナムが正当にも述べたように「(ウィトゲンシュタインが)「生活形式」という表現を好む度合いは、その文脈でこの表現が大げさすぎる度合いと正比例するように見える」。[*6] 狭い意味での「言語」は、ウィトゲンシュタインが人間集団ごとの世界観のばらつきの説明として考慮に入れたいと思うようなどの説明においても重要な要因ではないように思われる。そこで疑問となるのは、そもそもウィトゲンシュタインは説明などということに興味があるのかどうかということである。

私は実際、彼は基本的にはそうした説明には興味がなかったと思うし、それは我々の中心的な問いと結びついた理由によるものだと論じようと思う。にもかかわらず、彼は時折、説明の可能性を一見したところ排除しないように見えることを言う。少なくとも、彼は、世界についての異なった見方や語り方は、異なった利害との関わりで理解可能になる、と考えている。

なぜなら、そこにおいては、生活は違ったふうに営まれるだろうからである。——我々にとっての興味あるものは、彼等にとっては興味がなかろう。そこではもはや、別の概念を想像することは不可能ではない。実際、本質的に異なった概念はこのような仕方でのみ想像可能なのだ。（『断片』388節）★5

これと同種の示唆はその周辺でも発見できる（378節、380節）。そして、その直前の断片では、もっと特定の種類の説明のヒントを見て取ることができるかもしれない（もっとも、この断片はちょっと冒険した調子に聞こえるが、それを正当化するほどのヒントではない）。

我々のとまったく異なる教育は、またまったく異なる概念の基盤でありうる、と私は言いたい。（387節）

また、『確実性の問題』では、彼は「言語ゲーム」が経時的に変化することを認める（256節）。ウィトゲンシュタインは川のモデルを提示しており（96節以下）、そこでは、固められた命題が川岸を形成し、そうした命題がもっと流動的な命題を導くとされるのだが、その際に新しい要素が積み上がったり、古い要素が流されたりもする。このモデルは通時的な変化の事実を提供するが、同時にそうした変化を説明する可能性を——奨励はしないとしても——排除はしていない。つまり、時間的にも、社会空間的にも、ばらつきや変化は可能であり、その限りにおいて、ばらつきや変化に対して説明が与えられる可能性がなくはないのである。世界についての他の見方というのは、我々にとって想像でアクセスできないというほどのものではない。逆に、ウィトゲンシュタインの目的のひとつは、そうした想像を奨励することである。すでに言及したような事例において、我々は別の見方について考えることができる。そしてもちろん、異なる利害と関心を持った人々が、どのようにして我々と違ったふうに世界を記述し、分類し、見るだろうかということについて、ウィトゲンシュタインは他にも多くの事例で示唆を行っている。したがって、異なった世界像は、紹介される限りにおいては、お互いにアクセス不能なものではない。ある世界像を持っている人が、ほかの世界像について、（たとえば利害などの観点から）その長所と、その世界像を受け入れた人がなぜそれを受け入れるかを理解するようになるかもしれない。それと照らし合わせて、彼らは自分自身の世界像についても反省できるかもしれないし、もしかしたら自分がなぜそれを受け入れているのかの一端も理解できるかもしれない。従って、こうした多様な言語や世界像について語る際に、我々は、彼らの主題が——すでに論じた観念論の言葉で言えば——超越論的に結びついているような事物について語っているのではないかのように見える。

さて、以上の話は、異なる世界像の評価的な比較可能性についてはまだ何も含意していない。ここまでに述べたのは、異なる世界像がある程度はお互いにアクセス可能であるということだが、それだけでは、それらが妥当性の点で比較可能かどうかについては何も――少なくともたいしたことは何も――言っていない。さらに、世界像の中で真理値を持つとされる要素に関して、ある「我々」が、他の「我々」の信じていることには自分たちよりも大きな真理があると認識するようになるような何らかの客観的な基礎というものがあるのかどうかについては何も決定されていない。しかし、実際、よく知られているように、ウィトゲンシュタインはそうした可能性に大きな疑いを投げかけるようなことをよく言うし、これについて彼の最後の著作も例外ではない。たとえば、『確実性の問題』にはこういう記述がある（94節）。★6

私の世界像［Weltbild］は、私がその正しさを納得したから私のものになったわけではない。私が現にその正しさを確信しているという理由で、それが私の世界像であるわけでもない。これは伝統として受けついだ背景であり、私が真と偽を区別するのもこれに拠ってのことなのだ。

95節　この世界像を記述する諸命題は一種の神話学に属するものといえよう。この種の命題の役割は、ゲームの規則がうけもつ役割に似ている。それにゲームというものは、規則集の助けを借りないで、すべて実地に学ぶこともできる。

そして、彼の考えがはっきり表れるのが『確実性の問題』の298節である。

「それは我々にとって絶対に確かである」とはひとりひとりがそれを確信するということだけでな

く、科学と教育によって結ばれたひとつの共同体に我々が属しているということなのだ。

また、以下のようなことを主張する多くの発言がある。たとえば〈理由はただゲームの中でのみ与えることができ、ゲームの限界において終わりを迎える〉とか（『哲学的文法』55節）〈我々の表象のモードは言語ゲームである〉とか（『哲学探究』50節）、〈「文法」は正当化できない〉とか（『哲学的考察』7節）、〈言語ゲームは理性的（reasonable）でも非理性的でもないが、それは我々の生活と同様に、そこにある〉（『確実性の問題』559節）、といった発言である。★7 さらに、ウィトゲンシュタインがこうした発言の効力の範囲に、ひとつの人間集団が追求しているかもしれないが他の人間集団には欠けているかもしれないような種類の言語ゲームも含めているということには疑いの余地がない。たとえば、もう一度『確実性の問題』からの引用になるが、

609節　それ［物理学の命題★8］を適切とは見なさない人びとに我々が出会った、と仮定しよう。我々はこれをどう考えたらよいか。彼らは物理学者の見解を尋ねるかわりに、神託に問うようなことをするのである。（だから我々は彼らを原始人と見なす。）かれらが神託を仰ぎ、それに従って行動することは誤りなのか。――これを「誤り」と呼ぶとき、我々は自分たちの言語ゲームを拠点として、そこからかれらのゲームを攻撃しているのではないか。

610節　では我々が彼らの言語ゲームを攻撃することは正しいか、それとも誤りか。もちろんひとはさまざまなスローガンを動員して、我々のやり方を持ち上げようとするだろう。

612節　先に私は他人を「攻撃」するだろう、と言った――だがその場合、私は彼に理由を示さないだろうか。もちろん示す。だがどこまで遡るかが問題である。理由の連鎖の終わるところに説得がくる。（宣教師が原住民を入信させるときのことを考えてみよ。）

こうしたことのどれひとつとしても、あるいはその否定にしても、異なる人間集団が、お互いにとって（前に触れた、それほど野心的でない意味において）アクセス可能な異なる世界像を持って経験的に共在している、という考えだけからは導出できない。また、これは、この考察の最後に簡単に触れることになる見解や見解の集合からも導くことができない。その見解というのは、ダメットがかなり最近の仕事において図式化したもので、内容としては、真理（truth）というものは主張を正当化する条件（conditions which justify assertion）の概念と置き換えるべきである、ないしそれを使って解釈されるべきである、という見解のことである。この見解を要約的にウィトゲンシュタインの構成主義（constructivism）と呼ぶことにする。構成主義は、我々が十分な根拠とみなすように訓練を受けてきたものに関して、我々の探究や思弁を休止に追い込むが、その一方で、異なる人間集団がどのようなものを根拠とみなすように訓練を受けるだろうか、あるいは受けないだろうか、ということについては構成主義からは何の帰結も導かれないし、彼らが根拠とみなすように訓練されることがありうるものは何かについても、彼らが自分がすでに知っていると思っていることと食い違うものに直面したときに、彼らはどうするのが自然だと思うだろうかということについても、何の帰結も導かれない。構成主義は人類の知識（*human* knowledge）については何か教えてくれるかもしれないが、もっと狭い集団の知識については教えてくれないのである。

この光景に付け加えられた相対主義的な要素は余分なものであり、他の部分から導き出されはしない。しかし、一旦相対主義的要素が加えられると、それは奇妙で混乱させる効果を他の部分に対して（いわば逆向きに与える。というのも、思い起こしてほしいのだが、「我々の言語の限界が世界の限界を意味する」という言葉の超越論的解釈を特徴付ける際に、私はひとつの考慮要因として、我々の言語の特徴は、そのように捉えた際には、経験的な説明の問題ではない、ということ、そしてその結果として、逆に、もし我々が経験的に説明できるようなものを扱っていたならば、そうした超越論的に孤立したものは持たないだろう、ということを用いた。しかし、もし相対主義的な見解を付け加えるなら、何かが経験的に説明可能かどうかということ自体が言語に相対的になるかのように思われる。そして、とりわけ、科学的説明の特定の形式は、いろいろある言語ゲームのひとつにすぎないということになるかのように思われる。こうして、アクセス可能で経験的に我々の世界像と関連するものとしての他の世界像についての我々の見方は、単に我々自身の世界像の関数かもしれないということになってしまう。同様に、もちろん、相手の集団から発せられる、彼らも同じようなことを感じている、という記号の理解とされるものも我々の世界像の関数かもしれないということになる。従って、我々は彼らが本当にアクセス可能である、という考えへの手がかりをこのレベルで失ってしまう。この警報が一旦発令されたなら、実際、「私」ではなく「我々」について考えるという、苦労して手に入れた利益さえも失い始めるかもしれない。というのも、仮に、他の集団の実践についての科学的理解とされるものが、単にそうした実践が我々にとってどのようなものかである、とみなすとしよう。また、他の生活形式についての我々の経験は、不可避的に、瑣末でない仕方で、我々自身の生活形式によって条件付けられているとしよう。そうであるならば、結局のところ以下のような独我論的な疑いを止めるものがあるのだろうかという疑問が生じるかもしれない。その独我論的な疑いとは、他の個人についてのものだとされる私の経験も、彼らと私が共有している生活形式についての私の経験も、単に私にとってものごとがどのようであるのかについての経験でしかありえないのではないか、という疑いである。

この論点はこんな風に述べることもできる。異なった世界観を持つ文化的に別個の集団が独立に存在するという想定を行い、かつ、彼らに対して我々が持つアクセスはすべて不可避的に、瑣末でない仕方で、我々自身の世界観によって条件付けられていると信じることには、非常に大きな困難がある（この困難は社会科学の哲学におけるある種の立場としてよく知られている）。というのも、我々の出発点となった問い、すなわち異なる世界観の存在とそれに対する相対的なアクセス可能性の問題は、それ自体ひとつの世界観の関数になってしまうからである。実際、ここで生じているのは、集合的独我論（aggregative solipsism）の社会的レベルにおける正確な類比物である。

社会科学について言えば、ウィトゲンシュタインの支持者のうちのある者が受け入れているある見解については言及しておく価値があるだろう。この見解は我々が現在考察している領域によって元気づけられているが、そこにはおそらく混乱がある。この見解を煎じ詰めると以下のようになる。もし理解というものを内在主義的に捉え、説明というものを非因果的に捉えるなら、他のものの見方というものを理解し、少なくとも個別ばらばらにであれば説明することが可能である。[*7] こうした結論が我々が考察しているレベルにおける全般的な認識論的考察から導けると想定する人がいるなら、それは、何かしら（社会的レベルにおける）集合的独我論のようなものを表す、頭の混乱である。というのも、相対主義的なアクセス不可能性が支配権を握るなら、ふたつしか選択肢は残らない。ひとつは他方の社会システムに、その社会システムのもともとのメンバーと同化して潜り込むという選択肢であり、この場合説明など（仮にその社会システムが自意識的であるならばそれ自身による説明というのはあるかもしれないが、それを除けば）残らない。もうひとつは不可避的に自分自身の概念によるものの見方を持ち込むという選択肢で、この場合、持ち込むものが理解（Verstand）やゲシュタルト主義的な再記述であったとしても――因果的な説明でなかったとしても――自分自身の概念によるものの見方を持ち込んでいるという点ではまったく違わない。もちろん、前者のタイプの（理解やゲシュタルト主義的再記述による）説明を選ぶ他のよい理由はあるかもしれないが、人間の言語ゲームの多元性についての何らかの相対主義的な物語からこのプロジェクトが簡単に導き出せるというわけにはいかない――そういう想定がされることがときどきあるように見えるが。

相対主義的な要素は「我々」の解釈に抜きがたい不確実性を持ち込んでしまうが、そうなるとウィトゲンシュタインの見解をどう適用すればいいか不明確になるだけでなく、そもそもウィトゲンシュタインの見解がどういう見解なのかも不明確になってしまう。ウィトゲンシュタインは概念的変化や異なる集団が異なるものの見方を持つということに言及するが、これには抜きがたい曖昧さがあり、そのために説明の余地がどのくらいあることになっているのかは不明確なままである。先に触れたいくつかの事例では、ウィトゲンシュタインは、少なくとも説明が可能であるという余地を残しているように見える。しかし、彼が余地を残した説明というものの範囲ないし決定性の度合いは、それらの箇所での示唆に従う限りは、極端に低い――たとえば、ウィトゲンシュタインはときどき、最も弱い表現で、他の人々が興味を持つだろうものに言及したり、彼らの実践を、広い意味で機能主義的な何らかのしかたで、彼らの利害に結びつけたりしている。疑いなく、ウィトゲンシュタインの著作のこうした特徴は、ある程度は、彼が自然科学の高慢さを憎んでいたことに由来していて、彼の場合、これを自然科学そのものへの憎悪から区別するのは簡単なことではないように見える。ゲシュタルト主義的な図示を彼のように使うことは、さらなる説明や、より体系的な説明を補助するというよりは、むしろそうした説明をやめさせてしまう可能性がある。クライゼルのコメント[*8]を利用するなら、世界の反対側の人たちがなぜ落ちてしまわないのかと子どもが尋ねたとき、多くの人は地球の中心に向かう重力を使って説明するだろう。しかし、ウィトゲンシュタインにその質問をしたら、円を描き、その上に棒線の人間を描き、それをぐるっとまわして「ほら、今度は我々が宙に落ちる番だ」と言うだろう。

しかしながら、それ以上に、我々が巻き込まれている困難からすれば、そもそも、我々がその活動を理解したり説明したりしたいと思うような人間の実際の集団について、ウィトゲンシュタインが本当に考えているのかどうかという疑問が生じる。私は、その答えは基本的に「否」だと思う。我々は食い違うさまざまな世界観の認識論にそれほど関心があるわけでもなく、ましてや社会科学の方法論に関心があるのでもなく、むしろ我々の世界観を探索する方法に関心があるのである。我々は想像力に関心があるのであり、前に注目した曖昧に機能主義的な発言は、説明の素描というよりは、想像力を助けるためのものであり、異なる実践を我々にとってより馴染みのあるものに変え、我々自身が持つ実践にもっと意識的にさせてくれるためのものなのである。この観点から見たときに、与えられた対案は、相対主義的にアクセス不可能なものであろうとなかろうと、我々が論じてきたような社会的に現実的な対案ではなく、何らかの説明の対象となりうるようなものとして提示されているわけでもない。むしろ、そうした対案について考えるという作業は、我々自身の世界観の内で地理に明るくなることの一部であり、我々がその世界観に対する支配力を失い（あるいはその世界観が我々に対する支配力を失い）、ものごとが奇妙に見え始める地点まで手探りで抜け出していくことの一部なのである。想像された対案は我々に対する（*to us*）対案ではない。それらは我々にとっての（*for us*）対案であり、我々の世界の中にとどまりながら我々がどこまで行けるかの標識なのである――そして、その世界を去るということは、何か異なったものを見るようになることを意味するのではなく、ただ何も見なくなることを意味するのである。

《4》非相対主義的な観念論

ということは、実際には相対主義は問題ではない。ウィトゲンシュタインの「我々」は、しばしば、他の人間集団と対比されるものとしての我々の集団を指す「我々」のように見えるが、これは基本的に誤解を招く表現である。この意味での「我々」は彼の主要な関心ではない。「正当化された主張」説、すなわち社会的実践による意味の決定などのような考え方を認めたとしても、合理的な実践の方法において人類がどの程度のことを共有（share）しているかについては何も決まらない。これはまた、単に「我々」を人類へと最終的に相対化するという問いでもない。我々は、言語を使う生物が他にもいて、その世界像が我々にとってもアクセス可能であるという可能性を排除できない。さらに、この宇宙におけるどの集団が――それは我々がこの宇宙において共にある諸集団かもしれない――どの程度概念的に孤立しているかというのは、経験的な問いのはずである。もしそれらの集団がこの宇宙で我々と共にある諸集団であるなら、そして我々がその事実（つまり、それらの集団が言語を持っているという事実など）を理解できるのなら、それらもまた「我々」の一部である。したがって、たしかにウィトゲンシュタインは我々が理解する意味が我々の実践と関係しているなどといったことを多く述べるが、その〈我々〉がこの世界の中における他者に対するものとしてのひとつの我々であるとか、この世界の中で可能な他の実践に対するものとしてのひとつの実践をするものとしての〈我々〉だ、というのは結局のところ、表面的な話なのである。相対主義の混乱した、そして混乱させる言葉遣いを脱するなら、人は、世界の中にいろいろある集団のひとつとしての〈我々〉ではなく、観念論の〈私〉――これもまた、世界の中におけるいろいろな事物のひとつとしての〈私〉ではない――の複数形の子孫としての〈我々〉と共に自分があることを見出すだろう。★9

しかし、もしこの種の〈我々〉に関心があるのであれば、人間の実践や人間の考える意味についての科学的理解に対して、そこからは事前には何の限界も〔少なくともこの非常に一般的なレベルの考察からは〕導き出せないだろう。というのも、もし我々の世界観がこの宇宙における他の集団の世界観と経験的に異なっていた場合、その違いの説明――進化のしかたの違いとか、宇宙における異なる環境にいるという状況の違いとか――を見つけることは可能かもしれない。しかし、仮に我々自身〔つまり人類〕と比較できる他者が存在するということが分かって、仮に我々がそうした説明を自分たち自身に対してできたとしよう。その場合、同じような説明は、他者について知らなくても、あるいは他者が存在しなくてもできたはずである――もっと困難であるには違いないが。仮に我々人類がこの世界の唯一の構成員だったとしても、一人称複数の超越論的観念論は、我々が、ある特定の惑星で特定のしかたで進化した人々として、現に持っているような世界像をどうして持っているかについて、経験的ないし科学的な理解が可能になる可能性を排除してはいない。もっとも、そのような説明があったとしても、我々の言語の限界が我々の世界の限界をも意味するような唯一の意味で「我々の」を使うなら、その説明は、ここでもまた、我々の言語の限界の内にとどまらざるをえないだろうが。しかし、もしそういうことが可能であるならば、こうした限界がそもそも限界であるという考え方自体にはほとんど何も残らない。というのも、この種の観念論にとっても、〔前出の『論考』5.64節の独我論についてのコメントと同じように〕「徹底すると純粋な実在論と一致することが見てとられる」と言えそうだからである。

しかし、『論考』の場合にこれが成り立つとしても、この著作自体は、悪名高くまた公然と、これを乗り越えて行こうとしている。後期の著作も同じことをしようと試みている、ないしはもう少し正確には、複数形の観念論の要素を用いることで、自らがそれをするのを妨げないように試みていると見ることができるということを示唆することで、本章を終えよう。これは以前に「構成主義」と呼んだものと関わっている。この考え方には多くの起源があり、とりわけ知識の理論に多くの起源があるが、それについては特に何も述べるつもりはない。構成主義の中心的な考え方をまとめるなら以下のようになる。我々の文は我々がそれらに与えた意味を持ち、そのことからいくつかの重要な帰結が導けることになっている。その帰結とは、それらの文の論理が、それらの文にいわば最初に持ち込まれたものを超えては、実在について何も決定することができない、ということに関するものである。それと関連して、「真理」の概念も、ある文をどういうときに肯定するのが適切かの条件として適当だと定められた条件への訴えで置き換えられるか、あるいはそれを使って解釈されるべきだということになる。[*9] しかし、少なくとも最初のうちは、この一組の見解が重要な帰結をまったく持たない瑣末な問題でないならば、どうしてその一組の見解が非常に驚くべき帰結につながらずにすんでいるのかを理解するのは難しい。たとえば、以下のような議論図式を考えてみてほしい。これは少し違った形で私が他のところで論じたものである。[*10]

(i)「S」は我々が与えた意味を持つ。

(ii)我々が「S」に意味を与えるための必要条件はQである。

ゆえに

(iii)Qでないならば、「S」は意味を持たない。

(iv)もし「S」が意味を持たないなら、「S」は真ではない。

ゆえに

(v)Qでないならば、「S」は真ではない。

この議論はどこかで間違っているはずだと思える。というのも、(ii)のQのところに人間の存在や言語使用などに関することがらをどんなに代入しても、(ii)は任意の「S」に対して真となる。そして、(i)はあらゆる「S」について真だということになっているし、(iv)もあらゆる真なる「S」について真である。そうすると、どんな真なる「S」の真理も人間存在等々に依存するという結論が導ける。つまり無制限な観念論が証明できるのである。ここで、いくつかの伝統的な見解に従うなら、この結論を避けるために、議論そのものの欠点を探す必要はない。というのも、(i)は「「S」」が文の名前である場合にのみ真とみなされる。ということは、(v)は「Qでなければ「S」は真理を表現しない」を意味する文となって、真だが無害である。そこからはもちろん「QでなければSではない」は帰結しない。しかし、後期ウィトゲンシュタインの見解にとって、そしてとりわけ正当化された主張の理論にとって、文「S」が真を表現するということとSが真であるということの間にそれほど簡単に線を引けるかどうかは明らかではない。ウィトゲンシュタインは、これとの関係で、しばしばあたかも自分が単に自然言語の文について語っているかのように語ることがあり、それは『哲学探究』第一部381節のような奇妙な結果を生む。

どのようにして私はこの色が赤であることを認識するのか。――一つの答えは、「私は日本語を学びました」ということであろう。

これは

Wie erkenne ich, daß diese Farbe Rot ist? — Eine Antwort wäre: 'Ich habe Deutch gelernt'

の訳である。[★10]

しかし、少なくともこれは誰かがあることを知っていることの事例であり、この困難は、たしかに啓発的ではあるが、比較的表面的なものである。しかし、仮に、我々がある条件の下で（どういう文が真理を表現するかではなく）何が真だろうかということを考察していて、しかも真理条件の概念を主張条件で置き換えようとしているとしよう。さらに、ウィトゲンシュタインがたしかに信じていたように、あることがある与えられた文の主張条件となる際には、たしかに人間の実践が関わっており、そしておそらくは人間の決断が関わっている、ということも認めるとしよう。そのとき、経験的観念論を避けるためでさえ、何かしらのことをしなくてはならない。すぐに思いつくやり方は、もし人間や言語が存在しなかったらどうなるか、についての語りを、我々が理解しているある文の主張を何が正当化するだろうかについての語り（そしてこれについては主張条件は固定されている）だとみなすことである。これで経験的観念論は消滅する。

というのも、この語り方をすれば、人間のいない仮定的な情景から規約の固定（convention-fixing）への言及は取り去られ、いかなる規約の固定も記録されないからである。しかし、このような語り方は以下のような反省を行う理由も与えるだろう。その反省とは、どんな想定であれ、それが決定的であるのは、この理論の下では、何らかの時点で、ある条件が主張をするのに十分だとみなすという決断があるからこそだ、というものである。そうした反省は、以下のようなありふれた思考よりは過激であるし、過激であることを意図してもいる。そのありふれた思考とは、人間の関わらない出来事を記述する文章から距離を置いて、もし人間の関わる出来事が何もないなら、そんな文章も存在しなかったろう、と考えるような思考のことである。この論点はむしろ、現実の決定性は、我々が決断したことや、我々が決定的だとみなす用意があることに由来する、という思考の中で姿を現す。

> 我々は一つの数の体系をもつように、一つの色の体系をもっている。この体系は我々の本性に基づいているのか、それとももののの本性に基づいているのか。我々は何と言ったらいいだろう。——数の本性にも、色の本性にも、基づいてはいない。（『断片』357節）

これをどう言ったらいいかについての気後れもまた、『論考』においてなじみの問題に由来する。すなわち、それを言葉にしてしまったら、経験的に偽な意味を持つ文として受け取られたり、もっとひどいことになったりするような哲学的真理（とされるもの）をどう言ったらいいかという問題である。というのも、もちろん、もし我々の数についての語りが我々の決断によって決定されているならば、〈数について我々の決断で何事かが決まっていると言うことはナンセンスでしかありえない〉というのも我々の決断のひとつの結果だからである。数学の我々の決断への依存性は、それが成立しうる唯一の意味において——というのも、明らかに、それは現実の歴史上の決断に対する経験的な依存、という意味ではありえないから——我々が意味をなすものとみなす用意があったりなかったりするものの内に現れる何かであって、決断についてのコメントの中で述べうるようなものではないのである。他の場合も同様である。意味の新しい理論は、古いものと同様に、超越論的観念論の方へ向かっており、同じ問題を抱えている。その問題とは、その立場を述べようとすると、誤ったしかたで理解されざるをえない——そもそも理解されたとしても——ような形式で述べる方向へ追いやられてしまう、という問題である。

第一三章　他の時間・他の場所・他の人

『言語・真理・論理』において、エアは、ある場面でAによって発言された文が経験的な意味を持つとすれば、Aがその場面で確証可能（verifiable）な言明を行っていなくてはならない、と考えた。そしてそれを基礎として、よく知られているように、エアは過去についての言明を現在持っている証拠についての言明へと還元し、心的なものについての三人称的な言明を観察可能な行動についての言明へと還元した。（未来についての言明は、もちろん、発言の時点では厳密な意味では確証可能ではないが、それにもかかわらず確証可能な文とみなすことを許容された。これは、おそらく、発言の時点で発言者が始めることができて、最終的に確証につながる何か――おおざっぱに言えば待って様子を見ること――があるからだと思われる。）

後に彼は[*1]、過去についての言明のクラスや他者の心についての言明のクラスなどなく、それは他の場所についての言明（statements about elsewhere）のクラスなどというものがないのと同じだ、と主張する立場へと移行した。ある出来事に対して、未来の視点から語る人によっても、現在の視点から語る人によっても、過去の視点から語る人によっても、同一の言明がなされうる。トークン反射的（token reflexive）な道具を使った言明は、同時にふたつのことをしているとみなすことができる[★1]。「当該の出来事の記述を、話者が時間上どこにいるかと組み合わせるという形で、時制の使用は論理的に別個のふたつの情報をひとつにまとめる」[*2]。彼は、『言語・真理・論理』の還元主義を否定するためにこの教義を使う。「過去についての命題は、現在についての命題でも未来についての命題でもない。それらの命題は過去についての命題なのである」と、彼はある箇所ではどちらかというと誤解を招くような仕方でこのようにこの教義を表現している。[*3] これは、彼が主張したばかりのこと〔すなわち、過去についての言明のクラスなどないという主張〕を否定しているのではなく、そうした命題はその命題がそれについてのものに見えるような出来事についての命題なのであって、後の時点の別の出来事についての命題ではない、ということを言おうとしているのである。

さて、この理論はトークン文（token sentences, ある場面である話者によって使用されたタイプ文（type sentence））から始まり、そうした文の収束集合[*4]（*convergent* set）の概念を事実上利用する——あるトークン文の集合が収束集合であるとは、この場合、すべての成員がトークン反射的な道具によって確保された指示との関係において、同じ指示対象を持ち、それ以外の点では同義的な集合である場合である。[★2]（トークン文の収束集合は、実際に発言された文より多くのものを成員として含んでいるとみなしてよい。我々はタイプ文と場面と話者を特定し、これらの構成要素によって決定されるトークン文について考えて集合に割り当てることができる——実際に発言されていなくても。そして、疑いなく、タイプ文と場面だけから、単に存在しうるというだけの話者を探し出すこともできるだろう。）[*5] 私がトークン文の収束集合と呼んでいるものの成員について、エアは、同一の事実的内容を持ち、同じ情報（話者の視点についての情報を除いては）を伝えている、[*6] と述べる。そして彼は、これらの文があるしかたで同じ意味を持つ、と進んで言うが[*7]、これには、「意味」という言葉の日常的な適用法のひとつにおいては、明らかに収束集合の成員は異なる意味を持ちうるが、という但し書きがつく。その適用法とは、「S（…私…）」という文と、「S（…彼…）」という文は、最初の文がAによって発言され、第二の文が誰かによってAについて言われたとしても、異なった意味を持つ、と言うのが自然であるような適用法である。

すでに見たように、エアは、収束集合のそれぞれの成員が共通の核となる言明ないし命題を提供する——最も単純な場合には主張する——とともに、その命題がそれぞれの場合に提供される視点も同時にあらわにしている、とみなす傾向にあった。実際彼はこれを超えて[*8]、核となる命題を、いわばそれ自体で、私が中立文（neutral sentence）と呼ぶ形態で表現することが可能であるはずだ、とも想定した。中立文は、トークン反射的道具がその命題に対して特定の接近法を表しているような命題を表現しているのだから、中立文それ自体はいかなるトークン反射的道具からも逃れている。時間に関して言えば、中立文とはクワインが永久文と呼ぶ、真理値が変化しえない文である。したがって、エアの理論においては、トークン反射的な発話の装置の背後には、永遠の相の下における（sub specie aeternitatis）世界の表象——どれかの視点ではなく（時間、場所、人のいずれにおいても）視点のないところから見た世界の表象——と、この表象に由来する中立文とが存在する。

この考え方が単なる言明の同一性の要請を超えた内容を持つという論点を強調するのは大切なことである。永遠で、非人称的（impersonal）で、等々の性質を持つ共通の内容を表現する中立文がありうるということを想定しなくとも、我々は収束集合という考えを理解できるし、トークン文をそうした集合に所属させることもできる。このより強い見解をとることのひとつの帰結は、もしある意味において収束集合のすべての成員が同じ意味を持つならば、核となる中立文がそれらすべてが持つ意味を与えるということである。この主張は、それらすべてがある意味で同じ意味を持つと単に主張することと比べると、それほど魅力的には見えない。しかしながら、もし我々がそれらの文が同じ「事実的内容」を持っているという主張にこだわるなら、収束集合の成員と、核にある中立文とが同じ事実的内容を共有していると言うことは、〔中立文が収束集合の成員の持つ意味を与えているという考え方よりは〕より受け入れやすく見えるだろう。そのひとつの理由として、中立文と収束集合を構成する日常的なトークン反射的文の両方の事実的内容を特徴付ける際に、理論的な要素が関わるという考え方をする余地があるように思われる（中立文における理論的要素をめぐる疑問については後で触れる）。

エアは、実際、中立文に対して更なる要請を付け加えているように見える。すなわち、中立文における論理的語彙以外の語彙は記述のみから成っていなくてはならず、そのため、トークン反射的な表現を消去しなくてはならないだけでなく――これは中立文についての仮定により消去することが要請されるものである――すべての固有名も消去しなくてはならない、ということである。実際、エアは、これをさらなる要請としてではなく、事実的内容の同一性から導かれるものとして捉えていたかもしれない。彼はこれに関連する考えを記述的十全性（descriptive adequacy）の概念を使って表現している。「ある言語において何が記述できるかはその言語がどういう述語を含むかに依存するのだから、指示子（indicator）を述語で置き換えることで言語が記述的に貧困化されるということなどありえない」[*9]。この一般的な学説にも、その理由にも――それを受け入れる理由が仮にあるとして――、我々は関わり合いになる必要はない。しかし、これの特定の適用例――人間に関するもの――には少し後で出くわすことになる。

この道具立てについて指摘しておくべき点がもうひとつある。それはトークン反射的な語の解釈についてである。私は「トークン反射的」をかなり広い意味で考えている。その意味によれば、「今」はトークン反射的であるが、それは単に、この言葉の意味の規則として、もしあなたがその発言の場面においてどの時点が問題になっているかを知りたければ、それがいつ発言されたかを知らなくてはならないからである。エアは、「今」のトークン反射性を厳密な意味で考える。それによれば、トークン反射的な指示はトークン発話と関わる形で説明されねばならず、「今」は実は「この発話と同時点に」と読み替え（explicate）られ、「過去」は、したがって、「この発話より前に」を意味することになる。しかし（この説には、「よかった、ようやく終わった」（Thank God, that's over）という発話についてプライアが指摘したよく知られた内容上の難問があるが[★3]、それを置いておくとしても）、この読み替えがうまくいく可能性があるかどうかは非常に疑問である。実際、この説がうまくいくには、「この発話」という言葉の非常に特殊で変化に富む適用に通じている必要があるが、それには、すでに「今」が何か分かっていなくてはならない。しかしこれは収束集合の構成自体との関係では脇道の問題である。どのトークン反射的表現が原始的なのか、それはいくつあるのか、というのは（収束集合の構成とは）別問題だからである。

では次に中立文の確証の問題に移ろう。ある中立文Sが、出来事Eの発生について、場所P、時点Tにおいて起きているると述べているとしよう。ここで、Sに対して、最良確証地点（optimal verification point）がひとつ存在すると仮定する。さらに、この地点は空間・時間点（P, T）であるものと仮定する。ここで、第一の仮定を受け入れる上では、Sに対する最良確証地点は特異ではないかもしれない（つまり他に同様の点があるかもしれない）という可能性は排除しない。しかし、第二の仮定は疑いの余地がある。もちろん、一般に、PとTはそれぞれ単独では最良ではないだろう。つまり、Tが確証の時点として最良なのはPにいるときだけだろうし、Pが確証の場所として最適なのは時点Tにおいてだけだろう。しかし、そのことは別として、どういう一連の仮定の下で、（P, T）の組み合わせがSの確証――つまり、（Sが真だとしたときに）Eを観測すること――にとって最善なのだろうか。これについて、（P, T）は出来事Eについての情報の原点だということ、そして、（P, T）と他の――少なくともある程度離れた――地点との間では情報が原理的に劣化（decay）せざるをえないということは必然的な真理だと論じることができるかもしれない。しかし、これに対しては、どういうレベルの原理の下でこの結果が生じるのか、確証と観測のどういう方法に対して「情報」――本当に知識を与えるものとしての情報――が劣化すると考えられるのか、という問いが生じる。原点から離れると情報が劣化するというのは何らかの深い自然法則にもとづいてのことだと考える人もいるかもしれない。しかし、同様に深い自然法則にもとづいて、出来事の地点がそもそも観測の地点ではありえないということも――たとえば宇宙論者が宇宙の最初の数秒と呼ぶ時点のように――あるかもしれない。これは、たしかに、その仮説的な観測者がもしそこにいたらクリッペンが妻を殺害しなかったような観測者、という現象主義をめぐる古い難問のように、単に「実際上」と「原理上」の区別として片付けてしまっていい問題ではない。*10

実際、最良確証地点の概念（ある特定の種類の出来事について、ということはしたがって——間違いなく——ある特定の種類の観測についての最良確証地点）を経験的な、あるいは多かれ少なかれ論理以外の考慮要因と、どうやって切り離すことができるのかは理解しがたい。しかし、もしこれが正しいなら、エアが気に掛けてきた伝統的懐疑主義の問題の一部は雲散霧消するように見える。エアが自らをそう描くように、懐疑主義者が気に掛けてきたことのひとつは、全面的な確証というものがないならば、その出来事が起きたということについて、単に蓋然的な信念や理にかなった信念を持つ根拠すらまったく見出せなくなるということであった。しかし、もし全面的な確証の概念が最良確証地点の概念を含意しており、最良確証地点の概念——ないしはむしろ何らかの具体例におけるその概念の利用法——に、ここで言及したような考慮要因が働いているとしたならば、その同じ一群の考慮要因から、同様にして、観測が行える最良確証地点以外の地点——全面的な確証は得られないかもしれないが理にかなった信念には繋がるような観測が行える地点——という考え方が生まれることも期待できる。この問題を設定するために使われた、最良確証地点と比べて不利な地点が存在するという理解から、なぜ、どのようにそうした地点が不利なのかということについての理解が生まれる——そしてこれが確率的な信念の裏付けを与えるものとなるのである。

懐疑主義をどう扱うかは私の興味の対象ではないが、この論点の適用範囲は広い。実際、これは実証主義のパラドックスのひとつにつながる。実証主義にとっては、意味は確証によって与えられなくてはならず、意味は事実に先立つものでなくてはならない。確証とは何かということは、それ以上に、実証主義においては特に、観測と結びつけて解き明かされなくてはならない。しかし、我々が観測について、またそのさまざまな種類の出来事との関わりについて理解していることは、完全に事実に先立つわけではない。確証の概念の中には不明確な経験的仮定が残ることになる。

最良確証地点の概念において、どの程度までが純粋に必然的な次元なのかを判定するのは容易ではない。原因は結果に先立ち、情報とはすべて結果である、という命題を前提とするならば、必然的に、未来に起きる出来事についての文の最良確証地点は現時点の中には含まれていない。しかし、同じ仮定の下で、過去に起きた出来事についての文すべてについて同じこと〔つまり現時点には必然的にその文の最良確証地点が含まれていないということ〕が真となるかどうかはそれほど明確ではない。他の場所で起きていることについては別の問題が生じる。それ以上に、絶対的に純粋な確証の概念において、これらの仮定がどの程度認められるのかもはっきりしない。

しかしながら、これらの論点は脇に置いて、ある出来事に対して最良でない確証地点がいくつか同定できたとして、そこから何が言えるかを考えてみよう——そして、多くの種類の出来事について、少なくとも、所与の観察者から見てそれが過去だったりよその場所だったりするために、その出来事がその観察者にとっての最良確証地点から引き離されてしまうということを認めるとしよう。[★4] エアは、もし自分がその観察者だったときに、その状況にもかかわらず自分によってその出来事が確証可能だと言えるのはどういう条件の下なのかということに多大な関心を払ってきた——なお、ここで、「自分によって確証可能」(verifiable by me) とは、「原理的には自分によって確証されたかもしれない」ということを意味する。たとえば、私が現在いるところと違う場所で今起きていることは、そのままでは、私には（最良の仕方では）確証できない。というのも、もし私がT_kにおいてP_jにいるならば、必然的に私はT_kにおいてP_i（ただし$i \neq j$）にはおらず、そしてまた私がまさにその時点にその場所にいられるようにするために私に今できることも何もないからである。しかしこれは相対的な必然性にすぎない。私がT_kにおいてP_jにいるということは必然的ではなく、私はT_kにおいてP_iにいたかもしれない。このことは私にとっての原理的な確証可能性の要請を満たす。

一見同じことのように見えることの別の適用は、過去について生じる。もしE_iがT_iにおいて起きていたなら（ただしT_iはT_kより前の時点）、私がT_kかそれより後の時点にE_iを最良のしかたで確証する、ということを実現させせようにも、私にT_kの時点でできることは何もない。しかし、私がE_iを最良のしかたで確証するということはありえた。それどころか、私がもしかしたら実際に存在したのよりももっと前の時代に存在していたということも想像可能（conceivable）であり、その結果、私が自分の実際の誕生日よりもはるか昔に起きた出来事を確証したかもしれないということも想像可能である。[*11] この最後の考えにはもちろん反事実的可能性が関わっているが、これは他の場所における出来事の原理的な確証可能性も同じことである。しかし、私の生涯の内での過去の場合には、その出来事を直接確証したという可能性は、必ずしも事実に反するものである必要はないというのは目につく点である。もしかしたら、私は実際に問題の出来事を観察していたかもしれない。

こうした考察は、この手続き全体についての疑問を提起する。私が自分によって確証可能であると想像可能なものについての問いには、何らかの形で私の知識が関わっているのだろうか。エアが触れているように、自分が移される時代が離れるほどそれを想像するのは難しくなるが、この論点は、この思考実験は私にとってのものだとみなされるべきであり、自分の生きている時代や環境についての私の知識に制約されているということを含意するだろう。しかし、その視点に相対的には、自分が覚えている過去について私が原理的に確証可能であるということには疑問は生じないように思われる――単に私は問題の命題を確証したというだけのことであるから。私は、何が自分によって確証可能で、何が確証可能でないかについての思考実験に着手する前に、自分が置かれている条件に対して記憶がすでに与えられているような状況で自分について想像するのである。

他方で、もし私による確証可能性の問いが、純粋に中立的な立場からXによる確証可能性の一例として考察されたとしたら、その場合は、なぜ私による想像可能な確証可能性がそもそも取り上げられるのかがはっきりしなくなり、それは「中立文」理論の文脈で考えられた昔の立場の場違いな名残ではないのかという疑いが生じる。外部から、中立的な視点から見たとき、T_kに実在した個人、すなわち私が、原理的にT_kよりも前の時点であるT_iにさかのぼって拡張できたり移転できたりするかどうか、そしてそれによって出来事E_i――中立的な視点からその時点に発生しているものと想像されている出来事――と出会うことができたかどうか、というのはこの問題にとってまったくどうでもよいことである。もし中立的な視点というものが我々にとってそもそも理解可能であるならば、その視点から問題になるのは、たしかに、せいぜいのところ、誰かがT_iにおいてE_iを直接に確証できたということである。その誰かが私だったかもしれないと想像できるかどうかは、まったく問題にならなくなる。

これと関連するアンビバレンスが、エアの他者の心についての議論にも示されている。彼はここで、少なくとも、空間について生じるのと同じ相対的不可能性が生じると考える。すなわち、もし私がCという性格特性を持った人物であり、あなたがそれと対立する性格特性C'を持っているならば、必然的に、私はあなたではない。実際、ある意味において、あらゆる状況において私は必然的にあなたではない――というのも、「私」や「あなた」という言葉は、そうした性格特性について異なった特徴付けをされる人々によって、あるいはその人々についてのみ使用されるからである。しかしながら、ここから、私がC'という性格特性を持ちえなかったということは帰結しないように見える。「私が自分自身についてのイメージを形成し、どんな想像もそれと両立するものでなくてはならないとして可能性を制限するのでないかぎり、どんな性格特性の集合であれ、整合的であるかぎりはそれを持っていることを私は想像できる。必要なのは、性格特性を保持するということ自体が経験的に確証可能なものであるということだけである」[*12]。以前には、エアはこの方向で想像可能なものには何らかの制限が、すなわち自分自身を形作っているとみなされるような何らかの性質が、存在するかもしれないと考えていた。しかし、この制限は気軽に取り除かれた。というのも、私を形作るものは何かという問いは、それ自体規約的で、恣意的で、その場で決めればよいようなものだからである[*13]。

最良確証地点の概念が心理状態の問題にどのように適用可能かという課題や、痛みを感じている本人こそが、彼が痛みを感じているということを確証する上で最良の立場にいるというおなじみのモデルをエアが使うのは正しいのか、という課題については論じないことにする。このモデルを使って、エアは私による原理的な確証可能性を以下のような可能性として捉える。それは、実際にあなたを特徴づけている記述C'を私が満たしているということが想像できるだろうか、そしてその状況において私は自分が（いわば）痛みの状態にあることを見出すだろうか見出さないだろうか、という可能性である。しかし、トークン反射性や指標語の記述的消去可能性についてのエアの考え方を踏まえるなら、そもそもこの状況を私がC'を満たしていると記述する権利がそもそもエアにあるのだろうか、というのはまったくのところはっきりしない――私が現にいるP_jではなくP_iにいるという想像可能な状況というのは、P_iがここだという状況以上のことなのだろうかということも、まったくのところはっきりしない。むしろ、エアの仮定の下では、この状況は、あなたが存在して、私は存在しない状況として見えてくる。少なくとも、その仮定の下では、どちらのしかたで状況を記述しようが何の違いもないはずである。というのも、「事実的内容」は同じであり、「記述的違い」はないからである。それならば、私による確証可能性は最終的には残らない。残るのはせいぜい確証可能性だけである。

　これはすでに見えてきていたことがら、すなわち以下のふたつのものの間にはあまり密接な関係はないということの特定の適用例である。その一方は、私による確証の問題であり、これは私による考えうる確証という形をとって、エアを夢中にさせ続けてきた。他方は世界を永遠の相の下に見る見方であり、その世界の記述的内容は中立文という形で実体化される。これは実証主義の第二のパラドックスである。実証主義の経験主義的な要素は、実証主義を自己中心的な困難へと引き戻すのに対し、物理学者の世界観を尊重することは世界の永遠的ないし中立的な捉え方へとつながる。エアは中立文モデルこそが科学にとっての正しいモデルだと考えるだけでなく、世界について我々が持つ多様な視点に対するものとして、世界のそれ自体としてのありのままの表象だとも考えた。これは「科学的世界把握」（wissenschaftliche Weltauffassung）としての実証主義のコミットメントを尊重する態度である。しかし、私による確証可能性のこのモデルにおける役割は、私による考えうる確証の役割でさえも、どうしようもなく逸脱的である。中立的モデルを把握する上では、私はすでに出来事の世界という概念を持っており、その出来事のいくつかについては、世界の中における私の位置から確証するということが考えられたり、すでに確証していたりするかもしれないが、他の人たちについてはそれが成り立たないかもしれない。

　そうすると、その問題は、せいぜい誰かによって確証可能、という程度でしかありえない。しかし、中立文の立場の文脈において、そうした確証可能性にどういう力を与えることができるのか、あるいはより一般的に、科学的な世界観を十全に表現しようとする哲学の文脈ではどうなのか、という難問が残る。これらの難問は、確証可能性の要請がどういう動機にもとづくとされるのかに応じて様相が変化する。私は、どんな確証主義を仮定してもこの難問の何らかのバージョンは登場すると考えるが、ここでは特にエアが確証可能性に対して持っていた種類の関心から生じる類いの困難に話を限ろう。

　エアが確証主義をとる動機は経験主義の認識論的な懸念の内にある。確証は観測との関わりで捉えられ、観測は知覚との関わりで捉えられ、そしてこうした考慮が彼の意味へのアプローチの背後にある。最も強い還元主義的な検証主義の要請が弱められた後でさえも、経験的な文の意味は、我々の経験との関係でそれらの文が我々にとって意味しうるものによって統制される。しかし、中立モデルの観点からは、我々の経験そのものがミスリーディングだったり偏っていたりするかもしれないという面についての疑問が生じざるをえない。

具体的なレベルでは、中立文モデルは、どんな人の実際の状況もさまざまな出来事の最良確証地点から離れたところにある、という事実を認める。それ以上に、このモデルから、というよりむしろそのモデルに付随する哲学的な説明から、我々の経験がある非常に広範囲な意味でミスリーディングであるということさえ言える。我々の経験は形而上学的にミスリーディングである。というのも、我々の経験は、世界というものを、中立文モデルが正しく表示するのとは異なった形で我々に提示するからである。しかし、こうした考慮からはあまり遠くまでは行けない。中立文モデルにおいては、ある観察点の不利さは場所の不利さに吸収されてしまいがちである。すなわち、ある人が最良確証地点にいないのなら、別の場所にいるのである。この傾向は、我々がすでに考察した時間的な移転（displacement）に関する問題として登場する。それは他者の心の問題にもある仕方で応用される。観察者は、あいまいな言い方ではあるが、その心理学的行為の座（site of the psychological action）にはいないものとして描かれる。前の方で、私は最良確証地点の概念の中にはともかくも経験的な要素があると示唆したが、この疑問は、観察点の良し悪しという考え方が純粋に移転との関わりで捉えられたとしてもなお生じる。しかし、探究の対象を――そうあるべきように――移転の描像から拡張し、我々の知覚経験の一般的な性質や性格の問題も対象にすると、この疑問ははるかに大きくなる。この場合には、この問いは正しい時点に正しい地点にいるということだけについてのものではなくなり、そこにいるときにその人に何が起きるかについてのものにもなる。

科学的理解というものに対しては、経験を理論に照らして批評することが期待される。そしてそうした科学的理解の観点からは、我々の経験のある種の一般的側面は我々の成り立ちに強く影響されたものと見られる。このことは重要な意味で、特定の場所の特定の不利さにはとどまらない。中立文モデルはすべての出来事を外側から、どの特定の視点でもないところから見ようと試みる。しかし、もしこのモデルが以下のような問いを自らに差し向けないなら、重要な点で不備なモデルであり続けるだろう。その問いとは、モデルの内容を形成する出来事が何と関連して特徴づけられるべきか、そうした出来事の特徴づけがどのくらい理論的であるべきか、そしてそうしたモデルは人間による世界の知覚の特定性からどのくらい抽象化されるべきか、という問いである。時間や空間からの抽象化を行った後でも、もし世界の表象が我々の知覚と特定的に関連して——あるいは他の誰かの知覚と特定的に関連して——与えられるならば、ここからの表象や他の何らかの特定の視点からの表象でないような世界の表象を与えるという目標は達成されていないことになるだろう。これもまた視点的な歪曲の一種にすぎないことになるだろう。そうした歪曲を克服するという目的は確証主義的な経験主義では達成できない。そしてこのことは、確証主義的経験主義と中立文モデルの関係がなぜ（私による確証可能性がもはや問題でないとしても）不調和でしかありえないのかの理由を与える。

この種の確証主義は中立文モデルとの関係だけで不調和になるだけではない。それは世界についての「絶対的」な表象とでも呼べるものを提供しようとするいかなる見解との関係においても不調和になるのである。この「絶対的」というのは、あるグループの持つ特有性に由来する特定の見え方で世界を表象するるのではなく、世界をありのままに表象するという（十分に野心的だが、この表現に与えられる他の意味ほどは野心的でない）意味においてである。[*14] 世界についてのそういう絶対的な描像が達成できるということを疑う人もいるだろうし、とりわけそれが科学的探究で達成できるということを疑う人もいるだろう。しかし、科学的世界像にもとづいた哲学を求めた人々はこれを疑わなかった。彼らはむしろ世界についての科学的な描像についての希望に満ちたビジョンを自らの哲学の基礎としたが、これは単に彼らが、事物の絶対的な表象を達成できるのはそうした描像だけだと考えた――そしてそれには理由があった――からだった。実証主義者の確証主義への愛着は、科学的世界像の哲学であろうという実証主義の目的と結びついたものだと考えられてきたし、実証主義者たち自身がたしかにそう考えていた。しかし、もし本章の議論が正しいなら、実証主義の確証主義的なバイアスは、逆に、実証主義がそうした哲学である上での基礎的な障害となっているのである。

原注

第1章

＊1　ジョン・ロールズ『正義論』（John Rawls, *A Theory of Justice*, Oxford〔: Oxford University Press〕, 1972）〔本書改訂版の邦訳は紀伊國屋書店、二〇一〇〕。

＊2　D・A・J・リチャーズ『行為の諸理由の理論』（D. A. J. Richards, *A Theory of Reasons for Action*, Oxford〔: Oxford University Press〕, 1971）。

＊3　トマス・ネーゲル『利他主義の可能性』（Thomas Nagel, *The Possibility of Altruism*, Oxford〔: Oxford University Press〕, 1970）〔邦訳は勁草書房、近刊〕。

＊4　チャールズ・フリード『価値の解剖学』（Charles Fried, *An Anatomy of Values*, Cambridge, Mass.〔: Harvard University Press〕, 1970）。

＊5　リチャーズ前掲書 p. 87. また、ロールズ前掲書 p. 27 およびネーゲル前掲書 p. 134 も参照せよ。このリチャーズのものは、理想的観察者という装置の唯一の解釈でもないし、またおそらく歴史的に最も健全な解釈でもない。cf. デレク・パーフィット「後の自己と道徳諸原理」（Derek Parfit, 'Later Selves and Moral Principles', in A. Montefiore, ed., *Philosophy and Personal Relations*, London〔: Routledge & Kegan Paul〕, 1973, pp. 149–50 and nn. 30–4）も参照のこと。

＊6　より詳しい説明は、「功利主義への一つの批判」（'A Critique of Utilitarianism' in J. J. C. Smart and B. Williams, *Utilitarianism: For and Against*, Cambridge〔: Cambridge University Press〕, 1973）〔邦訳はJ・J・C・スマート、B・ウィリアムズ『功利主義論争』勁草書房、近刊〕を参照。

＊7　フィンドレイ『価値と意図』（Findlay, *Values and Intentions*, London〔: George Allen & Unwin〕, 1961）pp. 235–6.

＊8　リチャーズ前掲書 p. 87.

＊9　ロールズ前掲書 p. 190.

＊10　パーフィット前掲論文 p. 160. 強調はパーフィット。本章の以下の部分や他の部分について、初期の草稿に貴重な批判を寄せてくれたパーフィットに感謝する。

＊11　パーフィットはそうした思考間の関連を配分的正義の問題のなかで展開させている。p. 148 以降。一般に、複数の

人物の生活の別個性を大切だと思うことと、ひとりの人の生活のその人固有の統一性を大切だと思うことは、非常に自然に連関していると言える。

*12　同論文 n. 14, pp. 161-2.

*13　同論文 pp. 144 以降。

*14　同論文 p. 144 fn.

*15　論文「自己と未来」('The Self and the Future', in *Problems of Self*〔『自己の諸問題』〕, Cambridge〔: Cambridge University Press〕, 1973）を参照のこと。

*16　パーフィット前掲論文 pp. 145 以降。

*17　この議論は、『自己の諸問題』の p. 82 以下でもっと詳しく論じられている。

*18　ここで、現在のプロジェクトは将来のプロジェクトの存在条件であると言うことができる。この見方は、ネーゲルの見方とは対極に立つ。本書一六ページで用いた定式化と同様である。しかし、ネーゲルが言うように、私の後々のプロジェクトを実現するために準備することに合理的な関心を持つためには、それが現在のプロジェクトである必要はないが、それでも、それが、のちのプロジェクトが私のプロジェクトとなる時点まで直接的・間接的に到達する何らかの現在のプロジェクトを私が持つことを前提としている、ということは真であるように思われる。

*19　もちろん、いったいその効率性の基準は何であるのかということは、別の問いである。しかし、四角い箱の役に立つエリアで何のリスクもとらないと前提するような見方は、それを充填するにもリスクのごく小さな戦略を好むだろう。（自愛の思慮に関する合理性一般について）ロールズ前掲書 p. 422 を参照せよ。「次のような主導原理が得られる。すなわち、合理的な個人はつねに、自らの計画が最終的にどのような結果になろうとも、自分を決して非難する必要がないように行為すべきである、と」。またロールズが脚注で引用している一節も参照せよ。こうした問題や、基盤的プロジェクトが合理性に対して持つ関係については、本書第二章を参照。

*20　「功利主義への一つの批判」第三～五章を参照。

*21　リチャーズ前掲書 p. 94.

*22　フリード前掲書 p. 227.〔一九八一年追記〕フリードはおそらく現在はここで批判されている見解を修正している。彼自身、友情は特別な道徳的関係を作り出すという考え方を用いるようになっている。しかし場違いなところで使っている。批判については、本書第四章を参照。

第二章

*1　このことについてのカント自身の取り扱いは、定言命法（Categorical Imperative）の役割を中心に据える。この問題については、私はフィリッパ・フット（Phillipa Foot）の立場の実質的内容だと私が理解するものに同意する（「仮言明

法の体系としての道徳性」（'Morality as a System of Hypothetical Imperatives,' *The Philosophical Review* 1972）；およびフランケナへの彼女の応答、*Philosophy* 1975）。しかし彼女の言い方にはまったく同意できない。定言命法と仮言命法の明確な区別が存在する限りにおいて、また道徳性が命法からなる限りにおいて、道徳性は定言命法からなる。大事なのは、ある命令が（この意味で）定言的であるということはそれに従う理由にまったくならないということである。カントもまたそれが理由になると考える必要はない。というのも、定言命法の権威は（まったくもって神秘的なことに）それが（この意味で）定言的であるということだけから導出されるのではなく、定言的であり、かつ、合理的な存在としての行為者によって自分自身に向けて発せられている（self-addressed）ということから導出されることになっているからである。

＊2　こうした受容は悲劇の中心をなしており、このこと自体が、こうしたことがらについて我々はどのように考えたいのかという問いを迫ってくる。オイディプスが「私がやったのではない」（I did not do it）（ソフォクレス『コロノスのオイディプス』Sophocles, *Oedipus at Colonus* 539）と言ったとき、彼は、自分の追放と盲目が〈まさに彼がやったのだ〉と宣告している人物として話しており、そして話す相手は、彼がそれをやったからこそ彼を非常に特別に扱っている人々だった。我々は、オイディプスの発言を単純に真とするような行為者性の概念――そしてもし彼にとってただちに自分がまったく関与していないかのように思えるのなら、彼はまさにものごとを正しく見ているということになるような行為者性の概念――を持つことができるだろうか、そして我々はそうした概念を望むだろうか。

＊3　これについての若干の議論は以下を参照。「倫理的一貫性」（'Ethical Consistency,' in *Problems of the Self*, Cambridge〔: Cambridge University Press〕, 1973), pp. 166–86.

＊4　こうした考慮要因についての有用な概説が以下に含まれている。D・A・J・リチャーズ『行為の諸理由の理論』（D. A. J. Richards, *A Theory of Reasons for Action*, Oxford〔: Oxford University Press〕, 1971), ch. 3.

＊5　〔リチャーズの〕前掲書 pp. 70–1, また、本書第一三章も参照。

＊6　複数の事例をまとめて扱う――個別に、しかし経験に照らしながら扱うのではなく――という考え方は、多くの事例の連言的な解決を事前に行うような熟慮だけに当てはまるわけではない。以前の事例が一定の仕方で決着した場合に以後の事例がある特定の扱いを受ける、という――賭け事の仕組みにあるような――条件付きの結論を生むような熟慮にもまた当てはまる。

＊7　ジョン・ロールズ『正義論』（John Rawls, *A Theory of*

Justice, Oxford〔: Oxford University Press〕, 1972）、特に第7章〔ジョン・ロールズ『正義論　改訂版』川本隆史・福間聡・神島裕子訳、紀伊國屋書店、二〇一〇〕。トマス・ネーゲル『利他主義の可能性』（Thomas Nagel, *The Possibility of Altruism*, Oxford〔: Oxford University Press〕, 1970）〔邦訳は勁草書房、近刊〕。

＊8　ロールズ〔前掲書〕pp. 422-3.〔訳文は前掲邦訳に依拠しつつ、訳語を地の文とそろえるとともに訳者による補足部分を省略した。〕

＊9　〔ロールズ前掲書〕p. 422.〔訳文は前掲邦訳に依拠しつつ、ウィリアムズの引用のしかたに合わせて若干の修正を行った。〕

＊10　このモデルはまた、箱の大きさが自分次第であるという最も基本的な事実を無視している。本書第一章を参照。

＊11　この論文がもともとそのために執筆されたシンポジウムの講演において。〔'Moral Luck' in〕*Proceedings of the Aristotelian Society*, Supplementary Volume L. (1976). この論文は修正の上彼〔ネーゲル〕の『コウモリであるとはどのようなことか』（〔Thomas Nagel,〕*Mortal Questions*, Cambridge〔: Cambridge University Press〕, 1979）に再録されている〔邦訳は勁草書房、一九八九〕。私はネーゲルの論文および彼との討論から恩恵を受けている。道徳性に運が関係するということは、我々の道徳的な諸概念を疑問に付すことなく簡単に受け入れられるようなものではない、という点で私は彼に完全に同意する。それは私のもともとの論点のひとつだった。この論文の今回のバージョンでは、私はこれをもっと直接的に述べようと試みてきた。私とネーゲルの違いのひとつは、私はネーゲルより我々の道徳的諸概念に対して懐疑的だという点にある。

＊12　本書第四章を参照。

＊13　ネーゲルが指摘するように、この状況は知識についての懐疑主義とある程度似ている。実際、同じ考えが両方の事例に含まれているように見える。すなわち、知識を持つ者とは、その人の信念が偶然でなく真である（non-accidentally true）人である（これについての議論としては、拙著『デカルト——純粋探究のプロジェクト』（*Descartes: the Project of Pure Enquiry*, Harmondsworth〔: Penguin〕, 1978), pp. 37 以下を参照）。しかしながら、これらのよく似た出発点から懐疑主義がとる道と、その最終的な有効性は、このふたつの事例で大変異なるように私には思える。

第三章

＊1　この表現は、こうした問題についての次の文献に現れるものである。ジョナサン・グラバー（Jonathan Glover), *Proceedings of the Aristotelian Society*, Supplementary Volume XLIX (1975)〔正しくはグラバーとスコット＝タガートの

共著。Jonathan Glover and M. Scott-Taggart, "It Makes No Difference Whether or Not I Do It".〕）

＊2 J・J・C・スマート、B・ウィリアムズ『功利主義論争』（J. J. C. Smart and B. Williams, *Utilitarianism: For and Against*, Cambridge University Press, 1973）〔邦訳は勁草書房、近刊〕。

＊3 マイケル・ウォルツァーの『哲学と公的問題』（*Philosophy and Public Affairs*）誌における議論〔Michael Walzer, "Political Action: The Problem of Dirty Hands"〕（Winter, 1973）および本書第四章を参照。

＊4 おそらく次のようなことは受け入れられるだろう。あるよい結果の見通しによって正当化されるべき行為がより恐しいものであればそれだけ、その結果が行為に続くということは確実である必要がある。この件は、今考えている事例ではすでに認められたものと想定することにする。この種の事例のふたつの例としてはスマート、ウィリアムズ前掲書pp. 97-9を参照。

＊5 こうした考え方の背後にある発想は、悪徳の単一性であるように思われる。これは心理学的に根拠のない原理である。マクタガートに由来するほとんど同じ発想の奇妙な適用例が、P・T・ギーチ（P. T. Geach）による議論で見られる。これは、我々が正義に反した地獄が存在することを信じる理由はないという趣旨のものである。すなわち、地獄の存在を信じる唯一の根拠は啓示なのだから、正義に反する地獄を設置するほど邪悪であるような神が伝えることを信頼できると考える理由はないはずだ、というものである。『神慮と悪』（*Providence and Evil*, Cambridge〔: Cambridge University Press〕, 1977）pp. 134-6を参照。

＊6 さらに次のようにつけ加えることができるだろう。またそれ〔寛大な人間の熟慮の材料となるもの〕は、単に「彼には助けが必要だ」のような思考でもない、と。このような思考が生じることは、間違いなくある人々を他の人々から区別するものであるが、しかし寛大な人間を寛大ではない人間から区別する役には立たない。またそれは「私は助けるべきだ」といった「道徳判断」でもない。こうした道徳判断と動機づけの間の関係についてのよく知られた問いとはまた別に、こうした思考を持ちそれにもとづいて行為することは、寛大な人間を特に印づけるものではない。これに答えるためには、おそらく次のような発想から始める必要がある。すなわち、そうした〔寛大な〕性向の熟慮における基本的な現れ方は、「私は助けたい」という形である、というものである。こうした発想は、そうした道徳的な考慮事項が、まったく違った種類の考慮事項に対抗して熟慮において重みを持つのはどのようにしてか、ということを理解不可能なものにしないという長所も持っている。

＊7 グラバー（前掲論文）はこれを、ソルジェニーツィンの

ノーベル賞受賞演説にちなんで、「ソルジェニーツィン原則」と呼んでいる。この名前はうまく使われているが、この思考は原則とみなされるべきではない。

＊8　ここで、道徳的感性（sentiment）についての何らかの理論が必要である。道徳的感情を切り離してしまう問題に対するひとつのアプローチの仕方は、道徳的感情と感覚知覚の間のある種のコントラストによって示唆されるかもしれない。合理主義的なこうした見解、つまり多くの人が強く提唱する知覚される感覚からの切り離しは、少なくともある真理を強調している。それはすなわち、客観的知識の目標は、世界についての思考を、他と違う自分自身であるものからしっかり切り離すことであり、またおそらく（実在論的な立場では）他と違う人間自身のものから切り離すことである、ということである。しかし、こんなことは道徳的思考と経験の目標ではありえない。それは自分が特定の人間として生きることができるような仕方で世界を把握することをまずもって含まねばならないものであるからだ。

第四章

＊1　私はそうした事例について「倫理的一貫性」（'Ethical Consistency', in *Problems of the Self*, Cambridge〔: Cambridge University Press〕, 1973, ch.11）の中で少し触れた。

＊2　私は権利はときには乗り越えられるということを前提としている。「権利」というものを、定義によって、けっして乗り越えられないものにするのはより広範な帰結を生む――というのも、権利同士が対立するという可能な状況について何か述べなくてはならないから――し、いずれにせよ望ましくない。すなわち、もしすべての権利が絶対的権利であらざるをえないなら、そもそも権利など存在しないという結論がもっともらしくなるだろう。

＊3　私には、すでに故人となったある政治家の知り合いがいたのだが、その政治家は、「それは真剣な政治的な議論ではない」という表現を、おおむね「それは非政治的な要因に言及して政治の世界で何をするべきかを論じる議論である」という意味で――特に道徳的な要因について――使っていた。この態度はある程度はブラフだった。

＊4　「専門職としての法律家――いくつかの道徳的課題」（〔Richard Wasserstrom〕'Lawyers as Professionals: some moral issues', *Human Rights* vol. 5, 1975, pp. 2-24）。一九七七年にマサチューセッツ州ウィリアムズ大学の哲学研究評議会法倫理研究所で、ディック・ワッサーストローム、アンディ・カウフマンおよび他の参加者たちとこうした問題について議論できたことに感謝している。

第五章

＊1　私は、この連関がどういう形態をとっているのかについ

て、バーリンの哲学論文集『概念とカテゴリー』（〔Isaiah Berlin,〕 *Concepts and Categories*, London〔: The Hogarth Press,〕 1978）に寄せた私の序論で考察を行った。

＊2　さらに別のタイプの事例もある。たとえば、政治的なタイプの事例があって、これは、悲劇的な事例ほど例外的ではないが、優越の状況と異なり、犠牲者の不平が正当化される事例である。本書第四章、一〇一ページ以下を参照。

＊3　そのいくつかを私は「倫理的一貫性」（'Ethical Consistency', in *Problems of the Self*, Cambridge〔Cambridge University Press〕, 1973）で論じた。行為者後悔という中心的な概念については第二章で考察した。

＊4　ロバート・ノージックが提供する分配的正義についての純粋に取引的な説（purely transactional account）が与える単純化による慰めはいくつかあるが、そのひとつは不確定性のこの側面を明確に縮小してくれることである。

第六章

＊1　ノージックは『アナーキー・国家・ユートピア』（〔Robert Nozick,〕 *Anarchy, State and Utopia*, New York〔: Basic Books〕, 1974）〔邦訳は木鐸社、一九九五〕のなかで、この点を大いに強調しているが、この問題を論じた章は「配分的正義」と名付けられている。

＊2　前掲書、第七章。

＊3　これは以下のかぎりにおいてである。すなわち、「不正義」は「アディキア」の訳語としては不完全であるという結論を引き出したいと思う人もいるかもしれない。アリストテレスのディカイオシュネー（dikaiosynē）対アディキアという構造を全体として考えれば、我々の正義や不正義の概念と決して完全に対応するわけではないのは確かである。しかしここで議論している範囲では、その対応はほかの点ではかなりよいものである。

第七章

＊1　ジョン・ロールズ『正義論』（John Rawls, *A Theory of Justice*, Oxford〔: Oxford University Press〕, 1972）〔邦訳は紀伊國屋書店、二〇一〇〕。私の議論は主にこの理論の非常によく知られている特徴についてのものなので、いちいち典拠を示す必要があるとは考えなかった。関連する話題のほぼすべてが第三章、特に二四節から二九節に含まれている。しかし、原初状態で行われる選択の結果の評価に効用のかわりに使われる基本財の目録については第二章第一五節も参照せよ。

＊2　完全な説明としては、私も負うところのイアン・ハッキング「パスカルの賭けの論理」（Ian Hacking, 'The Logic of Pascal's Wager', *American Philosophical Quarterly*, April 1972）を参照。

第八章

＊1　この論点はオーレル・コルナイ（Aurel Kolnai）によって指摘された。彼の「熟慮は目的についてのものである」（'Deliberation is of Ends', in *Ethics, Value and Reality*, London〔: Athlone Press〕and Indianapolis〔: Hackett Publishing Company〕, 1978）を参照。デヴィッド・ウィギンズの「熟慮と実践的理性」（David Wiggins, 'Deliberation and Practical Reason', *Proceedings of the Aristotelian Society*, LXXVI（1975-6））も参照。これは部分的にJ・ラズ編『実践的推論』（*Practical Reasoning*, ed. J. Raz, Oxford〔: Oxford University Press〕, 1978）に再録されている。

＊2　「べし」については本書第九章で論じる。

＊3　この問題についてのよく知られた取り扱いはM・オルソンJr『集団的行為の論理』（M. Olson Jr., *The Logic of Collective Action*, Cambridge, Mass.〔: Harvard University Press〕, 1965）によるものである。この関わりでの表現的動機については、S・I・ベン「合理性と政治的行動」（S. I. Benn, 'Rationality and Political Behaviour', in S. I. Benn and G. W. Mortimore eds. *Rationality and the Social Sciences*, London〔: Routledge and Kegan Paul〕, 1976）を参照。本文で次に出てくる公正さの論点については、もちろんはるかに多くのことを述べる必要がある。たとえば、ある集団の成員が、公正さと両立するような形で、全員がCをするというのよりは効率的な戦略（たとえば交替でやるなど）にどうすればたどり着くことができるのか、という問題などがある。

第九章

＊1　G・ハーマンによるワートヘイマーの『意味の重要性』の書評（G. Harman, Review of Wertheimer's *The Significance of Sense*, *Philosophical Review*, LXXXII, 1973, pp. 235-9）。

＊2　この場合の「事態」（state of affairs）の概念の形式性については、「功利主義への一つの批判」（'A Critique of Utilitarianism' in J. J. C. Smart and B. Williams, *Utilitarianism: For and Against*, Cambridge〔Cambridge University Press〕, 1973〔J・J・C・スマート、B・ウィリアムズ『功利主義論争』勁草書房、近刊〕）pp. 83-5を参照のこと。

＊3　ブルース・ヴァーメイゼン「実践的「べき」文の論理」（Bruce Vermazen, 'The Logic of Practical "Ought" Sentences', *Philosophical Studies*, 32, 1977）pp. 1-71.

＊4　これはまた別の特徴である。なぜなら、これは「〈べし〉は〈できる〉を含意する」という原理を要求するだけでなく、私が他の箇所で「集積原理」（agglomeration principle）と呼んだものをも要求するからである。これは、もしAがXをするべきであり、かつまたYもするべきであるならば、AはXとYをするべきである、という原理である。論文「倫理的

一貫性」（'Ethical Consistency', in *Problems of the Self*, Cambridge〔: Cambridge University Press〕, 1973）を参照。

*5　この点はデヴィッド・ウィギンズによって指摘された。彼は実践的意味の〈ねばならない〉（must）ではこのポイントはさらに明白だと言う（次章を参照）。また彼は、〈べし〉と〈ねばならない〉は、実践的あるいは熟慮的意味においては、同じ論理形式を共有しているはずだと述べた。いくつかの点についての私の見解を変えてくれた、本章の草稿に対するウィギンズの批判に感謝する。

*6　第八章を参照。

*7　もちろん、〔先に述べた「Xをするべき」と「Yをするべき」から「XとYをするべき」を導く〕集積（agglomeration）が許されるなら、衝突の事例それ自体がこの事態の例証になる。

*8　ヴァーメイゼンは、行為者が理想的には持っているであろう意図と相対的な実践的〈べし〉を表現する〈べし〉を分離するべきだ、と提案しているが（前掲論文）、この提案はこの問いに関わるかぎり、同じ場所で足踏みしているように思われる。

*9　第八章を参照。

第一〇章

*1　ピーター・ウィンチ（Peter Winch）がこの領域におけるさまざまな論題を論じてくれているのが役に立つ。特に「道徳判断の普遍化可能性」（'The Universalizability of Moral Judgements', *Monist*, 49, 1965）――彼の『倫理と行為』（*Ethics and Action*, London〔: Routledge and Kegan Paul〕, 1972）〔邦訳は勁草書房、新装版二〇〇九〕に再録されている――を参照。以下の注6も参照。

*2　別の用法の少なくともひとつにあたるものについては前の第九章を参照。

*3　〈べし〉が実践的であるということだけからは、可能性を示唆するという意味で排他的であるということは導けない。第九章注4（三〇八ページ）を参照。

*4　『道徳的責務』（〔Harold Arthur Prichard,〕*Moral Obligation*, Oxford〔: Oxford University Press〕, 1949）p. 91。プリチャードは「我々が伝えようとする考え」は、もし行為者が当該の行為をしなければ彼の目的は実現しないだろう、ということだと言い、実際「これがこの言明で我々が本当に言おうとしていることだ」と言う。

*5　ソフォクレス『アイアス』（Sophocles, *Ajax*）六九〇節、ジョン・ムーア（John Moore）訳〔University of Chicago Press, 1957〕。もとのギリシャ語は、実践的必然性――この場合はまったく個人的なもの――を非人称的に表現することで、実践的必然性の本質を正確に捉えている。「今、私は、行かれなければならない場所へ行く」。

＊6　〈ねばならない〉と〈べし〉の区別が重要だということはスタンリー・カヴェル（Stanley Cavell）によって強調されている。彼の『理性の要請』（*Claim of Reason*, Oxford〔: Oxford University Press〕, 1980）を参照。ロジャー・ワートヘイマーの『意味の重要性』（Roger Wertheimer, *The Significance of Sense*, Cornell〔Cornell University Press〕, 1972）も参照。ワートヘイマーはさらに、〈ねばならない〉はさまざまな適用を通してひとつの意味しか持たないと主張するが、これは実質的には、様相が（〈べし〉も含めて）一義的であるという一般的な理論の一部である。そして、私はこの理論を受け入れないし、この理論は、〈ねばならない〉について、本章で行った示唆とかなり異なった帰結を持つ。

第一一章

＊1　たとえば、スティーヴン・ルークスの「合理性に関するいくつかの問題」（Steven Lukes, 'Some Problems about Rationality', *European Journal of Sociology* 8, 1967）、――B・R・ウィルソン編『合理性』（B. R. Wilson ed. *Rationality*, Oxford〔: Basil Blackwell〕, 1970）に再録――を参照。また、同著者による「真理の社会的決定について」（'On the Social Determination of Truth', in R. Horton and R. Finnegan eds. *Modes of Thought*, London〔: Faber and Faber〕, 1973）も参照。

＊2　示唆的な議論としては、ロビン・ホートンの「レヴィ＝ブリュール、デュルケーム、そして科学革命」（Robin Horton, 'Lévy-Bruhl, Durkheim and the Scientific Revolution', Horton and Finnegan eds. 前掲書所収）を参照。

＊3　「現実」と「概念的」という用語法はニューマンの『同意の文法』（Newman's *Grammar of Assent*〔J. H. Newman, *An Essay in Aid of a Grammar of Assent*, London: Burns, Oates, & Co., 1870〕）の示唆を受けたものである。

＊4　「彼ら」は「彼らのうちのすべて」という意味ではない。この問題は社会現象の記述においてよく知られたものである。集団という概念をこのように単純に使うことに関しては、ここでは無視せざるをえない他の困難もある。たとえば、別の集団に所属していたら違うSを採用できたであろうような人々の場合は無視されている。

＊5　この標準的な過ちを回避している他の種類の相対主義的見解としては、ギルバート・ハーマン「道徳的相対主義の擁護」（Gilbert Harman, 'Moral Relativism Defended', *Philosophical Review* 84, 1975）pp. 3-22を参照。

＊6　『道徳性』（*Morality*, Harmondsworth〔: Penguin〕, 1972）、第三章。

第一二章

＊1　ハッカー前掲書〔訳注3を参照〕p. 59.

＊2　この定義によれば、バークリの完成形の理論は経験的観念論の一例ではない。しかし、バークリの立場を超越論的観念論から区別した点ではカントは明確に正しかった。本章の目的のためには、ここで求められる重要な区別を追究する必要はない。

＊3　この第二の事実をどう理解するべきかについて論じようとは思わない。「二言語」バージョンの現象主義が実在について中立的ではないという密接に結びついた論点については、J・L・オースティン『センスとセンシビリア』（J. L. Austin, *Sense and Sensibilia*, Oxford〔: Clarendon Press, Oxford University Press〕, 1962）pp. 60–1〔邦訳は『知覚の言語』勁草書房、一九八四〕を参照せよ。

＊4　倫理学における利己主義の帰結とムーア（G. E. Moore）が考えたものに対する彼の反論を参照せよ。『倫理学原理』（*Principia Ethica*, Cambridge〔: Cambridge University Press〕, 1903）p. 99〔邦訳は、三和書籍、二〇一〇〕。

＊5　ここで理論に言及しているのは、ウォーフへの言及と同じく、議論における身代わりないし人形（ダミー）としての機能だけのためである。私はそうした理論をとりまく難題（たとえば被説明項を独立に特徴づけるという難題）に深入りするつもりはない。

＊6　『言語・信念・形而上学』（〔Hilary Putnam, 'Is Semantics Possible?' in〕*Language, Belief and Metaphysics*, ed. Kiefer and Munitz, State University of New York Press, 1970,〔pp. 50–63〕), p. 60.

＊7　もちろんこれ自体が観念論的な見解——私が観念論という言葉の「説明的」な意味と呼んだ意味において——である。

＊8　G・クライゼル「ウィトゲンシュタインの哲学の理論と実践」（G. Kreisel, 'Wittgenstein's Theory and Practice of Philosophy,' *British Journal for the Philosophy of Science* xi, 1960), pp. 238–52. クライゼル自身はこの論点をここでの示唆より遠くまで押し進めて使っており、また、その方向も少し違っている。

＊9　M・ダメット「ウィトゲンシュタインの数学の哲学」（M. Dummett, 'Wittgensten's Philosophy of Mathematics,' *Philosophical Review* lxviii（1959）——彼の『真理という謎』（*Truth and Other Enigmas*, London: Duckworth, 1978）〔邦訳は勁草書房、一九八六〕に再録——を参照。

＊10　「心の哲学における知識と意味」（'Knowledge and Meaning in the Philosophy of Mind,' *Philosophical Review* lxxv（1966),『自己の諸問題』（*Problems of the Self*, Cambridge〔: Cambridge University Press〕, 1973）に再録。

第一三章

＊1　主に「過去についての言明」（'Statement about the Past',〔以下「言明」と略されている〕）と「他者の心についての自

分の知識」('One's knowledge of Other Minds'〔以下「自分の知識」と略されている〕においてこの立場を表明している。どちらもA・J・エア『哲学論文集』(A. J. Ayer, *Philosophical Essays*, London: Macmillan, 1954) に再録されている。そしてまたA・J・エア『知識についての問題』(A. J. Ayer, *The Problem on Knowledge*, London: Macmillan, 1956; Harmondsworth: Penguin, 1956〔以下『問題』と略されている。邦訳は『知識の哲学』白水社、一九八一〕) においても表明されている。私が論じたい論点との関係で、私は、『言語・真理・論理』初版 (*Language, Truth and Logic*, 1st edn, London: Gollancs, 1936) の一〇年から二〇年後にあたるエアのこの時点の著作に集中する。これは、これらの見解がエアのこれらの問題についての最終的な見解だということを示唆するものではない。

＊2　エア『問題』ペンギン版 p. 180.

＊3　エア「自分の知識」、『哲学論文集』p. 201.

＊4　ここでは十分条件だけが与えられている。ここでは言明の同一性についての難しい問題、とりわけトークン反射的な言葉以外の言葉で確保される指示にまつわる問題に巻き込まれる必要はない。

＊5　エア「言明」『哲学論文集』p. 186. エア『問題』pp. 179, 180 も参照のこと。

＊6　エア「言明」『哲学論文集』p. 187.

＊7　同論文 p. 186; エア『問題』ペンギン版 pp. 180–1.

＊8　ここにもうひとつ先へのステップがあるということは、マイケル・ダメット (Michael Dummett) が著書『フレーゲ——言語の哲学』(*Frege: Philosophy of Language*, London: Duckworth, 1973) で明らかにした。

＊9　A・J・エア「個人」(A. J. Ayer, 'Individuals',『哲学論文集』に再録) p. 21. ここで「のだから」は推論を行っているというしるしだと思われるが、論点先取でもなく非妥当でもないような推論をここに見出すのに私は困難を覚えると告白せざるをえない。

＊10　A・J・エア「現象主義」(A. J. Ayer, 'Phenomenalism',『哲学論文集』に再録) pp. 151–2.〔事例のポイントは、実際にはクリッペンは誰も見ていないところで妻を殺害したが、誰かが見ていたら殺害しなかった、というような場合に、現象主義で使われる仮説的な観察者の概念が観察されるべき出来事と中立ではなくなってしまうという点にある。〕

＊11　たとえば、エア『問題』ペンギン版 p. 178 など。

＊12　同書 p. 249.

＊13　エア「自分の知識」、『哲学論文集』pp. 211–2.「私が、自分が現実には満たしていない記述を満たしている状態が想像可能かどうかということは (中略) 私が何を自分自身を形作るようなものとみなすかということに依存し、(中略) わざわざ矛盾するような選択をしないかぎりは、それが自己矛

盾だということはない」。

*14 私は『デカルト——純粋探究のプロジェクト』（*Descartes: The Project of Pure Enquiry*, Harmondsworth: Penguin, 1978）で、この考え方とその歴史や現状についてもう少し詳しく述べようと試みた。

訳注

第一章

★1　person は人格と訳すのが定訳であるが、日本語の「人格」の意味に引きずられて「人格を持つ」といった誤用につながりやすい。そのため本書では試みに「人物」と訳す。

★2　ここでのスカラという言葉のニュアンスは分かりにくいが、ベクトルと対比して「方向を持たない量」という意味のスカラを指すと解釈して訳を行った。

★3　マルティン・ボルマンはナチスの官房長。戦後長い間行方不明とされていた。

第二章

★1　ペラギウスはイギリスの神学者。原罪を否定して性善説をとり異端とされた。

★2　日本語の「後悔」には、おそらくウィリアムズの言う agent-regret の意味がかなり含まれており、agent-regret を「後悔」、それ以外の regret を「遺憾」等と訳す方がニュアンスの対応関係としてはより正確だと思われる。しかしそれでは agent-regret と regret の対比が訳文中ではっきり出ないため、「行為者後悔」と「後悔」という形で訳している。

第三章

★1　インテグリティはウィリアムズの功利主義批判の中心的概念であり、全一性、統合性なども訳される。巻末の「解説・各章解題」を参照。

第四章

★1　「熱さに耐えられないなら、台所から出て行け」(if you cannot stand the heat, get out of the kitchen) はハリー・トルーマンが言ったとされる言葉。

★2　原語での書誌情報は以下のとおり。Charles Fried, 'The Lawyer as Friend: The Moral Foundations of the Lawyer-Client Relation,' 85 *Yale Law Journal* (1976), pp. 1060-89.

★3　リチャード・オースティン・バトラーはイギリスの政治家。第二次大戦後の保守系の大物政治家で教育改革などで知られる。本文の説明にもあるように、多くの閣僚を歴任したがついに首相となることはなく、政界を引退してケンブリッジ大学トリニティ・カレッジの学寮長をつとめた。

第六章

★1　本章における『ニコマコス倫理学』からの引用は主に朴一功訳（京都大学学術出版会、二〇〇二年）を参考としているが、ウィリアムズの文意が通るよう、英文に沿う形で修正するとともに、訳語を本章の他の部分と統一している。特に、この引用で初出しているように、本章においては、試みとして、just-unjust の対を「義《ただ》しい」「義しからざる」、right-wrong の対を「正しい」「不正な」、fair-unfair を「公正な」「不公正な」、justice-injustice の対を「正義」「不正義」と訳している。just-unjust を本章に限ってこのように訳した経緯については訳者解題も参照のこと。

★2　テルシーテースは『イリアス』に登場するギリシャの兵士で、醜く臆病な人物として描かれている。

第八章

★1　「オーウェン・ウィングレイヴ」（「オウエン・ウィングレイヴの悲劇」という訳題で邦訳がある）はヘンリー・ジェイムズが一八九二年に発表した短編小説で、作曲家のベンジャミン・ブリテンにより一九七一年にオペラとして翻案された。内容は本文で説明されているとおり、軍人一家に生まれながら軍人になることを望まなかった男の話である。

第九章

★1　本章全体と次章にわたって、原文では議論の対象としての単語 ought を指すためにイタリック体が用いられており、場所によって must、can 等の単語もイタリック体になっている。これらは強調ではなく単語を際立たせることで文を読みやすくする工夫であると考えられるので、訳文では山括弧を付して〈べし〉、〈ねばならない〉、〈できる〉等と表記している。

★2　この意味での ought は日本語では「はず」と訳し分けることになるが、この意味はこの後あまり登場しないので、本文の ought の訳はすべて「べし」「べき」で通した。

第一一章

★1　ホッテントットはアフリカ南西部のナミビアに居住する遊牧民族に対してかつて使われていた呼称。侮蔑的なニュアンスがあるとされ、現在では「コイコイ」や「コイサン」などの種族名が用いられるが、原文を尊重してそのままとした。

第一二章

★1　以下、『論理哲学論考』からの引用は野矢茂樹訳『論理哲学論考』（岩波文庫、二〇〇三）をベースにしている。ただし、ウィリアムズがイタリックにしている箇所は原文のイタリックとずれており、本訳ではウィリアムズの引用での強調に従っている。また、野矢訳とウィリアムズの利用した英訳の解釈が分かれている部分については英訳に合わせる形で訳文を改変し、重要なずれについては別に訳注を付す。

★2　ここは野矢訳では「思考しえぬことを我々は語ることもできない」となっており、原文もそのとおりであるが、ウィリアムズの訳文は「思考すること」と「語ること」の関係が逆になっている。

★3　P. M. S. Hacker, *Insight and Illusion: Wittgenstein on Philosophy and the Metaphysics of Experience*, Oxford University Press, 1972. 本章におけるハッカーからの引用の訳はすべて以下の邦訳によるが、固有名詞の表記のみ他の箇所に合わせた。米沢克夫訳『洞察と幻想——ウィトゲンシュタインの哲学観と経験の形而上学』（八千代出版、一九八一）。

★4　ベンジャミン・ウォーフは、我々の思考は言語によって規定されるという「言語的相対性」の考え方（いわゆるサピア＝ウォーフ仮説）で知られる言語学者。ただし、ウィリアムズ自身も後の注で認めるように、ここではウォーフ自身の立場の紹介が意図されているわけではなく、ある種の単純化された立場に「ウォーフ主義」という名前が戯画的に当てられている。

★5　『断片』（*Zettel*）からの引用の翻訳は菅豊彦訳（『ウィトゲンシュタイン全集9』大修館書店、一九七五）を利用しているが、訳語は他の部分と合わせてある。

★6　『確実性の問題』（*On Certainty*）からの引用の翻訳は黒田亘訳（『ウィトゲンシュタイン全集9』大修館書店、一九七五）に依拠しているが、訳語は他の部分と合わせている。内容に関わる改訳については訳注を施す。なお、この直後の引用内における Weltbild は、世界像を英語で picture of the world と書いた後でウィリアムズ自身によってドイツ語の原語として補われている。

★7　原文では『哲学的文法』（*Philosophische Grammatik*）と『哲学的考察』（*Philosophische Bemerkungen*）はドイツ語タイトルが示され、『哲学探究』（*Philosophical Investigation*）『確実性の問題』は英語タイトルが示されている。最初の三つの言及はウィリアムズの原文ではそれぞれ「p. 55」「p. 50」「p. 7」と表記されているが、対応する記述はそれぞれ55節、50節、7節にあり、訳者の判断で修正した。それぞれ大修館書店版『ウィトゲンシュタイン全集』2、3、8、9巻の邦訳を参考にしたが、ウィリアムズは直接引用という形をとっていないので、特に訳文を邦訳と合わせることはしていない。

★8　黒田訳は「それ」を「その理由」と訳すが、ウィリアムズ自身が行っている補足に合わせて訳を変更している。

★9　ここで山括弧でくくった〈我々〉や〈私〉は原文では単なるイタリックであるが、強調の意味ではなく、文中の要素としての we や I と議論の対象となる語としての we や I を区別するためのイタリックと解釈して山括弧付きに訳している。

★10　『哲学探究』の訳文は藤本隆志訳（『ウィトゲンシュタイン全集』第8巻、大修館書店、一九七六）をもとにしている。ただし、ウィリアムズの英文では 'Ich habe Deutch gelernt'（直訳すれば「私はドイツ語を学びました」であり、藤本訳もこう訳している）に対応する英文は 'I have learnt English'（直訳すれば「私は英語を学びました」）になっている。ここではウィリアムズの意図を尊重して English の部分を「日本語」に置き換えている。

第一三章

★1　トークン反射的とは、ある言葉のトークンの指示対象がそのトークンの発せられた状況によって決まること。「私は今、京都市にいる」という文に現れる「私」「今」などのトークンの意味がその文を発した人、時点、場所などによって決まるという場合など。

★2　本文での説明を補足すると、トークン文の収束集合とは、それぞれの文には「これ」「あれ」「それ」などの語が登場するが、それらの語の指示対象が同じで、しかもそうしたトークン反射的な語以外の部分は同義であるような文の集合を指す。

★3　この文は中立的な時間的前後関係を表現していると捉えると理解できない文の例として挙げられている。that の指すものが終わったのが一九五四年の六月一五日だったとしても、この文を「よかった、一九五四年の六月一五日に終わった」という発話時点に中立的な置き換えをしてしまうと意味をなさない。この文は六月一五日より後の時点にいる人が、その時点の観点から発話してはじめて意味があるのである。なお、プライアが使った例文は "Thank goodness that's over" であり若干形が違う（A. Prior 'Thank goodness that's over', *Philosophy* 34, 1959, pp. 12-7）。

★4　最良確証地点は観察者について決まるものではなく出来事について決まるもののはずなので、ここは「その出来事の最良確証地点が観察者から引き離される」等と言うべきところであると思われるが、ウィリアムズ自身の表記に従った。

解説・各章解題

伊勢田哲治

本書はBernard Williams (1981) *Moral Luck: Philosophical Papers 1973-1980*. Cambridge University Pressの全訳である。以下、本書の位置づけについて概観したあと、各章の解題を行う。なお、本解説・解題の記述においては、Stanford Encyclopedia of Philosophy内のS. G. ChappellによるBernard Williamsの項およびEncyclopedia Britannicaオンライン版におけるThomas NagelによるBernard Williamsの項などを参照している。

https://plato.stanford.edu/entries/williams-bernard/

https://www.britannica.com/biography/Bernard-Williams/

《1》

まず著者のウィリアムズについて簡単な伝記的な紹介を行う。バーナード・ウィリアムズは一九二九年に生まれ、オックスフォード大学のベリオールカレッジで倫理学者のR・M・ヘアをチューターとしてギリシャ古典学や現代哲学を学んだ。ロンドン大学、ケンブリッジ大学、カリフォルニア大学バークレー校、オックスフォード大学等で教鞭をとった。一九七七年には「わいせつと映画検閲に関する内務省省内委員会」、通称ウィリアムズ委員会の座長に任ぜられ、一九七九年に報告書を提出した。この報告書は現在でもこのテーマの議論で必ず参照される、議論の一方の出発点となっている。一九九九年にはナイトの爵位を授与された。二〇〇三年に亡くなっている。

本論文集は、ウィリアムズの論文集の中では一九七三年から一九八〇年までに書かれた論文を収録した第二論文集という位置づけになる。第一論文集 *Problems of the Self*（Cambridge University Press, 1973）は五六年から七二年までの論文をカバーし、第三論文集 *Making Sense of Humanities and Other Philosophical Papers*（Cambridge University Press, 1995）は八二年から九三年までをカバーしている。その他、死後出版された論文集として、哲学史についての論文をあつめた *The Sense of the Past*（Princeton University Press, 2006）、政治哲学についての未公刊論文をあつめた *In the Beginning Was the Deed: Realism and Moralism in Political Argument*（Princeton University Press, 2005）、それまでの論文集から漏れた論文と未公刊論文をあつめた *Philosophy as a Humanistic Discipline*（Princeton University Press, 2006）も出版されている。

前後の論文集と比較したとき、本論文集の特徴は、ウィリアムズが独自の哲学的な視点を発展させつつあった時期にあたっていることにあるだろう。ウィリアムズの倫理学的議論の多くに通底するのが、功利主義やカント主義といった体系的倫理学理論に対する批判である。幸福や自律といった一元的価値を提示する倫理学理論に対し、ウィリアムズが提示するのは非常に陰影に富んだ我々の倫理的生活の姿である。ウィリアムズはそうした倫理の姿を描き出すのに「美徳」や「性格」といった徳倫理学と共通する用語を使い、ギリシャ哲学の考え方を援用するため、同じ特徴を持つ徳倫理学の一類型として分類されることもある。しかし、一般の徳倫理学において「美徳」を身につけることがある種客観的な要請として外から求められるのに対し、ウィリアムズが重視するのは、「我々が自分の人生をどう生きたいか」、という自分自身の価値基準やプランである。これはたとえば論文「道徳的な運」においては「よそから」でなく「ここから」の視点、という表現で表され、「人物・性格・道徳性」では「基盤的プロジェクト」という言葉で表されている。

こうした考え方の萌芽は、第一論文集におさめられた“Ethical consistency”（1965）や“A critique of utilitarianism”（J. J. C. Smartとの共著 *Utilitarianism: For and Against*. Cambridge University Press, 1973 の後半部。同書は『功利主義論争』のタイトルで本双書において翻訳予定）に表れている。特に、後者の著作は功利主義そのものについての入門書としてもよく参照される本であり、ウィリアムズの仕事の中でもとりわけ著名なものなので簡単に紹介しておこう。

この本は、功利主義を擁護するスマートと批判するウィリアムズがそれぞれ半分を執筆し、功利主義の姿を両面から浮かび上がらせようという趣旨のものである。ウィリアムズの批判は多岐にわたるが、中でも有名なのが「インテグリティ」の概念を使った論点である。ウィリアムズは、功利主義と我々の直観がずれる事例として、「ジョージ」と「ジム」の例を挙げる（Smart and Williams 前掲書 pp. 97–9）。

化学者のジョージは家族を養うために職を探していて、ＢＣ兵器の開発の仕事を紹介される。ＢＣ兵器の開発は彼の信条に反するが、彼が断ればその仕事はもっと喜んで兵器開発をする他の化学者が引き受けることが予想でき、かえってひどい結果となると思われる。

植物学者のジムは南米の旅行中に軍に誤って捕縛された。その部隊は最近の反政府運動への見せしめとして、ランダムに捕縛したネイティブ・アメリカン二〇人を処刑しようとしているところだった。ジムは部隊長から、ネイティブ・アメリカンのうちひとりを殺せばジム本人とあとの一九人のネイティブ・アメリカンを釈放しよう、という提案を受ける。断れば二〇人が殺されるし、反抗すればジム本人まで殺されることははっきりしている。

結果だけを問題にする功利主義の考え方では、ジョージは兵器開発の職のオファーを受けるべきだし、ジムは自ら無実のネイティブ・アメリカンを殺すべきだという結論が出ると思われる。しかしウィリアムズは、前者についてはこの結論はおそらく間違いだし、後者についても、この結論自体は合っているとしても、功利主義的な思考では考慮に入れるべき要因を十分考慮したことにはならないと考える。ある人の行為や決定は、「彼自身が最も深く自分を同一化するようなプロジェクトや態度から流れ出る行為や決定として見られなくてはならない」（同 pp. 116–7）のであり、それを無視するのは「彼のインテグリティへの攻撃である」（同 p. 117）。このインテグリティという言葉は「全一性」「統合性」等と訳される。言い換えれば、自分がどう生きたいか、自分の人生をどう構想するかという、人生の選択に忠実に他の選択や行為を行うのがインテグリティであり、その観点から、単純に最善の結果にならないような選択をすることは許容されるとウィリアムズは考える。そして、功利主義はインテグリティの重要性を認識しない、というのがウィリアムズの功利主義への批判ということになる。（「統合性」等の日本語ではこのニュアンスを十分に救いきれないと考え、本訳書ではカタカナで「インテグリティ」と表記することとした。）

一九七三年の段階では、インテグリティという概念は孤立した形で提示された。それがより大きな倫理観へと発展するのが *Ethics and the Limits of Philosophy*（Harvard University Press, 1985, 邦訳ウィリアムズ『生き方について哲学は何が言えるか』森際康友・下川潔訳、産業図書、一九九三、以下『生き方』と略）である。この一九八五年の本では、近代の倫理学が構築してきたものとしての「道徳性」とより包括的な概念としての「倫理的なもの」が対比され、我々の倫理生活を捉えるイメージとして、「道徳性」は非常に特異で、それでカバーできないものが多くあるのだ、と論じられる。その際に、ギリシャ哲学の問題設定や諸概念が参照され、非常に入り組んだ独特の相対主義的立場が提示される（これについてより詳しくは以下の第一一章の解題を参照）。

本論文集は、ちょうどこのふたつの大きな著作の間に書かれた諸論文をカバーしている。そこでは、初期のウィリアムズのアイデアが「運」や「正義」などさまざまな話題を巻き込みつつ発展していくさまを見て取ることができる。

ただ、本論文集がこの双書に加えられた最大の理由は、ウィリアムズの思考の発展を追う上で重要だからということではない。本論文集の収録論文のうち、「道徳的な運」と「内的理由と外的理由」の二本は、それぞれ倫理学の中にひとつの研究分野を開くレベルでのインパクトを与えた重要な論文であり、それらを紹介することが眼目となっている。それぞれの論文の詳しい紹介はあとにまわすが、簡単にそれぞれのインパクトについて紹介する。

「道徳的な運」はもともとアリストテレス協会のシンポジウムとしてウィリアムズとトマス・ネーゲルが登壇し、*Proceedings of the Aristotelian Society* の Supplementary Volume に収録された講演が基礎になっている。ネーゲル側の論文は、その後ネーゲルの論文集 T. Nagel, *Mortal Questions* (Cambridge University Press, 1979, 邦訳ネーゲル『コウモリであるとはどのようなことか』永井均訳、勁草書房、一九八九)に収録されている(第三章「道徳における運の問題」)のであわせて参照されたい。ウィリアムズとネーゲルが指摘したのは、我々の日常的な道徳的直観の中に大きな亀裂が潜んでいるということである。一方で我々は、道徳的な非難や称賛の対象になるのはある人が自分の意図で行った行為であり、本人にコントロールできない事情によって非難したり称賛したりするのは筋が通らないと考える。しかし他方、我々の実際の非難や称賛においては、運の要素が非常に強く働いている(たとえば、本人にコントロールできる範囲でまったく同じ行動をとっていたふたりのドライバーがいて、一方が事故を起こし、他方が事故を起こさなかったとした場合、事故を起こした方に対する非難の方が大きくなる)。彼らの論考においてこの亀裂について十分な解消法が提示されているわけではないが、それゆえにこそこの問題はその後多くの論者をひきつけることとなった。代表的な論集としては D. Statman ed., *Moral Luck* (State University of New York Press, 1993) があるので参照されたい。また、日本語でこの論争とウィリアムズの論文を解説した本として古田徹也『不道徳的倫理学講義――人生にとって運とは何か』(ちくま新書、二〇一九)がある。

「内的理由と外的理由」は、現在まで続く倫理学の大きなテーマである「行為の理由」の概念分析の嚆矢となった論文である。背景となっているのは、道徳判断は事実判断(信念)に類するものか、欲求の表明に類するものかという、メタ倫理学における認知主義対非認知主義の論争である。前者の立場への批判として、道徳判断がただの事実判断だとすれば我々を行為に駆り立てる力を持たないではないか、という議論があり、それに対して信念も行為の理由を与えうる、という主張が一九七〇年代には登場していた。ウィリアムズの立場は、そうした議論に再反論する。後で詳しく紹介するように、彼は理由というものは広い意味での本人の動機に根拠を持つはずだ、という立場をとる。この立場は現在では「理由の内在主義」と呼ばれており、ウィリアムズはこの立場の代表的論者とみなされている。

この論文などがターニングポイントとなって、道徳判断とは何か、というもともとの論争からある程度独立の論争として、「理由」の概念そのものをめぐる論争が進行するようになった。そうした議論の一端はMichael Smith, *The Moral Problem*（Blackwell, 1994, 邦訳スミス『道徳の中心問題』樫則章監訳、ナカニシヤ出版、二〇〇六）の第四章や第五章で紹介されている。スミスはウィリアムズの議論をかなり丁寧に取り上げ、それを発展させる形で特有の内在主義の立場を定式化している（といっても、スミスの整理と本書を読み比べると、スミスがウィリアムズが実際に書いていることを大胆に整理して再利用していることが分かる）。二一世紀になってこのテーマは一種の流行の様相を呈し、それがウィリアムズの再評価ともつながっている。より近年の展開については、Stanford Encyclopedia of Philosophy における S. Finlay and M. Schroeder "Reasons for Action: Internal vs. External" の項（https://plato.stanford.edu/entries/reasons-internal-external/）が参考になる。

《2》

以下、本書の各章について簡単な紹介を行う。特に、重要度の高い論文に関しては少し長めに紹介する。

第一章「人物・性格・道徳性」

本章は人物や性格と道徳性の関係を取り上げている。ウィリアムズは功利主義に対する批判者として知られるが、この章ではその批判の矛先はカント主義に向けられている。カント主義者は功利主義が個人間の区別をないがしろにすると言って批判するが、カント主義の想定する道徳的主体も、道徳的行為を抽象的に捉えることで、我々にとって大事なものを道徳の範囲外に追い出してしまう。具体的には、我々の人生設計や性格といったものが道徳と関係なくなってしまう。

第二節で取り上げられているのは、「人物の同一性」(一般には「人格の同一性」と訳されるが本書では person を「人物」と訳している) の論争で話題になるような、「心理的連結性」がかなり薄い人をどう扱うかという問題である。特に、現在の自分と性格や動機などの点で共通点の少ない未来の自分のプロジェクトをどう扱うのかというような問題にカント主義は答えられない。また、より一般に、現在の自分の性格に根ざすプロジェクトの重要性がカント主義では扱えない、という論点もこの節の最後の方で指摘されている。これは第三章等でも取り上げられる「インテグリティ」の概念を使った功利主義批判をカント主義にも拡大した形になっている。ただ、このメインの話題と無関係ではないものの、あまりつながりが深くないさまざまな話題が次々と取り上げられていくので、この節の議論を追うのはかなり難しい。

第三節では、人によって性格が違い、したがってプロジェクトが違うということがカント主義にとっては問題になる、ということを論じている。ただ、最終的に扱われている話題は友人や妻など特別な個人的なつながりを持つ相手を優先的に助けることと不偏的な道徳との間の葛藤の可能性で、あまり性格の個人差は関係なくなってしまっている。途中で「自分と性格の違う友人を持つのはなぜ大事なのか」という興味深い問題を考察しそうになるが残念ながら素通りしてしまっている。

第二章「道徳的な運」

この論文がもともとアリストテレス協会においてネーゲルの論文とともに発表されたものであることはすでに紹介した。ネーゲルの方の論文がすっきりとした読みやすい内容であるのに対し、ウィリアムズのこの問題へのアプローチは彼の倫理学の他の部分と複雑に相互作用していて、かなり読解に難渋する論文となっている。

第一章との比較で言えば、この第二章はカント主義的倫理が捉えそこねている我々の道徳のもうひとつの側面、つまり運がある人の道徳的評価に影響を及ぼすという面を指摘している、と位置づけることができる。しかし、この場合はカント主義だけの問題ではなく、我々の日常的な道徳にも生じる問題だということが明らかになっていく。

日常的道徳のカント主義的な側面においては、我々は自分でコントロールできること、自分の意志で選んだことについてのみ道徳的責任を問われる、と一応されているはずである。しかし、我々の実際の道徳判断を見ると、我々の道徳的評価は結果にも大きく左右されていて、カント主義だけではそうした道徳的評価が理解できないことが判明していく。

ウィリアムズがまず取り上げるのは「ゴーギャン」の例である（これは現実の画家というよりも仮想的な一連の事例の主人公として設定されている）。基本となる事例では、ゴーギャンは画家の道を目指すことで周囲の人たちを傷つけることを気にかけつつも画家の道を目指す。彼の選択は画家として明確に成功することで道徳的にある程度正当化されると我々は考えるだろうが、成功するかどうかはゴーギャン自身にはコントロールできない。つまり、ゴーギャンの選択の道徳的評価は「成功」という運に左右される要素によって変動することになる。成功に関わる運はいろいろある（ウィリアムズは内的運と外的運に区分する）が、ウィリアムズは特に、運悪く自分に才能がないことに気づかなかったために家族を捨てて画家を目指してしまった、というタイプの運に注目し、このタイプの運はゴーギャンの決定を後から遡る形で「非正当化する」（unjustify him）という。この直観はカント主義はもちろん、功利主義でもうまく捉えることができない。

ウィリアムズのもうひとつの例はアンナ・カレーニナの例である。アンナはヴロンスキーと暮らして幸せになるために家族を捨てるが、その生活はうまくいかない。この場合も、外的な要因によってヴロンスキーが死ぬなどしてうまくいかない場合と、アンナとヴロンスキーの関係そのものがうまくいかない場合ではアンナの選択に対する（特にアンナ本人の）評価は違うはずだとウィリアムズは考える。

この本人の評価を端的に表すものとしてウィリアムズが導入する概念が「行為者後悔」（agent-regret）

である。これは本人が自分の過去の行為やその帰結に対してのみ感じる後悔を指す。この行為者後悔の特徴を掘り下げるために第三の例として、自分に落ち度のない状況で子供をはねてしまった大型トラックの運転手の例が導入される。その出来事に対する運転手の感じ方はすぐそばで見ていただけの人とはまったく異なるのだ、ということが論じられていく。ゴーギャンやアンナ・カレーニナが自分の意図的な行為で他人を傷つけるのに対してトラックの運転手は危害をまったく意図していないが、それでもそこで感じられる感情には似たところがある。

ウィリアムズが次に比較のために取り上げるのは、熟慮の上での行為にまつわるさまざまな場合である。熟慮そのものに見落としなどの瑕疵がある場合と熟慮そのものには瑕疵がない場合、結果がよかった場合と悪かった場合、その結果が自分だけに関わる場合と自分が受託している他人の利害も関わる場合など、さまざまなパターンがありえて、どのような後悔が発動するかしないか、どのような批判が行われるかもパターンごとに異なる。この部分は具体例がないために今ひとつ分かりにくい。

この話題は次の人生全体に関わる決定についての熟慮の話題へと自然に移行する。話がいろいろな方向に飛ぶので議論の筋道を追いにくいが、最終的な論点は、我々が自分の人生について後悔するとき、後悔する自分もまたその人生によって形成されているのであり、当初の熟慮がよいものだったかどうかではなく結果として成功しているかどうかが後悔するかどうかを左右する、ということのようである。ここでウィリアムズの得意とする、人生のプロジェクトの道徳的重要性というテーマと道徳的運というテーマが結びつくことになる。ただし、この論文では、自分のプロジェクトは常に肯定的な価値を持つわけではなく、不幸にも内的な要因で失敗したプロジェクトはむしろ後悔の対象となるというひねりが加わっているわけである。また、本章前半のゴーギャンやアンナ・カレーニナの事例にウィリアムズが興味を持つのも、人生のプロジェクトの道徳的重要性という関心の延長線上であったことがここまで読むと見えてくる。

本章の最後はこうした内的な運と道徳の概念の関係の考察であるが、ここも結局どういう結論にたどりついたのか非常に分かりにくい（特に、最後の方で「懐疑主義」と呼んでいる立場の内容が判然としない）。一応、ゴーギャンの決定は人生のプロジェクトに関わるという意味では道徳的だけれども、ゴーギャンの成功が道徳的正当化を与えるとまでは言えない、というような立場が示されているように読める。

ウィリアムズはStatmanが編集した論文集*Moral Luck*（文献情報は前出）に対して寄稿した追記（postscript）の中でこの論文を振り返っている（ウィリアムズ自身の論文集*Making Sense of Humanities and Other Philosophical Papers*にも収録されている）。そこでは、この論文で三つの論点を区別せずに提示してしまったことで誤解が生じてしまったと反省している。ウィリアムズはこの追記の中で狭い概念としての「道徳性」（morality）とより広い概念としての「倫理的なもの」（the ethical）を分け、倫理的なものという広いカテゴリーの中の道徳性という狭い領域において、「道徳的な運」は語義矛盾になるのだ、というように整理する。このように道徳性と倫理的なものを区別したとき、実はウィリアムズは三つの異なる問いを同時に提示していたのだ、と彼は振り返る。第一の問いは運が介在しないものとしての道徳性の重要性の問題、第二の問いは倫理的なものというより広い領域が我々の生活全体の中で持つ重要性（特に、仮想的なゴーギャンが画家になってくれたことをありがたいと思うような視点と倫理的なものの関係）についての問い、第三の問いは遡及的な正当化において結果はどの程度、どのように考慮に入れられるのか、という問いであり、広いカテゴリーとしての「倫理的なもの」のカテゴリーよりもさらに広い実践的な推論全体に関わる問いとなる。なお、この「道徳性」と「倫理的なもの」の区別は『生き方』で導入される区別であり、「道徳的な運」を執筆したときに考えていたことというよりも、より考えが発展した後から振り返って再解釈した結果だと捉えた方がいいだろう。

第三章「功利主義と自己耽溺」

すでに少し紹介した『功利主義論争』で出てくるひとつの論点についてのウィリアムズの見解を示すのがこの章である。その論点とは、功利主義への反例として挙げられるような事例で反功利主義的判断をする人は、単に自分の手を汚したくないだけではないか（自己耽溺に陥っているのではないか）、という功利主義からの応答である。

ウィリアムズがこの章でまず行うのは、自己耽溺という非難が正確に言ってどういう非難なのか、どういう場合に起きるのかということの明確化である。基本となるのは、道徳的に嫌悪すべき行為を自分が行うことで大きな害が避けられるような状況で、その行為を拒否するという場合である。これに対しては、脅迫者が関わるようなシナリオでは、脅迫者が約束を守る保証はないという理由で問題を回避しようとする答え方があるが、ウィリアムズはそれはうまくいかないと考える。嫌悪すべき行為を拒否しても結果が改善する見込みがなく、その行為をしたときに若干でも改善する見込みがあるなら、問題は十分成立する。

他方、自己耽溺という非難が成立する上では、その行為が反功利主義的であることは必要条件でも十分条件でもない。必要条件でない、という点については、功利主義的な理由で目の前の人を見捨てるような選択でも、「功利主義的な選択をする自分」に関心が向かっているような場合には自己耽溺になりうるとウィリアムズは言う。

ウィリアムズによれば、自己耽溺は、動機づけについての動機づけという意味で「二階の動機づけ」であり、自分に向けられた動機づけという意味では「再帰的動機づけ」である。ただ、二階の動機づけや再帰的動機づけがすべて自己耽溺なわけではなく、他者への関心が適切な場面で不釣合いに二階の再帰的動機づけが大きな役割を果たしている場合に自己耽溺となる。

さて、以上のように自己耽溺を捉えたとき、インテグリティのために（つまり自分の人生のプロジェクトにそって生きるために）反功利主義的に行為することは自己耽溺的という非難があたるだろうか。ウィリアムズの答えは否定的である。ひとつにはそもそも功利主義的な方の選択をしても、それが自分への関心からくるものであれば自己耽溺的になりうる。逆に、本来の意味でインテグリティを行使することは自己耽溺的ではない。インテグリティを示す人は、自分について考えているのではなく自分のプロジェクトについて考えているからである。もちろん、「インテグリティのある人でありたい」という自己言及的な思考にもとづいて選択をした場合には自己耽溺ということになるだろう。

次にウィリアムズが検討するのは、「私を通して悪事や不正義が生じたわけではない」ということを重視する考え方は自己耽溺的かどうか、ということである。これは自分について明示的に考えているという意味ではたしかに自己言及的な動機に見えるのだが、ウィリアムズは、「私を通して」悪いことが起きるのを避ける理由は恐れ、プライドなどいろいろあって、その中には称賛すべき性格も含まれており、一概に自己耽溺とは言えない、と考える。称賛されるべき性格を持つ人が必要なときには都合よく功利主義的な選択ができると考えるのは功利主義者の思い込みである。

第四章「政治と道徳的性格」

本章は、第三章で関連するけれども別に考えるべき問いとして言及だけされていた、政治家の「汚れた手」をどう評価するかという問題を取り上げる。政治家が行う道徳的に嫌悪すべき行為の中にも、ただ私腹を肥やすための行為と、政権に留まるためなどのより大きな政治的目標のために手を汚す場合とがあり、ウィリアムズはこの章で主に後者を考察する。この後者のカテゴリーにも、嘘をついたり好ましくない人々と協力したりといった日常的な汚れた行為と、政敵を殺すといった劇的な行為が区別される。日常的な汚れた行為について、ウィリアムズはまず、そもそもそういうものが存在しうるのか（たとえば、「政治的な理由がなければ汚れた行為になったであろうような行為」があるだけではないか）といった疑問を丁寧に（丁寧すぎるくらいに）考察し、政治的には正当化されるが道徳的には不愉快であり続けるような行為が存在する、という考え方を擁護する。

ウィリアムズは、政治家自身がそうした行為が存在するという感覚を持つことが望ましいと考えるふたつの理由を挙げる。ひとつはそうした感覚を持つことで、そうした不愉快な行為が必要ないときにまでやってしまわない歯止めとなるということであり、もうひとつはそういう行為には本当に「道徳的コスト」が発生しているのだから、気乗りしなさを感じるのは正しい反応なのだ、ということである。また、政治家が汚れた行為だという感覚を持ちつつもその行為を行うことを正当化する理屈として、ウィリアムズは法曹に関する類似の場合との比較を行うが、結局両者はあまり類似していないと考える。また、不愉快な行為だと思いながらもそれをできるようなちょうどよいバランスのとれた政治家が存在するための政治システムの条件として四つの側面を挙げる（細かく検討するわけではない）。

犯罪に分類されるような汚れた行為についてはウィリアムズは別に考察する。ウィリアムズはここに「構造的暴力」、つまり国家による処刑など、法律の裏付けによって合法化された暴力行為も含める。構造的なものであれ非構造的なものであれ、政治的な目的のために暴力行為を命じることが政治家にとって必要になる場合があるのだとすれば、暴力的な傾向のある好ましくない人物しか政治家になれないのではないだろうか。これについてウィリアムズが提示する答えの方向性は、自分で暴力的な行為をするのと命じるのでは違う、ということのようである。

結局、前章と逆に、政治家の場合には大きな善のために不愉快な行為をすることが正当化されるというのがウィリアムズのスタンスであり、その限りでは功利主義者に同調しているようにも見えるのだが、望ましい政治家像として単純に大きな善を選ぶというのとはまったく異なる人物像を描き出そうとしている点で功利主義との差別化をはかっていると解釈できる。

第五章「諸価値の衝突」

いわゆる価値の多元主義を扱う章である。功利主義をはじめ、価値を最終的に一元化しようという哲学的立場は多い。その中でも本論文の前半で批判の対象となるのは義務についての一元論である。背景として、「べしはできるを含意する」というテーゼから「両立しないふたつのべしがあるように見えるときどちらかが真正の義務ではない」という結論を導き、義務の衝突（conflict は葛藤と訳されることが多いが本訳書では衝突と訳している）の存在を否定するW・D・ロスらの立場がある。そうした立場に反対し、ウィリアムズは社会においてのみならずひとりの人間の中でも多元的な価値が共存するのが自然だと考え、個人の中に真正の義務の衝突が存在しうるという考えを擁護する。第四章の政治家の「汚れた」行為もその一例として言及され、そこで前章と本章のテーマのつながりが見えてくる。

本論文の後半は価値の多元主義が主張する「通約不可能性」が何を主張しているのかを明らかにする。ウィリアムズは「通約不可能性」の主張の四つのバージョンを区別し、最も強い「いかなる諸価値の衝突もけっして合理的に解消することはできない」というバージョンは否定しつつ、それよりもう少し弱いバージョンを擁護する。たとえば、AとBのふたつの価値があるときに、一見両者が対立するように見えても、Bの価値を大事にすることで結果的にAの価値も増大する、というようなことはありえて、そのときには価値間の衝突が合理的に解消する。こうした解消においては、AやBを「効用」のような共通の通貨に変換する必要はない。ウィリアムズはまた、価値観の刷新によって衝突をなくそうとするユートピア主義についても、それでは我々が大事にしている価値が失われる、と考えて距離を置いている。

第六章「美徳としての正義」

本章はアリストテレス倫理学についての論集に寄稿されたものであり、この論文のテーマは、正義と性格の関係である。前半は特に、アリストテレスが「部分的不正義」（不正な行為の総称としての不正義ではなく他の悪徳と並列されるような悪徳としての不正義）と対応するものと考えたプレオネクシア（貪欲）と呼べる性格特性が部分的不正義とどういう関係を持つかが焦点となっている。アリストテレスはプレオネクシアという動機のクラスがあると考え、その動機による行為であるということを部分的不正義の行為であることの必要条件と捉えているが、別の動機から部分的不正義の行為が行われうるのは明らかだとウィリアムズは論じる。

後半はアリストテレスを離れて、配分的正義における配分者と配分方法と配分結果の間の概念的関係をどう捉えるかについてのウィリアムズ自身の見解が述べられる。方法と結果のどちらが概念的に優先するかというのは厄介な問題で、ウィリアムズはその点を少し考察するが明確な結論は出さない。ウィリアムズの関心は、むしろ配分者の正義が配分の結果や方法の正義とどう関わるかということである。ウィリアムズによれば、不正義な配分を行う性向という単一なものがあるわけではなく、正義にかなった配分をする性向の欠如があるだけである（特に配分者の怠惰や軽率さが配分的不正義を生む、というウィリアムズの観察はなかなか鋭い）。また、正義にかなった配分をする性向においては、配分者がそうした配分の方法や結果を意識する必要があるので、結果や方法の配分の正義の方が概念的に優先する。本章の最後ではアリストテレスのプレオネクシアの概念の分析に戻り、欲求の対象となる財の性質によってプレオネクシア自体が多様であることが示される。

なお、この章ではjust-unjustに「義《ただ》しい」「義しからざる」という訳語を当てている。英語のright-wrong、just-unjust、fair-unfair、justice-injusticeの関係をそのまま日本語に移そうとするとどうしても無理が生じる。他の章では全般にjust-unjustに「正義にかなった」「正義にかなわない」という訳語を当てているが、この章ではjust-unjustの対が頻出してくどくなるため、別の工夫を試みることとした。なおjustが「義」なら、正‐不正の対との対応関係でunjustも「不義」としたいところだが、「不義」という言葉には非常に狭い意味がついてしまっているので、若干くどいが「義しからざる」を対応させている。

第七章「ロールズとパスカルの賭け」

ロールズの原初状態における決定についての議論が批判的に検討されている。まず批判のポイントとなるのはロールズが原初状態から道徳を導き出そうとしているのに対し、その原初状態の特徴づけの中に道徳的な前提が含まれているのではないか、ということである。たとえば、社会が安定するような体制を選ばなくてはならない、という条件は、結局正義にかなった体制を選べというのに近い。自由が重要な基本財と考えられるのはやはりそういう価値観を持つ人たちによる判断だからだと考えるのが自然である。また、契約者たちがマクシミン規則という安全な戦略を選ぶのは、子孫への責任を負っているとみなされるからだが、ここでも契約者たちにすでに道徳的な特徴が組み込まれていることになる。

マクシミン規則が選ばれるもうひとつの理由として、原初状態ではさまざまな結果の確率が分からないことになっているから、とロールズは言うわけだが、ここでタイトルにも出てきたパスカルの賭けが関わってくる。ロールズがマクシミン規則を導き出す推論はパスカルの賭けと構造がよく似ていることをウィリアムズは指摘する。そして、その類似性ゆえに、パスカルの賭けに対して当てはまる批判の一部はロールズにも当てはまる。さらに、パスカルの議論は無限の悪さを持ち込むことで説得力を得ているが、ロールズの議論にはそうした根拠がない。つまり、ロールズの議論はパスカルよりさらに弱いというわけである。

第八章「内的理由と外的理由」

すでに紹介したように、倫理学における理由の概念分析の嚆矢となった論文である。ウィリアムズは行為の理由についての言明を本人の動機にもとづく「内的理由」と本人の動機と切り離された「外的理由」に区別する。しかし、ウィリアムズの意図は、両者を対等なものと認めることではなく、外的理由は最終的には行為の理由として意味をなさない、と主張することである。ただ、この議論のサーベイではウィリアムズの立場がかなり単純化して紹介されがちであるのに対し、本章で展開されるウィリアムズ自身の立場はかなり入り組んでおり、ウィリアムズの真意を捉えるには丁寧な読解が必要である。

ウィリアムズが議論のために使うのは、目の前の液体がジンだと思って、「この液体を飲みたい」と思っている人がいるが、実はそれはガソリンだった、という事例である。この場合、本人の「この液体を飲みたい」という欲求はただ行為の説明（なぜ飲んだか）を与えるだけであって、ガソリンを飲むという行為の理由は与えない、つまり行為の理由は外的である、と言いたい誘惑にかられる。しかしウィリアムズはそれは間違った方向性だと言う。理由を与えるのはあくまで本人の主観的動機の集合S（この集合には普通に言うところの欲求だけでなく、ウィリアムズがよく持ち出す、人生全体のプロジェクトなども含む）の要素のみであって、ただ、内的理由について間違った信念を持っている場合がある（その液体を飲む理由がある、と間違って信じるとか、ジンを飲みたいという欲求がその液体を飲むことで満たされるという間違った信念を持つとか）というのがウィリアムズの答えである。そうした誤った信念は行為の理由を与えない。逆に、必要な信念が欠けていることも内的理由言明を反証しうる。また、ウィリアムズは誤った信念を処理する上での熟慮的推論の役割を強調する。内的理由についての信念の集合も、主観的動機の集合も、熟慮によって刻々と変わっていく。内的理由についての誤った信念はそうしたプロセスで除去されうる。

この論文の後半でウィリアムズが考察するのは、それでも外的理由と呼べるようなものはあるのではないか、という疑問に対する答えである。たとえば、ニーズと呼ばれるものはある程度客観的に特定できるものと想定されているが、そうすると当然、客観的にはニーズであるものに対して何ら主観的動機を持たない人というものが存在しうる。その場合、そのニーズを満たす行為は内的理由を持たず外的理由だけを持つということにならないだろうか。ウィリアムズが考察のために取り上げるのは、本人が入隊したいと思わないのに、軍人の家系だからということで家族からは入隊する理由があるとみなされている男（小説の主人公）の例である。

ウィリアムズは、こうしたもともと動機を伴っていない外的理由言明に対して、まず、行為のいかなる理由についても「可能な説明の次元」がある、つまりどんな理由も場合によって行為を説明するようなものでなくてはならない、と主張する。しかし、外的理由言明は単独では行為を説明しない。また、そうした理由に反して行為したからといって不合理だということを示すこともできない。ここでウィリアムズの議論は入隊したくない男の事例についての直観（入隊したくない男が入隊しないことが不合理だと示すのは困難だという直観など）にかなり依拠しているように見える。また、論文の最後では、外的理由言明が成立するように見える「ただ乗り」型の事例においても、外的理由によってただ乗りする個人を不合理だとみなすことはできず、ただ乗りしないような非利己的な動機を持つ人々を育成することでただ乗りを内的に不合理な行為にするしかないのだ、と論じる。

この論文はウィリアムズの他のことがらについての主張と切り離して理由の概念分析の領域で論じられてきたが、本書の中の一章として見たときには、異なった面が見えてくる。功利主義やカント主義が我々の動機と関係なくまったくの外からの強制としてやってくるのであれば、ウィリアムズの内的理由についてのテーゼが正しければ、我々はそれに沿って行為する理由を持たないであろう。他方、我々のプロジェクトは動機と深く結びついているので、常に行為の理由となりうる。つまり、インテグリティの重要性についてのウィリアムズの主張は内的理由についてのテーゼによっても支持されることになる。また、価値の多元主義も、同じ人が同時にお互いに衝突するような動機を主観的動機の集合の中に持ちうる、ということから内的理由についてのテーゼを介して正当化が可能になるだろう。つまり、本章はウィリアムズのさまざまな主張を影で支える理論的背景を与えていると解釈することも可能なのである（冒頭で紹介した

Stanford Encyclopedia of Philosophy の S. G. Chappell の紹介も内的理由に同じような位置づけを与えている）。

なお、ウィリアムズはこのテーマについてその後何本か補足的な論文を書いている。第一に、“Internal reasons and the obscurity of blame”（一九八九年に *Logos* 誌に発表した後、前掲の論文集 *Making Sense of Humanity* 第三章として再録）では、内的理由についてのウィリアムズのテーゼが以下のようにまとめられている。「Aがϕする理由を持つのは、彼がすでに持っている動機から、健全な熟慮的ルート（a sound deliberative route）を通ってその結論にたどり着ける場合のみである。」（論文集版 p. 35）。また、同論文では、「非難」が理由となる仕方について、「遡及的メカニズム」（proleptic mechanism）という考え方を使って説明を試みている。これは、ある行為に対して非難が行われた時点にはその行為者にはその行為をしない内的理由がなかったとしても、もしその行為者が人々から尊敬されたいという動機を持つならば、人々に非難されたということが原因となってその行為をしない内的理由が二次的に発生し、さかのぼって非難の時点においてもその行為をしない理由となる、というようなメカニズムである。この場合、一見外的理由に見えるものは、実は後の時点の内的理由が投影されたものだということになる。

第二に、ウィリアムズ論を集めた論文集 *World, Mind and Ethics*（J. E. J. Altham and R. Harrison eds., Cambridge University Press, 1995）では、ジョン・マクダウェルが「内的理由と外的理由」を取り上げ、ウィリアムズがそれに答えている。たとえば、アリストテレス的な phronimos（思慮ある人）がそれをするような内的理由を持つ行為に対して、phronimos でない我々も外的理由を持つ、という考え方（実際にはマクダウェルはそのようにクリアな言い方をしているわけではないが）に対し、ウィリアムズは、節制や自制といった徳を備えたphronimosにとってそれをやる理由があるような行為について、節制や自制ができないその他の人々もやる理由があると考えるのはおかしいのではないか、と切り返す（p. 190）。

第三に、論文集*Varieties of Practical Reasoning*（E. Millgram ed., The MIT Press, 2001）に「内的理由と外的理由」が収録された際、ウィリアムズは追記として"Postscirpt: some further notes on internal and external reasons"をつけている（pp. 91-7）。この追記では、前ふたつの論文の内容が整理されているだけでなく、スキャンロンの批判への反論も行われているが、目新しい論点を付け足しているわけではない。

第九章「〈べし〉と道徳的責務」

ここで扱われるのは、「べし」（ought）という言葉の意味の分析であり、ウィリアムズにはめずらしく正統派のメタ倫理学の手法にのっとった論文となっている。具体的には、まず、「べし」の分析として、命題に対する単なる演算子という捉え方（つまり、その命題で表される事態が成立することについての判断としての「べし」）が提示される。この意味の「べし」は、同じ事態を表す命題なら、能動態だろうと受動態だろうと同じように成り立つはずである。これに対し、そうした演算子として扱えないような特殊な「べし」の用法があるとハーマンは主張する（そうした「べし」は能動態を受動態に変換すると成り立たなくなる）。ウィリアムズは、そういう「べし」は成立すべき事態に違いがあるだけで、特殊な論理に従う「べし」があるわけではない、と反論している。道徳的責務の特徴として「「べし」は「できる」を含意する」という実行可能性の要件が挙げられることがあるが、ウィリアムズはこれが道徳的責務とは独立した「実践的責務」

（すべてを考慮した上での結論的な責務）の特徴であることをいくつかの用例を使って示し、さらに実践的責務も命題演算子として扱えないわけではないという考えを示しているようである（そのあたりの最終的立場がどうなったのかはあまり明確ではない）。道徳的責務を特徴づけるのは、非難可能性などとの結びつきによって、特定の誰かがある行為をするという事態が求められることである。

こうした道徳語の分析はウィリアムズの倫理学の他の部分とは異色のように見えるが、「実践的責務」と「道徳的責務」を切り離す議論は、道徳的価値の多元主義という第五章で取り上げられた論点とも関わる。つまり、もし「「べし」は「できる」を含意する」が道徳的責務の本質的特徴であるなら、お互いに衝突するふたつの道徳的「べき」が同時に正しいということはありえず、価値の多元主義は成立しなくなるのだが、この特徴を切り離すことで多元主義の成立する余地ができることとなる。また、論文の最後ではもし外的理由というものがあればその理由にもとづいて行為者と「べし」を結びつける特殊な関係が存在しうるという考えが示され、そこでは第八章の議論との関連が示唆される。

第一〇章「実践的必然性」

第九章に引き続き本章は道徳語の分析を行うが、主なターゲットとなるのは「ねばならない」（must）である。ウィリアムズは、「べし」と「ねばならない」を比較したときに、「ねばならない」のひとつの意味においては、ただ単にその行為が最善というだけでなく、それ以外の選択肢についてのある種の不可能性が含意されると論じる。その不可能性は物理的な不可能性ではなく、性格にまつわる不可能性である、とウィリアムズは考える。このテーマをウィリアムズが取り上げるひとつの目的は、そうした他の選択肢を不可能にするような「ねばならない」の用法が道徳判断に特有のものではないということを指摘することにあると思われる。

第一一章「相対主義の含む真理」

本章は、相対主義の中にも真理である部分があるということを論じる。ウィリアムズが第1節でまず行うのは、相対主義の対象となるような互いに対立するふたつの信念体系S1とS2が存在するのはどういう場合か、を明らかにすることである。それらの信念体系は何らかの対立する帰結を持たなくてはならないが、対立するということは比較可能でなくてはならない（つまり比較すらできないようなあまりに根源的な通約不可能性はかえって相対主義の成立を阻む）し、しかも比較した結果どちらが正しいか簡単に決着がつくわけでもないことが求められる（さもなければ相対主義にならない）。ここでは決定不全（どれだけ証拠を集めても対立理論の間での選択を行うことはできないというテーゼ）や通約不可能性といった科学哲学の概念が援用されているが、主眼は倫理的な相対主義にある。

第2節では「現実の紛争」と「概念上の紛争」の区別が導入され、相対主義の議論で持ち出されるような可能性の多くが実は「現実の選択肢」ではないということが論じられる。第3節で、前節までの概念装置を使って、ある種の相対主義が定式化される。それによれば、自分が今受け入れているSと他のあるSとの間に概念上の紛争しか存在しない場合には、どちらが優れているかといった評価の問題が成立しないという意味において相対主義が真になりうる（ただし、概念上の紛争だから必ず相対主義が真になるというわけではなく、科学理論の場合には、フロギストン説に対して絶対的評価を行うということが可能である）。これは現実の紛争において我々が対立する信念体系に対し相対主義的でない優劣の判断を下すことと両立する。

ウィリアムズはこの相対主義に関する思考を『生き方』でさらに深めているが、そちらでは、本章で素描された相対主義の考え方は「隔たりの相対主義」（relativism of distance）と呼ばれている。そこでは、過去の社会における正義の捉え方は今の我々にとって現実の選択肢ではないけれども、連続性があるという意味では我々の中に生きており、そのため隔たりの相対主義が全面的に適切というわけではない、と論じられる（本章でもフロギストン説などの場合に隔たりの相対主義が成り立たないという見解が示されているが、『生き方』では隔たりの相対主義はより限定的なものになっている）。さらに、非反省的な社会においては、現在の反省的な社会では知識となりえないようなものが知識たりえた、という道徳的知識についての相対主義も展開されている。あわせて読むことでウィリアムズの相対主義に対するスタンスがより明確になるだろう。

なお、本章には既訳が存在する。今回の翻訳では、訳出の過程では参照しなかったが、事後的に訳文の比較を行ってチェックするとともに、訳題をお借りした。

バーナード・ウィリアムズ「相対主義の含む真理」J・W・メイランド、M・クラウス編『相対主義の可能性』常俊宗三郎・戸田省二郎・加茂直樹訳、産業図書、一九八九年、三二八〜三四九ページ。

三〇年前の翻訳ということもあって入手は難しいかとは思うが、同書にはウィリアムズの他の著作からの同じテーマに関する文章の抜粋も含まれるほか、編者によるイントロダクションも付されているので、可能であれば参考にされたい。

第一二章「ウィトゲンシュタインと観念論」

本章と次の章はウィリアムズの関心が倫理学に限らず、現代英米哲学のさまざまな側面にも向いていたことを示すものとなっている。本章の主なテーマはウィトゲンシュタインが独我論や観念論についてどういう立場をとっていたかを明らかにしようというものである。特に、当時の通常のウィトゲンシュタイン解釈ではウィトゲンシュタインは『論理哲学論考』で採用していた超越論的観念論を後期の著作で放棄した、と考えられていたのに対し、観念論の要素は保持されていると論じる。

ウィトゲンシュタインが後期になっても保持している（とウィリアムズが考える）観念論がどういうものかというのは、テーマの難解さとウィリアムズの独特の論述のスタイルが相まってなかなか捉えにくいが、とりあえずは「あらゆることがただ人間の利害と関心を通してのみ表現できる」という意味での観念論を想定しているようである（第2節末尾）。第3節では、ウィトゲンシュタインの諸著作から、彼が世界観に関する文化相対主義を主張しているように見える箇所を引用することで、ウィトゲンシュタイン自身が上記の意味の観念論を受け入れているという解釈が擁護される。しかし、単純な文化相対主義者としてウィトゲンシュタインを解釈することは、それはそれでウィトゲンシュタインの意図を捉え損なうことになってしまう。最後の第4節でウィリアムズが試みるのは、一種の構成主義としてウィトゲンシュタイン流の超越論的観念論を定式化しなおすことであるが、これも単純に言語化しようとすると単なる偽なる命題になってしまうので難しい。

このウィリアムズのウィトゲンシュタイン解釈をウィトゲンシュタイン解釈の歴史の中に位置付けるのは本解題には荷が重い。ただし、訳者の知る限り（前期はともかくとして）後期のウィトゲンシュタインを超越論的観念論者と捉えるのはかなり特殊な解釈であり、その意味での独自性はあると言ってもよいだろう。

第一三章「他の時間・他の場所・他の人」

本章ではA・J・エアの実証主義や確証主義にまつわる問題が取り上げられている。特に問題となるのは、ある出来事についてさまざまな時点で、さまざまな場所で、あるいはさまざまな人によって発話される文の相互関係である。エア自身の立場が分かりにくく、また変遷しているのに加え、ウィリアムズがエアをどう批判しているのかをなかなか明確に語ってくれないため、本章は本書の中でもとりわけ読みにくい論文となっている。

ウィリアムズの本論文における論点のひとつは、誰にとっても一様に真偽が決まるような中立的な観察文があるという実証主義の前提と、文の確証は常に「自分による確証」でなくてはならない（そうでなければばその文がたしかに真だとは言えなくなってしまう）という確証主義のテーゼとの間の緊張関係のようである。

その緊張関係が明瞭に表れるのがエアが論じる「トークン反射的」な文の分析である。トークン反射的な文とは、「私は今、京都市にいる」などの、その発話を行った人や時点、場所など、トークンとしての発話の持つ性質が真理値を決める上で不可欠な文を指す（その発話に相対的に「私」や「今」が何を指すかを特定しないと、その「私」が「今」地点Xにいるかどうかが分からない）。こうした文はそうした指標的表現を置き換えることで同じ事態を指すさまざまな文に変換できる（「あなたは昨日京都市にいた」「彼は三日後に京都市にいるだろう」）。エアはお互いにそうやって変換できる文の集合を収束集合と呼び、この集合全体が視点に相対的でない文（「足利尊氏は一三三八年八月一一日に京都市にいた」など）と同義であると考える。

しかし、文の意味が確証によって与えられ、しかもその確証が他ならぬ今ここにいる自分によってなされねばならないとするなら、同じ収束集合に属する文同士であっても、互いに同じ意味を持つということは保証できないし、ましてやいかなる視点からも切り離された中立的な文と同義だとは簡単には言えないはずである。確証が具体的な文脈において具体的な誰かによってなされなくてはならないのであれば、そもそもそれを意味を変えずに中立文に置き換えるということが可能なのか、という原理的な問題も生じる。

おおむね以上のようなことをウィリアムズは主張しているように見えるが、そうするとこれはエアのトークン反射的表現の分析に対するコメントという範囲を超えて、論理実証主義というプログラムの根幹に関わる問題提起だということになるだろう。

なお、Ayerは「エイヤー」とカナ表記するのが通例となっているが、本訳書では原音に近い「エア」

を採用した。また、verificationも「検証」と訳すのが通例であるが、原語にある確実さのニュアンスが出ないため、本書では「確証」と訳している。

‡

本翻訳の経緯について少し説明する。勁草書房の土井美智子氏より「倫理学の翻訳叢書の企画があるので、翻訳すべき本の候補を挙げてほしい」という趣旨の依頼をいただいたのは二〇〇九年の初め頃のことだった。北大の蔵田伸雄氏などと相談し、翻訳すべき本で、また長さとしても手頃な本のひとつとして、本書を候補のひとつとして提案した。その後、実際に翻訳が可能な本を絞り込んでいく中で、本書の訳者の候補として鶴田尚美氏の名前があがり、本人の了解も得た。その際に、鶴田氏単独では不安だということで、江口聡氏と伊勢田がサポートに入ることとなった。当初は二〇一一年ごろの完成を目指していたが、三人ともそれぞれに他のさまざまな仕事を抱えて忙しいのに加え、ウィリアムズの文章独特の翻訳の難しさもあり、翻訳計画は何度も締め切りの延長を繰り返すこととなった。また、分担の見直しも途中で何度か行われた。翻訳に時間がかかりすぎたため、途中で版権契約の更新も必要となってきた。担当される編集者も一旦渡邊光氏になった後、土井氏の担当に戻るなど、一〇年の間にいろいろなことがあった。そうした紆余曲折を経て、何とか全体の訳文がそろったのが二〇一八年の夏のことであった。そこから全体の訳文の調整と解説の執筆にまた半年の時間を要してしまった。

翻訳は、伊勢田が序、謝辞、四、七、一〇、一一、一二、一三の各章、江口氏が一、三、六、九の各章、鶴田氏が二、五、八の各章を担当した。江口、鶴田両氏の担当箇所については伊勢田が訳文のチェックを行い、修正を加えた。翻訳のポリシーとしては、原文に対する忠実さを損なわない範囲でできるかぎり日本語として読めるものにする、ということを心がけた。そのため、章によっては英文にかなり訳補足が加わっている。挿入句や付加の多い複雑な構文を日本語に移すために原文にないダッシュをかなり多く補った。補足を示す記号については凡例を参照されたい。

すでに紹介した経緯からも推察されるように、本翻訳に関しては土井氏をはじめとする勁草書房のみなさんに多大なご迷惑をおかけしてきた。また、本翻訳が進行していることを知っている学生や研究者の方々からもたびたび進捗についての問い合わせを受け、そのたびに心苦しい思いをしてきた。お待たせしたことをお詫びするとともに、待っていただけたことに感謝の意を表したい。

著者略歴

バーナード・ウィリアムズ（Bernard Arthur Owen Williams）
1929年〜2003年．ケンブリッジ大学教授ナイツブリッジ哲学教授，カリフォルニア大学バークレー校ドイッチュ哲学教授．他の主著に *Problems of the Self*（Cambridge University Press, 1973），*Making Sense of Humanities and Other Philosophical Papers*（Cambridge University Press, 1995），*Ethics and the Limits of Philosophy*（Harvard University Press, 1985, 邦訳『生き方について哲学は何が言えるか』産業図書）など．

監訳者略歴

伊勢田哲治（いせだ　てつじ）序，謝辞，第四，七，一〇，一一，一二，一三章
京都大学大学院文学研究科教授．著書に『疑似科学と科学の哲学』（名古屋大学出版会，2003年），『動物からの倫理学入門』（名古屋大学出版会，2008年），『倫理学的に考える』（勁草書房，2012年）ほか．

訳者略歴

江口聡（えぐち　さとし）第一，三，六，九章
京都女子大学教授．共著に『生命倫理学を学ぶ人のために』（世界思想社，1998年），『情報倫理学入門』（アイ・ケイコーポレーション，2012年）ほか，編・監訳に『妊娠中絶の生命倫理』（勁草書房，2011年）．

鶴田尚美（つるた　なおみ）第二，五，八章
関西大学非常勤講師．共著に『人口問題の正義論』（世界思想社，2019年）ほか，主論文に「夭折はなぜ不幸なのか」（『実践哲学研究』38，2015年），“The Makropulos Case Reconsidered: Desirability of Immortal Life”（『実践哲学研究』41，2018年）ほか．

人名索引

＊あ行

アイアス　Ajax | 227
アリストテレス　Aristotle | 第6章, i, 25, 307
ヴァーメイゼン　Vermazen, B. | 308-309
ウィギンズ　Wiggins, D. | 308-309
ウィトゲンシュタイン　Wittgenstein, L. | 第12章
ウィンチ　Winch, P. | 309
ウォーフ　Whorf, B. | 262, 266, 311
ウォルツァー　Walzer, M. | 305
エア　Ayer, A. J. | 第13章, 312
オイディプス　Oedipus | 303
オースティン　Austin, J. L. | 311
オルソン　Olson, M. Jr. | 308

＊か行

カヴェル　Cavell, S. | 310
カウフマン　Kaufman, A. | 306
カルナップ　Carnap, R. | 259
カント　Kant, I. | 1-5, 35-36, 62-63, 77, 167, 185, 203, 212, 215, 227, 252, 302-303, 311
ギーチ　Geach, P. T. | 305
クライゼル　Kreisel, G. | 276, 311
グラバー　Glover, J. | 304-305
ケインズ　Keynes, J. M. | 108
コルナイ　Kolnai, A. | 308

＊さ行

ジェイムズ　James, H. | 184
シジウィック　Sidgwick, H. | iv
ショーペンハウアー　Schopenhauer, A. | 250, 255, 260
スピノザ　Spinoza, B. | 62
ソフォクレス　Sophokles | 309
ソルジェニーツィン　Solzhenitsyn, A. I. | 305-306

＊た行

ダメット　Dummett, M. | 272, 311-312
ディドロ　Diderot, D. | 171
デカルト　Descartes, R. | 252
トルーマン　Truman, H. S. | 105

＊な行

ニューマン　Newman, J. H. | 310
ネーゲル　Nagel, T. | 1, 60, 301-302, 304
ノージック　Nozick, R. | 153, 155, 307

＊は行

バークリ　Berkeley, G. | 311
パーフィット　Parfit, D. | 7-10, 12-14, 301-302
ハーマン　Harman, G. | 197-198, 200, 202, 308, 310
バーリン　Berlin, I. | 123-125, 130-132, 137, 307
ハイネ　Heine, H. | 63
パスカル　Pascal, B. | 163, 169-171, 173
ハッカー　Hacker, P. M. S. | 250-252, 254-255, 260, 310
ハッキング　Hacking, I. | 307
パトナム　Putnam, H. | 267
バトラー　Butler, R. A. | 117
ヒューム　Hume, D. | 176, 188-189, 250-252, 258

フィンドレイ　Findlay, J. N. | 6, 301
フット　Foot, P. | 302
プライア　Prior, A. | 289
プラトン　Plato | 115
フリード　Fried, C. | 1, 28, 109-111, 113, 301-302
プリチャード　Prichard, H. A. | 217, 309
ブリテン　Britten, B. | 184
ヘア　Hare, R. M. | 2, 236
ペラギウス　Pelagius | 34
ベン　Benn, S. I. | 308
ホートン　Horton, R. | 310

＊ま行

マキャベリ　Machiavelli, N. | 115
マクタガート　McTaggart, J. | 305
ムーア　Moore, G. E. | 311

＊ら行

リチャーズ　Richards, D. A. J. | 1, 3, 5, 7, 26, 54, 301-303
ルークス　Lukes, S. | 310
ルター　Luther, M. | 227
ロールズ　Rawls, J. | 第7章, 1, 3, 5, 7, 20, 55-56, 142, 301-304, 307
ロス　Ross, W. D. | 102

＊わ行

ワートヘイマー　Wertheimer, R. | 308, 310
ワッサーストローム　Wasserstrom, R. | 112, 306

事項索引

道徳的な運

哲学論集一九七三〜一九八〇　　双書現代倫理学5

2019年8月20日　第1版第1刷発行
2023年8月20日　第1版第2刷発行

著　者　バーナード・ウィリアムズ

監訳者　伊《い》勢《せ》田《だ》哲《てつ》治《じ》

発行者　井村寿人

発行所　株式会社　勁草《けいそう》書房

112-0005　東京都文京区水道2-1-1　振替　00150-2-175253
（編集）電話　03-3815-5277／FAX　03-3814-6968
（営業）電話　03-3814-6861／FAX　03-3814-6854

ブックデザイン：寺山祐策　　印刷：日本フィニッシュ
本文組版：プログレス　　製本：松岳社

ISBN978-4-326-19971-6　　Printed in Japan

＊落丁本・乱丁本はお取替いたします。
ご感想・お問い合わせは小社ホームページから
お願いいたします。

https://www.keisoshobo.co.jp

双書 現代倫理学

現代英米倫理学の古典を紹介する翻訳シリーズ《全11巻》（四六判・上製、一部仮題）

ニーズ・価値・真理　ウィギンズ倫理学論文集　D・ウィギンズ／大庭・奥田編・監訳　四〇七〇円

徳と理性　マクダウェル倫理学論文集　J・マクダウェル／大庭健編・監訳　三六三〇円

倫理的反実在論　ブラックバーン倫理学論文集　S・ブラックバーン／大庭健編・監訳　四一八〇円

酸っぱい葡萄　合理性の転覆について　J・エルスター／玉手慎太郎訳　四四〇〇円

道徳的な運　哲学論集一九七三〜一九八〇　B・ウィリアムズ／伊勢田哲治監訳　三八五〇円

現代倫理学基本論文集Ⅱ　規範倫理学篇①　大庭健編／古田徹也監訳　三五二〇円
（コースガード、B・ハーマン、ブラント、ヘア）

現代倫理学基本論文集Ⅲ　規範倫理学篇②　大庭健編／古田徹也監訳　四一八〇円
（ゴティエ、スキャンロン、アンスコム、スロート、ハーストハウス）

現代倫理学基本論文集Ⅰ　メタ倫理学篇　大庭健編／奥田太郎監訳（続刊）
（スティーブンソン、ヘア、G・ハーマン、セイヤー＝マッコード、レイルトン、ギバード）

利他主義の可能性　T・ネーゲル／蔵田伸雄監訳（続刊）

功利主義論争　J・J・C・スマート＆B・ウィリアムズ／坂井昭宏・田村圭一訳（続刊）

「正しい」ことと「よい」こと　倫理的直観主義の可能性　W・D・ロス／立花幸司訳（続刊）

＊表示価格は二〇二三年八月現在。消費税10％が含まれております。